U0944005

碑刻中的济南泉水

千泉之城文库

济南市城乡水务局（济南市泉水保护办公室）编

黄鹏 雍坚 辑校

济南出版社

图书在版编目（CIP）数据

碑刻中的济南泉水 / 济南市城乡水务局编 . -- 济南 : 济南出版社，2024.7
（千泉之城文库）
ISBN 978-7-5488-6094-5

Ⅰ . ①碑… Ⅱ . ①济… Ⅲ . ①碑刻 – 研究 – 济南②泉 – 研究 – 济南 Ⅳ . ① K877.424 ② K928.4

中国国家版本馆 CIP 数据核字 (2024) 第 032562 号

碑刻中的济南泉水

BEIKE ZHONG DE JINAN QUANSHUI

济南市城乡水务局（济南市泉水保护办公室）/ 编

黄鹏　雍坚 / 辑校

出 版 人 谢金岭
责任编辑 贾英敏　林小溪
装帧设计 郝雨笙　张　倩
图片统筹 左　庆

出版发行 济南出版社
地　　址 山东省济南市二环南路 1 号（250002）
总 编 室 0531-86131715
印　　刷 济南新先锋彩印有限公司
版　　次 2024 年 7 月第 1 版
印　　次 2024 年 8 月第 1 次印刷
开　　本 170mm×240mm 1/16
印　　张 33.75
字　　数 480 千
书　　号 ISBN 978-7-5488-6094-5
定　　价 198.00 元

如有印装质量问题 请与出版社出版部联系调换
电话：0531-86131736

《碑刻中的济南泉水》编辑委员会

总 序

济南是一座因泉水而名满天下的城市。这样的盛誉由来已久。宋代著名文学家曾巩说："齐多甘泉，冠于天下。"元代著名地理学家于钦说："济南山水甲齐鲁，泉甲天下。"

因此，济南有一个十分响亮的名字：泉城。

济南是一座因泉而生的城市。远古时代，聪明智慧的济南先民之所以选择在这块土地上定居繁衍，乃因这里泉群广布，水资源丰厚，符合古人"水用足"的择址原则。春秋时代，先民筑建城池，这里成为齐西重镇历下邑。西晋永嘉六年（312），济南郡治由东平陵城移此。千百年来，济南人与泉水相依相伴，演绎了人与自然相生相长、和谐共生的美丽图景和文化景观。一代又一代的济南人，创造了"导—蓄"结合的城市水利系统，开发了丰富多样的泉水利用模式，形成了具有地域特色的泉水生活传统，孕育发展了济南的泉水文化。它代表了中国乃至世界范围内聚落泉水资源利用体系的独一类型，展现了济南人民水环境治理与利用的高度智慧。这一文化景观，也是现代化、城市化进程在迅猛发展中所剩不多的"大型泉水文化聚落孤本"。

世上拥有泉水的城市不在少数，唯有济南能独步天下，称名"泉城"，这是因为济南泉水拥有诸多的“天下之最”。其一是泉眼多。城中有泉者不只济南，然而一座城市拥有如此众多的泉水，却唯有济南。其二是城内泉。济南是全国唯一一座从城里向城外涌流泉水的城市。我国城市的泉，多在郊外或山林地带，唯有济南的泉主要涌现于市区。这实在是堪称海内奇观。其三是水姿奇。济南老城区分布着趵突泉、珍珠泉、黑虎泉、五龙潭四大泉群，如被称为“天下第一泉”的趵突泉，拔地三窟，势若鼎沸，雪涛数尺，声如隐雷，实为寰中之绝胜，古今之壮观。其四是资格老。济南泉水是最早见于古代文献记载的。以泉水为源头的“泺”，就见于中国现存最早的文字甲骨文，古老的史书《春秋》也有“公会齐侯于泺”的记载。其五是水质美。济南的泉水不仅存在于公园、园林和其他一些公共场所，更多的还隐藏在街巷的深处以及一些传统民居和老百姓的庭院里。数不尽的泉眼，流成众多的溪河；泉池溪河内，水草摇曳，游鱼戏逐；池岸水边民居错落，曲巷藏幽，杨柳叠翠，藤架古朴……溪流穿民居，过小桥，入大明湖。这就是被刘鹗《老残游记》称为“家家泉水，户户垂杨”的神韵与风采。

济南的山，被诗人誉为“十万芙蓉天外落”，它北有“齐烟九点”的华不注、鹊山诸山，南有蔚然深秀、宛若画屏的城南诸峰，它们以其不同寻常的美质与美感，受到历代文人墨客的咏歌吟赞；而且，自泰山和齐长城以北的济南南部诸山，还是济南淙淙清泉的发源地。

济南有自己的泉水湖与泉水河。大明湖为“百泉所汇”的泉水湖，它超凡脱俗的清雅与淳美，自古备受无数名流雅士的青睐。流淌着泉水的护城河，烟柳绕碧，喷珠溅玉，素有“十步一泉声”的美誉，这应该是全国独一无二的护城河吧。

以泉水为核心，形成了济南“城即园林”的景观特色。而且历史上，济南私家园林众多，宋元明清，代代相沿。乾隆以降，仅在南护城河上有案可稽的，便有竹园、拙园、南郭别墅、潜园、品泉山房等。这些园林，几乎全部因泉而建，尽显“园得水而活”之优势。如依温泉而建的张氏漪园，一切建筑如亭台楼阁全部建在水上，却又含而不露，直至游览结束，游客方能悟出自己一直在水上行走。其精妙结构令人叹为观止。

济南拥有的美，是泉与城文化景观的完美结合。它不是单纯的泉水，而是——以泉为中心，形成山、泉、河、湖、城、桥、柳、荷以及烟雨、民居、园林等，连为一体、相依共存、相互映照的综合样态之美。这道悠远恒久的风景，上溯着济南整个城市的悠久历史、人民大众的生存记忆，下联着延伸到今日的平民百姓的柴米油盐、日常生活。

济南不仅是山水名城，更是一座有着深厚积淀的历史文化名城。济南龙山城子崖遗址是著名的龙山文化的发现地与命名地；这一城址的伟大价值，不唯在于证明了济南作为中华文化的发祥地，它还彻底推翻了中国文化外来说，成为中华文化本土性的自证地。作为国家级历史文化名城，济南古迹众多，人文荟萃。自古迄今，在济南这块土地上留下足迹的名人雅士，代不乏人，如江河之行地，如星空之灿烂，这显然与济南的青山绿水特别是清泉涌流所造就的良好生态环境密不可分。是泉水，哺育、造就了一代代清纯聪慧的济南人；是泉水，吸引来数不胜数的名士贤达；是泉水，将济南变成一座诗画之城与名士之城。亦因此，济南泉水更大的自豪与骄傲，还在于它所拥有的精神品质与文化内涵。济南的泉水是有灵气的，古往今来，它们受到那么多文人雅士、智者贤达的关注与青睐。自古至今，面对泉水美景，才人标题，韵士歌咏，宸翰飞洒，公卿泼墨。历代吟唱济南泉水的作品，数量逾万。这些作品，不仅数量大，而且质量高，其中不少出自历朝历代堪称一流的诗人、作家和学者之手，他们对于济南泉水的歌咏品题，对于炳耀泉城、扩大泉水影响，无疑起了重大作用。也正是因为这些作品，使泉水具有了深厚的历史文化底蕴，使济南这座城市成为一座丰富的泉水文化宝库。

正是基于对“济南泉·城文化景观”独特价值以及城市核心竞争力的深刻认识，历届市委、市政府高度重视泉水文化景观的保护和申报世界遗产工作。2014年，济南市将泉水申遗方向调整为世界文化景观遗产类型。济南市通过加强条例、总体规划、成立申遗工作领导小组、委托高水平专业团队编制完成遗产价值研究技术文本、举办国际泉水文化景观城市联盟会议等多项举措，加快推进了泉水保护和申遗工作。2019年3月26日，国家文物局下发了《关于将“济南泉·城文化景观”列入〈中国世界文化遗产预备名单〉的函》（文物保函〔2019〕303号），申遗工作取得阶段性成果。而自2019年初，济南市泉水保护办公室组织专家编撰了泉水系列丛书。该丛书以济南泉水历史生成、泉水建筑遗迹景观、泉水影像、泉水与济南民间生活、泉水文化研究、泉水文献与泉水诗文等为内容，致力于讲好济南故事，深入挖掘并精心阐述“济南泉·城文化景观”遗产的普遍价值，是济南历史上首套以济南泉水为表现对象的集群出版物。它的编辑出版，为当前济南的“申遗”工作提供了翔实形象的图文资料，对于弘扬、传播、积累济南历史文化，尤其是特立于世的济南泉水文化，必将起到巨大推动作用。

《千泉之城文库》编委会
（本文由文化学者侯林执笔）

前言

载有泉水题咏、泉水典故、泉池修缮、泉名变化等信息的历代碑刻是泉水文化研究中的一手文献。而回望济南泉水碑刻的传世历程，却令人不胜唏嘘。

宋神宗熙宁初年（1068），大文豪欧阳修任青州知府时曾造访济南（时称齐州），游赏舜泉时挥毫写下《留题齐州舜泉》（又称《舜泉歌》）。此诗被刻石后立于舜泉一侧，为文献记载中济南诸泉旁立石最早、名气最大的一块泉水诗碑。金元之际，济南城内诸多碑刻因社会动荡而损毁，而欧阳修舜泉诗碑得以侥幸存世。南宋端平二年（1235）秋，文学家元好问漫游济南名胜二十日，其间曾特意到舜井一游。在他所作的游记名篇《济南行记》中载有："舜井二，有欧公诗，大字刻石。"

元至元十四年（1277），一代名宦徐世隆任山东提刑按察使时，重访舜泉和欧阳修诗碑，并即兴作诗曰："重华昔向历山耕，泉水今犹以舜名。山色石如颁玉色，泉声清似鼓琴声。化流天下皆知孝，德洽人心尽好生。千载欧公诗石在，南风祠下为重赓。"元至元十八年（1281），徐世隆舜泉诗被刻石立于泉侧，"期与欧诗为不朽"。

令徐世隆想不到的是，元明交替之际，济南城再次罹难，赫赫有名的欧阳修舜泉诗碑竟遭损毁。因此，明崇祯《历城县志》"卷十一·古迹志·石刻"中未提及此碑，清乾隆《历城县志》"卷九·山水考四"中，虽然附录了欧阳修《舜泉歌》，但内容采自《欧阳文忠公集》。至清道光《济南金石志》编修时，徐世隆舜泉诗碑仍嵌于“舜井北壁”。不过，民国《续修历城县志》编修时，未再提及此碑，估计此碑于清末民初被损毁。

类似欧阳修舜泉诗碑、徐世隆舜泉诗碑这样的珍贵碑刻，虽然原石灭失，但幸而有碑文传世。比它们的境遇还要惨的是那些原石灭失而碑文未被文献著录的泉碑。在历史的长河中，这样的泉碑已不可胜数。如趵突泉畔曾有乾隆二十一年（1756）山东巡抚白钟山撰书的“趵突泉小志碑”。1991年版《趵突泉志校注》一书在附录中记载称，此碑原石“镶嵌在吕祖庙第三大殿前西墙门南”，但该书并未录入其碑文。今天再寻此碑时，已不知其踪。趵突泉传世碑刻虽然不少，但多是诗碑，像“趵突泉小志碑”这样的文碑寥寥无几，其碑文又未见被任何文献所著录。不能不说，此碑的失踪，是趵突泉历史研究中的一件憾事。

为了让更多的济南石刻文献得以永久传世，从2004年起，济南文史学者黄鹏便开启了他的寻碑之旅。20年间，他把业余时间几乎都倾注于寻碑访古之中，其行踪遍及济南市区、郊区及各县区的千百个村庄，迄今所寻访、录入的历代碑刻已有近六千块，基本摸清了大济南范围内所存历代碑刻的家底。在黄鹏所录碑刻的基础上，我们梳理、辑录出与济南泉水相关的碑刻350余块（共列目346条），加以点校，汇编为此书。大致估算一下，此书中有百余块碑刻的内容此前未见于文献著录，其价值不言而喻。这些碑刻一是散布于偏乡僻壤，此前未进入研究者视野，如郑家窝坡涌泉碑、鸭子泉村永盛泉碑、十八盘村建修井泉碑，等等；二是原石失落，但有原石照片或原石拓片存世，如县西巷中央泉碑、民国整理黑虎泉碑、胡山重修圣水灵泉观音画像碑，等等；三是因泉水消失，原石或被文物部门收存，或被个人收藏，或散落它处，如赵孟頫砚溪泉碑、南营湛泉碑、大明湖路玉露泉碑、饮虎池街饮虎池碑、牛头巷甘泉碑、玉函山灰泉碑，等等；四是新发现之泉水碑刻，如2023年在省政府院内东区恢复华笔泉过程中，新发现的刻于乾隆壬子年（1792）的新浚华笔池碑。

愿此书能为济南泉水文化研究提供文献支持，开阔学术视野。更希望此书能促使社会各界珍惜历代泉水碑刻，提升保护意识。

是为序。

雍坚

2023年10月31日

目录

历城、高新、南山篇

长清篇

平阴篇

章丘篇

莱芜、钢城篇

凡例

一、本书所选碑刻为新中国成立前济南市范围内与泉水相关的历代碑刻（含镌于崖石及建筑构件上的文字）。

二、无纪年或纪年无法识读的，无作者或作者无法识读的，以及以上两种情况并存的碑刻，本书不单独列目，如灵岩寺饮虎池泉名碑。

三、原石已经灭失、毁坏，其碑文已被地方文献收录的泉水碑刻，本书未加收录，如乾隆五十九年（1794）白石泉碑。

四、原石已经灭失、毁坏，但有拓片或刻石照片存世，其碑文未被方志文献收录的泉水碑刻，本书予以收录，如宣统三年（1911）中央泉碑。

五、限于篇幅，本书所录碑文中，与泉水无关且碑文识读困难的部分文字有删节，与泉水无关的单篇诗作有删节。凡有删节的碑刻，备注中均予以说明。

六、所录碑文中，识读中发现原文有错、别、讹字情形的，在点校过程中将正确的字予以括注。

七、所录碑文中，对缺失或无法辨识的文字以“□”代替，对大段缺失且难以记数的文字以“……”代替。

八、对于个别碑刻原文中的干支纪年，无法直接推知其确切公元纪年，则在备注中加以说明，留待方家考证。

历下、天桥、市中篇

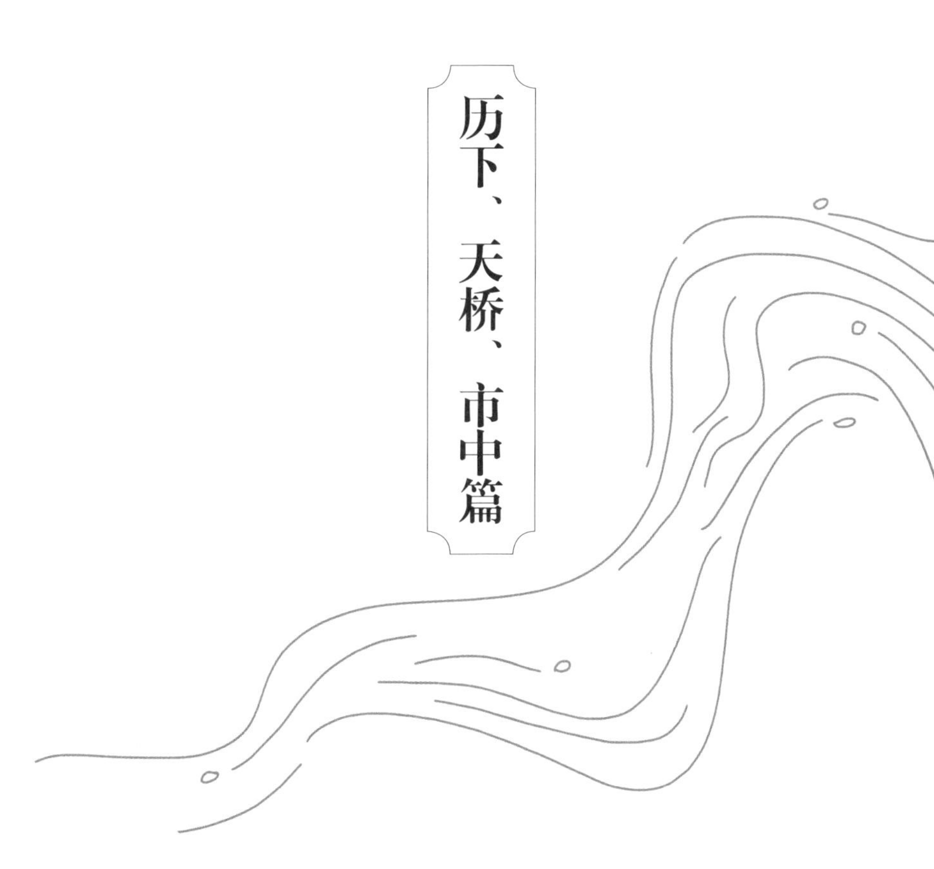

王守仁、陈镐晚到泺泉诗碑

晚到泺泉，次赵松雪韵

泺源特起根虚无，下有鳌窟连蓬壶。绝喜坤灵能尔幻，却愁地脉还时枯。
惊湍怒涌喷石窦，流沫下泻翻云湖。月色照衣归独晚，溪边瘦影伴人孤。

余姚王守仁

玉垒嶙珣半有无，金声镗鞑拥冰壶。源通渤澥谁真见，老尽乾坤势未枯。
万点明珠浮泡沫，一川轻浪接平湖。公余坐倚观澜石，四面清风兴不孤。

江东陈镐

弘治甲子八月吉旦题

王守仁（1472—1529），号阳明，浙江余姚人。明代著名哲学家、教育家、政治家、军事家。明弘治十七年（甲子，1504）他到济南任山东乡试主考官，八月初一游趵突泉时，与山东提学副使陈镐分别作同题诗《晚到泺泉，次赵松雪韵》，二人诗作刻于一石，传世至今。碑上王守仁诗在前，陈镐诗在后。此后数百年间，由王守仁发端的“泉上次韵和赵诗”风习长盛不衰。此碑亦是趵突泉现存碑刻中纪年最早者。据1998年版《济南名泉大观》记载，此碑高40厘米，宽90厘米，镶嵌于天下第一泉风景区趵突泉园区娥英祠殿前东墙门南。原碑文今无从得见，据清道光《济南金石志》补录。

陈凤梧观趵突泉诗碑

观趵突泉，次赵松雪韵（二首）

一镜天光澹欲无，忽惊平地涌冰壶。层层雪浪长飞白，混混源泉不受枯。
千里伏流终入海，百花环汇更成湖。观澜亭上中宵坐，万象无言月影孤。

雨洗浮尘半点无，青山削出翠蓬壶。银河雪乳三层秀，金井梧桐一叶枯。
铿尔清声彻霄汉，渺然佳兴在江湖。别筵美酒倾秋露，徙倚亭前石笋孤。

正德辛巳秋八月九日，观趵突泉，次赵松雪韵，得一首。十三日，公出辱诸公饯于泉上，后用韵得一律，并录如右，以识岁月云。

庐陵静斋陈凤梧

陈凤梧观趵突泉诗碑拓片　天下第一泉风景区供图

备注

此诗碑镶嵌于天下第一泉风景区趵突泉园区娥英祠殿前东墙门南，碑高40厘米，长80厘米。陈凤梧（1475—1541），字文鸣，号静斋，庐陵（今江西泰和）人，明弘治九年（1496）进士，累官至右副都御史。正德十六年（辛巳，1521）十一月至嘉靖二年（1523）八月任山东巡抚。

王应鹏趵突泉诗碑

趵突泉，次赵松雪韵

长日奇观似此无，分明雪浪跳冰壶。若教疏扶还须溜，纵使翻悬也不枯。
远意直从王屋顶，细流都入大明湖。秋风梧叶萧萧下，坐对清冷夜月孤。

四明王应鹏

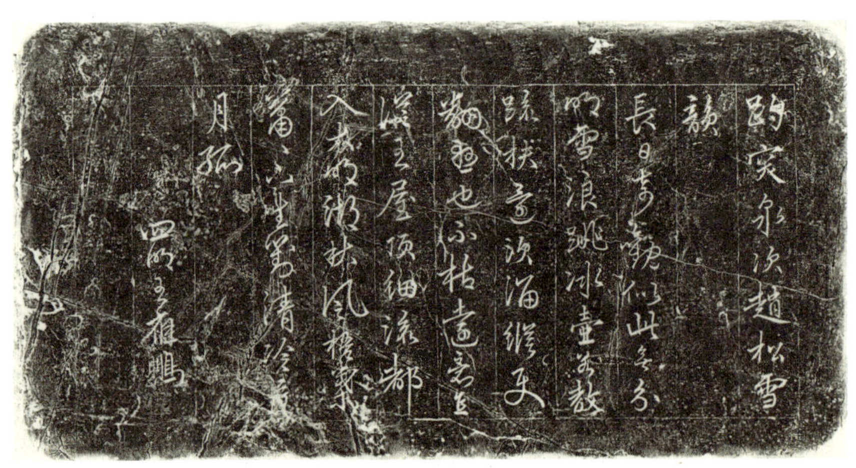

王应鹏趵突泉诗碑拓片　天下第一泉风景区供图

此碑镶嵌在天下第一泉风景区趵突泉园区娥英祠殿前东墙门北。碑高36厘米，宽71厘米。王应鹏（1475—1536），字天宇，号定斋，浙江鄞县（今宁波）人。王阳明的弟子。明正德三年（1508）进士，知嘉定县，以廉干称，擢御史。善书工诗。嘉靖六年（1527）二月，王应鹏按察山东，然仅过三个月便擢大理寺少卿，迁佥都御史。此碑概为王应鹏在山东任职时所题刻。

熊相趵泉秋会诗碑

趵泉秋会，次韵

近地名泉似此无，声如茶浪沸银壶。绣衣晓日云烟润，红蓼秋风渚岸枯。石窦雪花疑蜀道，桥头城市类西湖。倚阑长见游人乐，几度登临兴不孤。

瑞阳台峰熊相

此碑今嵌于天下第一泉风景区趵突泉园区三圣殿外东院墙内，碑长74厘米，高45厘米。诗文楷书阴刻7行，满行8字。熊相（1473—1530），字尚弼，号台峰，明江西瑞州（今江西高安市）人，明正德三年（1508）进士，历任临海知县、四川清军御史、河南道监察御史、山东巡按监察御史等职。

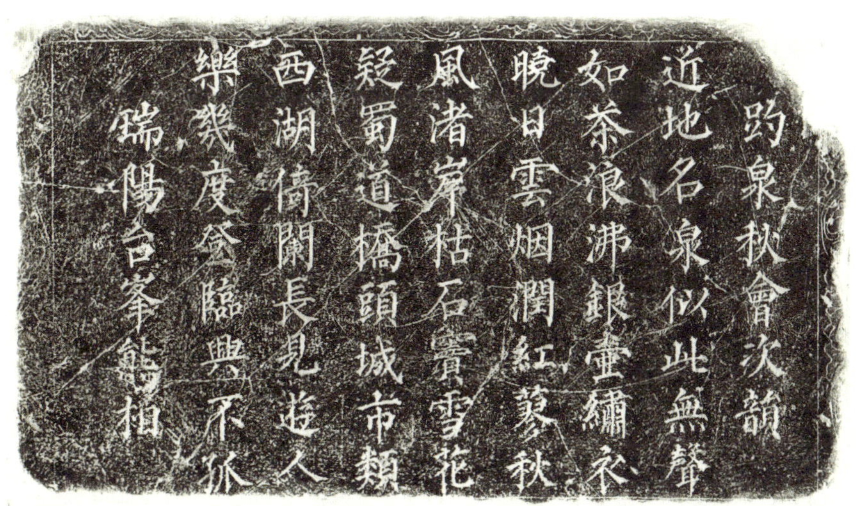
趵泉秋會次韻
近地名泉似此無聲
如茶浪沸銀壺繡衣
曉日雲烟潤紅蓼秋
風渚岸枯石竇雪花
疑蜀道橋頭城市類
西湖倚闌長見遊人
樂幾度登臨興不孤
瑞陽台峯熊相

熊相趵泉秋会诗碑拓片　天下第一泉风景区供图

“观澜”碑

观澜

嘉靖十四年□□月吉日

明山左方伯通州张钦书

“观澜”碑

此碑立于天下第一泉风景区趵突泉园区观澜亭西侧，面东。碑高210厘米，宽110厘米。张钦（1476—1542），字敬之，号心斋，顺天通州（今北京通州）人。明正德六年（1511）进士，嘉靖年间曾任山东布政使。文中“嘉靖十四年”为1535年。

趵突泉泉名碑

都察院右副都御史天水胡缵宗书（右题）

趵突泉

嘉靖十有六年端日　济南府知府咸宁司马奉（泰）立（左署）

此碑今立于天下第一泉风景区趵突泉园区观澜亭南侧水池中。碑高155厘米，宽72厘米。碑刻圆首，立于方趺之上。胡缵宗（1480—1560），字孝思，号可泉，自号鸟鼠山人，甘肃天水秦安（今甘肃省天水市北部）人。明正德三年（1508）进士，嘉靖十五年（1536）十二月至嘉靖十七年（1538）六月任山东巡抚。立碑人为济南知府司马泰，此碑在碑文描红时将“泰”字误作“奉”。文中“嘉靖十有六年”为1537年。

趵突泉泉名碑

趵突泉观澜亭旁所立的“第一泉”碑和“趵突泉”碑

吴之珍趵突泉诗碑

突起狂澜欲溅衣，青山百里蕴灵机。春时喷雪霁犹灿，夏日裁冰暑亦稀。
水面俄惊双鹤舞，楼前忽睹数鸥飞。玉壶潇洒看无厌，愿得长楼梦□依。

寒泉几道绕溪斜，流响潺潺历岁华。不雨瑶池冲碧溜，无风珠树拥梨花。
沧溟鳌伏银吹浪，泰岱龙来玉喷沙。世上奇观携不去，只将绿酒送红霞。

晋陵吴之珍无聘甫题

无聘弟甲午东游，赋诗纪胜，□有余羡，赞不绝口，乃不佞□□，丙申入署，甫下车而观□泉之□□也，遂图□□，聊□□□□□□□之□云尔。

兄之鹏汝南甫跋

吴之珍趵突泉诗碑

备注

此诗碑今嵌于天下第一泉风景区趵突泉园区三圣殿西侧院墙内，碑宽64厘米，高30厘米。碑文漫漶不清，记年不详。诗作者吴之珍，生平不详。其兄吴之鹏，字宪长，江苏武进人，明万历五年（1577）进士，曾任山东按察司副使，后升任福建按察使。文中“甲午”为万历甲午年，即1594年；“丙申”为万历丙申年，即1596年。

吕纯如观趵突泉诗碑

一隙灵源鬼斧开，飞涛喷沫亦奇哉。全将鲛室珠玑出，并挟龙宅风雨来。四面青山联埤垸，千秋白社倚楼台。郊游事事成欣赏，况有甘霖发麦荄。

乙丑秋日观趵突泉，因登白雪楼，望麦畦作。

古吴吕纯如

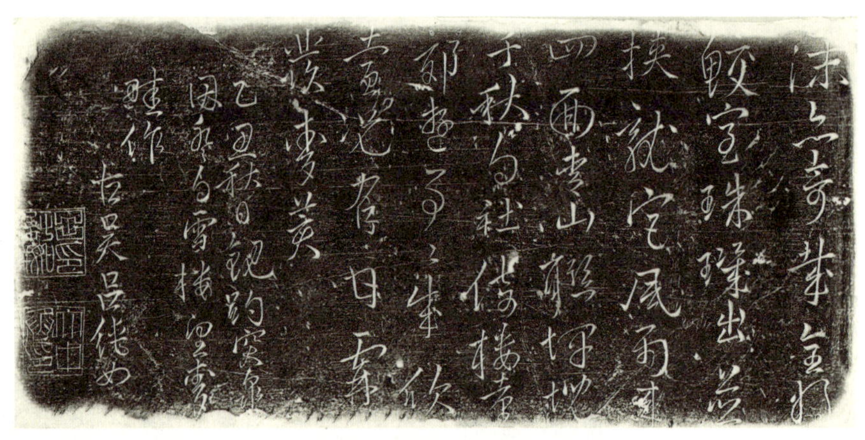

吕纯如观趵突泉诗碑拓片　天下第一泉风景区供图

此碑今在天下第一泉风景区趵突泉园区娥英祠内。碑高38厘米，长90厘米。碑刻前段缺“一隙灵源鬼斧开飞涛喷”十字（据文献记载补足），今存诗文草书阴刻8行，满行6字，跋语3行，满行字数不等。吕纯如（1580—？），江苏吴江（今苏州市吴江区）人，明天启五年（1625）十月至天启六年（1626）六月间任山东巡抚。天启五年是乙丑年，故此诗当作于1625年。

钱志新游趵突泉诗碑

时崇祯十有七年三月望日

传闻历下萃名川，趵突今知第一泉。喷薄珠玑摇碧落，吐吞风雨泻冰天。
凭将怒吼凌霄汉，遮莫轰声压管弦。寓目顿忘身世想，只歌孺子濯缨篇。

为滞泺源道，重来趵突泉。逝者终不舍，水哉循自然。
明珠呈鲛室，瀑布倒虞渊。时听洗心语，何须更问禅。

游趵突泉二首
古越钱志新题
金陵梅国香镌

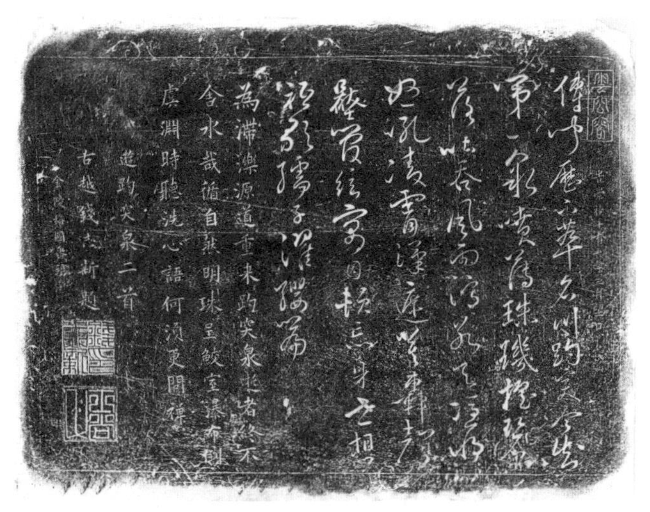

钱志新游趵突泉诗碑拓片　天下第一泉风景区供图

备注

此碑今嵌于天下第一泉风景区趵突泉园区娥英祠大殿东侧院墙内。碑长59厘米，高43厘米。钱志新，古越（今浙江绍兴）人，生平不详。文中“崇祯十有七年”为1644年。

王士性饮趵突泉诗碑

饮趵突泉，有怀李于鳞先生白雪楼

解道群灵拥岱宗，飞泉忽漫舞天风。惊衔玉烛蛟龙起，倒卷银河渤澥通。
谁凿乾坤开混沌，直排河洛自西东。化工留与人间世，白雪楼高倚碧空。

天则王士性

此碑今嵌于天下第一泉风景区趵突泉园区娥英祠大殿东侧院墙内。碑长80厘米，高55厘米。王士性（1547—1598），字恒叔，号太初，又号元白道人，临海城关（今属浙江台州）人，明代杰出的人文地理学家。万历五年（1577）进士，历任礼科给事中、广西参议、河南提学、山东参政、南京鸿胪寺正卿等职。著有《五岳游草》十二卷、《广游志》二卷、《广志绎》五卷及《玉岘集》等。

王士性饮趵突泉诗碑

项锡胤、戴本孝趵突泉诗碑

题趵突泉，用松雪元韵，兼和曹顾庵学士、何蕤音侍御二首

造物何心自有无，但将冰雪洒成壶。仙人为爱楼居好，高士休煎蟹眼枯。
岂只千层翻瀑布，也从一勺倒江湖。清音不比涛声乱，归梦浑忘大小孤。

问水寻源到底无，乾坤橐籥总如壶。名泉有地时时涌，沧海何尝日日枯。
风雨欲来林是壑，烟云长护石为湖。狂歌不厌闲亭上，清映群峰静亦孤。

戊申蜡（腊）月医无闾客项锡胤犀水稿

初至历下，犀水公携往观趵突泉，感和前韵

曾见名泉似此无，谁翻沆瀣忽倾壶。乳花争激颓波立，幽翠不教寒藻枯。
同托冰心能贯石，沸分鼎足意穿湖。相携无限探源兴，春近旗枪碗莫孤。

历阳鹰阿山樵戴本孝稿

备注

此诗碑今嵌于天下第一泉风景区趵突泉园区娥英祠大殿东侧院墙内。碑宽95厘米，高45厘米。项锡胤，生卒年不详，奉天（今辽宁沈阳）人。清顺治十七年（1660）自贵州参政迁江南参政兼副使淮徐道，分守常镇道。顺治、康熙年间任徐州兵备。戴本孝（1621—1691），字务旃，号前休子，和州（今安徽省和县）人，一作休宁人。终生不仕，以布衣隐居鹰阿山，故号鹰阿山樵、前休子。清康熙年间著名山水画家、诗人，著有《前生书稿》《余生书稿》等。此碑中所载“戊申”，当为康熙七年，即1668年。

项锡胤、戴本孝趵突泉诗碑

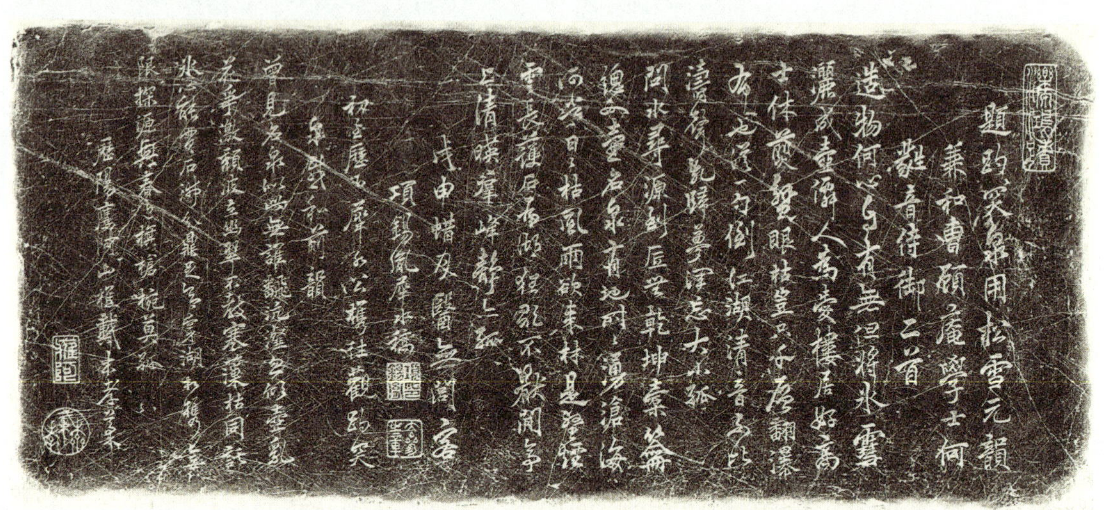

项锡胤、戴本孝趵突泉诗碑拓片　天下第一泉风景区供图

阮旻锡趵突泉诗碑

趵突泉，次赵松雪韵

涌轮之泉域内无，玉女倒泻三浆壶。有时伏地不曾现，随处逢源未尝枯。
远听雷霆鼓暗谷，近看冰雪飞晴湖。凭栏久立心目眩，恍惚身同云鹤孤。

巨湍激石崩崖无，小滴玉漏催铜壶。机设汉阴竟日转，潮通海眼何年枯。
居人尚说娥姜水，傲吏宜署郎官湖。闲扫莓苔坐垂钓，泉亭好似江帆孤。

泉上诗人宅有无，楼存白雪跨蓬壶。倾将云窦千年液，润却霜毫一寸枯。
华鹊两峰高作柱，珍珠万斛散为湖。山川秀出才华盛，雄立文坛自不孤。

风轮下击水轮无，谁弃千金觅一壶。尘世难逢津筏度，吾生那得爱河枯？
桃花春水迷秦洞，莼菜秋风忆泖湖。只恐手中龙杖失，东游万里旅怀孤。

轮山超全

此诗碑为天下第一泉风景区趵突泉园区娥英祠西墙北起第二方。阮旻锡（1627—1712），字畴生，号梦庵，自称“轮山遗衲”，祖居金陵，后移居福建厦门同安。入清后隐居不仕，潜心于性理之学。晚年皈依佛教，僧名超全。著有《海上见闻录》《轮山诗歌》《夕阳寮诗文稿》《梦魇长短句》等20多部。其《武夷茶歌》是一首系统呈现武夷茶文化的诗作。

阮旻锡趵突泉诗碑拓片　天下第一泉风景区供图

“激湍”碑

激湍

康熙甲子孟冬题（左署）

“激湍”碑

备注

此碑原在趵突泉南侧御碑亭，几经移址，今立于天下第一泉风景区趵突泉园区娥英祠院内，为康熙帝御笔所书。碑高240厘米，宽80厘米。因碑阴所刻《再题趵突泉作》为乾隆帝御笔，此碑习称“双御碑”。文中“康熙甲子”为1684年。

“突达时涌”碑

康熙壬申冬月穀旦（右题）

突达时涌

巡抚山东兵部尚书佛伦题（左署）

“突达时涌”碑　天下第一泉风景区供图

备注

此碑原在天下第一泉风景区趵突泉园区娥英祠北墙前。碑高147厘米，宽62厘米。文中“康熙壬申”为1692年。“突达时涌”四字书丹者为佛伦。佛伦（？—1701），字敦夫，姓舒穆禄氏，满洲正白旗人。清朝大臣，累官礼部尚书、内阁大学士。书丹此碑时，佛伦时任山东巡抚。

王国昌再题趵突泉诗碑

到处□□尺沾被，桔槔不复愁三农。我登杰阁一凭眺，恍悟激起方凌空。因知礼经祭川义，当溯学海思朝宗。源头活水来汩汩，取之左右无不逢。清湍不独可澡德，直令万古开心胸。

壬午秋日再题趵突泉　琅琊王国昌

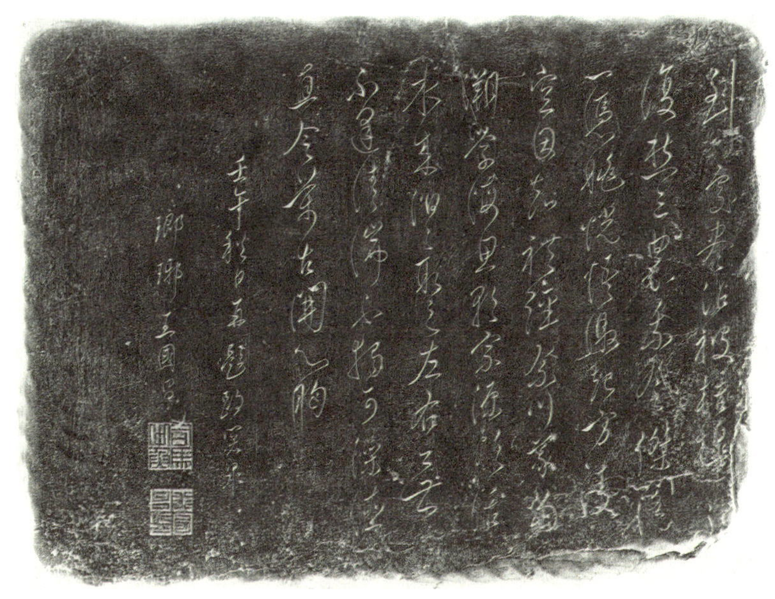

王国昌再题趵突泉诗碑　天下第一泉风景区供图

备注

此碑今嵌于天下第一泉风景区趵突泉园区三圣殿东侧院墙内。碑高63厘米，宽85厘米。王国昌（？—1728），琅琊（今山东青岛市黄岛区琅琊镇）人。清康熙三十七年（1698）至康熙四十三年（1704）任山东巡抚。据此，文中“壬午”为康熙四十一年，即1702年。

陈德正游趵突泉诗碑

游趵突泉

万斛涌地出，一气恣喷薄。
横泻独潺湲，直上谁激搏。
虹垂浪跋立，珠错波翻落。
咽石声喧豗，照日光的砾。
应知造化奇，不假人工凿。
翕辟秘玄关，往来一橐籥。
窍开鼓愈张，机转流不涸。
芥纳通一源，派引分万壑。
泛衍交沦漪，澄深杳渟著。
尘缨清可濯，瓢饮旨堪酌。
缅想乘槎游，自得观濠乐。
倚槛怅踌躇，无由御黄鹤。

地有吕仙遗迹　葛城陈德正题

陈德正游趵突泉诗碑　天下第一泉风景区供图

此碑嵌于天下第一泉风景区趵突泉园区三圣殿东山北墙上。碑高92厘米，宽64厘米。陈德正（1701—1774），字醇叔，号葛城，保定安州（今保定市安新县安州镇）人。清雍正八年（1730）进士，授吏部主事，历官陕西按察使。著有《葛城诗稿》。

乾隆再题趵突泉诗碑

济南城南古观里，别开仙境非尘市。致我清跸两度临，却为突泉三窦美。
喷珠屑玉水澜翻，孕鲁育齐相鼎峙。汇为圆池才数亩，放泺达江从此始。
朱栏匼匝接穹楼，祀者何仙钟吕子。曲廊蜿蜒壁勒字，题咏谁能分姓氏。
过桥书室恰三楹，研净瓯香铺左纸。拈咏名泉亦已多，氿兹实可称观止。
曾闻地灵古所云，屯膏殄享恐非理。拟唤天龙醒痴眠，今宵一洒功德水。

再题趵突泉作　乾隆御笔
是日至此拈香祈雨

乾隆再题趵突泉诗碑（左为原碑，右为仿刻碑）

备注

此诗刻于“激湍”碑碑阴，为乾隆帝于乾隆戊辰年（1748）所作。

张祥河趵突泉诗碑

石窦倒喷东海水，蛰龙千年伏思起。天轮激转地轴回，突兀奇观乃有此。
尘中洗我凡念清，鸥鹭招手寻诗盟。入门忽讶怒涛沸，凭槛真见奔湍生。
时也东风迟解冻，水泽冰坚幂寒雾。独尔源头贮碧泓，漫天雨脚飞银瓮。
神仙幻境不喜平，残碑凿险谁留名。南丰一传玉水句，松雪再听明湖声。
七十二泉此为冠，照耀天章倬云汉。半池荇藻香愈澄，三洞琤琮洁可盥。
历下亭边涤健毫，吕公祠侧羞溪毛。阳侯起舞湘灵笑，天地浑疑在桔槔。

梅村诗：“天地桔槔中。”

道光壬辰孟春中浣　华亭张祥河

张祥河趵突泉诗碑

备注

此诗碑今嵌于天下第一泉风景区趵突泉园区娥英祠大殿西侧院墙内。碑长67厘米，高32厘米。该石刻诗文已漫漶，无法辨认。文中“道光壬辰”为1832年。张祥河（1785—1862），字诗舲，江苏华亭（今上海松江）人。清嘉庆二十五年（1820）进士，曾任山东督粮道，后历任河南按察使、广西布政使、陕西巡抚、工部尚书等职。工诗词，著有《小重山房集》。

徐宗幹游趵突泉诗碑

济南第一泉，知者尠多妙。伏流气上腾，穴出川有窍。

橐籥透机缄，活泼恣吟眺。珠喷咳唾飞，镜晃须眉照。

风雨秋有声，钟磬古同调。突如刀枪鸣，怒若鼍龙叫。

碎蹴水精球，迸吐银华爆。搏之一丈高，激矶三峡峭。

潇洒入画图，轶荡添诗料。四壁纷留题，一石兀坐啸。

货贝罗市廛，绀碧新祠庙。泉上为吕祖阁，每年三月赛社，士女云集。

空明鹤初来，清浅鱼可钓。卜邻结茅庐，小园近蓬峤。泉迤东即为余园。

门前车马喧，墙外旌旗耀。左辟肩常随，游行臂毋掉。磬折从大官，洞口仙人笑。

道光己亥初夏，侍雪椒方伯游趵突泉作

燕园主人徐宗幹

历下杨溥镌

徐宗幹游趵突泉诗碑

备注

此诗碑今嵌于天下第一泉风景区趵突泉园区娥英殿前西墙门北。碑高34厘米，长107厘米，碑文为隶书。诗后所署“道光己亥”为道光十九年，1839年。徐宗幹（1796—1866），字树人，江苏通州（今属江苏南通）人。清嘉庆二十五年（1820）进士。道光年间历官曲阜、武城、泰安知县，高唐、临清、济宁知州，兖州等地知府。同治年间擢升福建巡抚，平定台湾、汀州，肃清闽境。卒谥清惠。撰有《济州金石志》八卷。

胡学醇趵突泉诗碑

宧海苦无边，劳劳不记年。何缘来古刹，权署小神仙。
怪石俯流水，平沙遏怒泉。云峰环绕处，一见一怡然。

道光辛丑仲秋
胡学醇题

备注

此诗碑今嵌于天下第一泉风景区趵突泉园区娥英祠殿西侧院墙门北。碑高35厘米，长41厘米。诗后所署“道光辛丑年”为道光二十一年，即1841年。胡学醇，生卒年不详，原名天赐，字秋潮，直隶宛平（今属北京市）人。清道光年间曾任山东博平知县，有政声。

胡学醇趵突泉诗碑

丁守存游趵突泉诗碑

游趵突泉歌

济水地中来，滥觞从王屋。千里蜿蜒行，四见而三伏。岱阴落脉汇支流，渴马倒悬吸飞瀑。蛟龙穴石穿山根，赑屃通灵裂坤轴。歕云喝雪走雷霆，冯夷剖珠涌万斛。三峰屹立水晶宫，元气淋漓溢心目。我来旧友访西河，探奇选胜屡信宿。海峰道人导我游，顿觉襟怀洗尘俗。高阁凭临逸兴飞，回栏徙倚清流掬。道人意殷殷，烹泉摘园蔌。感此地主谊，羡彼仙家福。我曾宦海久浮沈（沉），万里游行历寒燠。抽刀自断峡边藤，攀崖亲斫湘中竹。七十二衡岳峰头餐云霞，八百里洞庭上飞舻舳。桂林山水奇天下，洞邃壑幽看不足。阳朔江干奇更奇，峭削欹斜峰峰矗。绝壁悬流触目多，未见凌空拔地喷珠玉。方今烽火满天涯，深谷为陵岸为谷。欲挽天河洗兵甲，无平不陂注不复。又况圣泽涵濡二百有余载，舆图万里绥荒服。导河积石溯昆仑，谁司橐龠主亭毒？顾借此泉洒劫灰，洗涤乾坤调玉烛。我歌既醉颓然归，明日泰山顶上日观峰头看朝旭。

咸丰五年中秋日照　丁守存题

海峰道人王东峤勒石

此诗碑今嵌于天下第一泉风景区趵突泉园区娥英祠殿西侧院墙上。碑高28厘米，宽78厘米。文中“咸丰五年”为1855年。丁守存（1812—1883），字心斋，号竹溪，又号次海，晚号竹石山人、石涛钓叟，山东日照人。清道光十五年（1835）进士，授户部主事，后调任军机处章京。近代科技专家，主要著作有《造化究原》《火法本论》《筹河议》《旷视山房文集》《详覆用地雷法》《新火器说》《丙丁密篇》等。

丁守存游趵突泉诗碑　天下第一泉风景区供图

“第一泉”碑

同治八年己巳二月立（右题）

第一泉

历城王钟霖敬题（左署）

“第一泉”碑

此碑立于天下第一泉风景区趵突泉园区观澜亭北侧泉池中。碑高150厘米，宽72厘米。文中“同治八年”为1869年。王钟霖（1816—1878），字雨生，号东云，山东历城（今济南）人。清代书法家。道光二十四年（1844）中举，官授兵部车驾司郎中、长芦（今天津长芦）运判，以蓟州盐运分司运判仕终。著有《黄雪香斋古文诗钞》，辑有《国朝历下诗钞》四卷，撰有《历下七十二泉记》《第一泉记》等文。

“第一泉记”碑

第一泉记

“第一泉记”碑拓片　据《天下第一泉·碑刻》

济水源自王屋，伏流至济南，随地涌泉，不止七十二也，而趵突为最。天下名泉，扬子第一，惠山第二，长白麟见亭先生谓：“趵突可与二泉伯仲。”吾郡唐际（济）武先生云：“行几遍天下，所谓第一、第二泉者，皆不及吾济诸泉，惜陆羽未品之耳。”夫泉之著名，在甘与清。趵突甘而淳，清而洌，且重而有力，故潜行远而矗腾高，若水晶三峰，欲冲霄汉，而四时若雷吼也。噫！异矣。毛海客云：“济南名泉七十二，独有趵突称神功。”又云：“呜呼！此泉洵第一，碑记尝读曾南丰。”则趵突实为第一。因名之为“第一泉”。

历下王钟霖雨生氏记并书

同治八年己巳春日镌石

此碑今嵌于天下第一泉风景区趵突泉园区三圣殿前西墙门南。碑高48厘米，宽86厘米。碑文采自《家言随记》卷三《辙环杂录》。文中“同治八年”为1869年。

重修白雪楼碑

重修白雪楼记

恩赏三品衔、前经筵讲官、吏部左侍郎、军机大臣、上书房行走胶州匡源书丹

先九世祖沧溟公白雪楼初建于城东王舍庄，再建于湖上碧霞宫侧，后俱倾圮。明万历间，臬使叶公梦熊补建于趵突泉上，年久亦废。至国朝顺治十一年，藩使张公缙彦重建于历山书院，即今楼也。楼上供沧溟公木主，地方官春秋致祭。康熙三十九年，提学徐公炯重新之，颁有四照，令市民后人世守其地，勿许豪强侵占，恩至渥也。嘉庆八年，臬使金公光悌因保护名迹，为文勒石。逮道光十七年，献方奉祀，结庐其下，开设花圃。为供奉香火之计，咸丰四年，请于观察陈公宽、邑绅吴公铭捐资重修，献方变产继之，轮奂一新，迄今完固。同治八年，请于观察丁公彦臣捐资助建厅舍三楹，为致祭官退息之所，并改建大门。少宰匡公源题曰“李沧溟先生祠”。同治十年，更筑围墙，以资防卫，请于臬使长公赓、运使郑公兰、观察萧公培元、太守豫公山、邑令刘公嘉干及本城绅士捐资共襄竣事。此历年重修之大概也。初，道光丁未年，献方重雕公诗文集，贮于楼上，下设义学，男懋德令授徒其中。伏念奉祀以来，获食旧德而殷勤护持，俾世泽未湮，实赖诸大君子之力。因记颠末，以告后嗣世守勿替云。奉祀生李献方谨记。

光绪二年岁次丙子秋九月勒石

计开四至：西至趵突泉东墙为界，南、东、北皆至河心为界

备注

此碑现位于天下第一泉风景区趵突泉园区白雪楼前。碑宽122厘米，高28厘米。文中“光绪二年”为1876年。

重修白雪楼碑

“鸢飞鱼跃”碑

光绪辛丑仲春（右题）

鸢飞鱼跃

福州龚葆琛书　时年七十有八（左署）

历下思济周锡诚刻石（侧刻）

“鸢飞鱼跃”碑今立于漱玉泉旁　左庆摄

此碑旧时立于趵突泉观澜亭东侧泉池内，现移至天下第一泉风景区趵突泉园区漱玉泉东南侧。碑高135厘米，宽57厘米。文中“光绪辛丑”为1901年。龚葆琛，福建闽县（今属福建省福州市）人，清咸丰二年（1852）举人，光绪四年（1878）任山东蒲台县知县，清末知名书法家。

纪旃常趵突泉诗碑

趵突泉

指点琼波御晚风，北流闪闪过桥东。光如练彩触天际，声似云璈出地中。
几处奔狂疑大禹，何年穿凿问仙翁。野人自爱耽幽寂，徙倚石栏望不穷。

夏日同徐九如太守、何简初明府、文学郗绍尼、张邱白、郗韫若访管驷卿山人，留饮白雪楼，雨阻连床，同怀于鳞先生，漫赋：

朝携褦襶到楼台，台面明窗取次开。玉局折冲消溽暑，松风动籁助轻雷。
踞床欲续邯郸梦，对酒因思历下才。地主暂肘推仲父，何妨暮雨数相催。

净信主人纪旃常

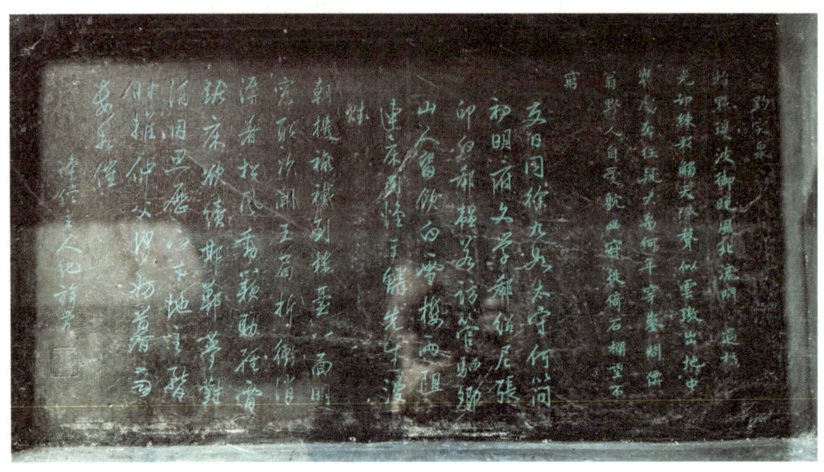

纪旃常趵突泉诗碑

备注

此碑今嵌于天下第一泉风景区趵突泉园区三圣殿西侧院墙门北。碑高34厘米，长66厘米。碑镌成年代及诗作者生平不详。

金线泉泉名碑

金线泉

同治庚午

春日吴兴丁彦臣题

金线泉碑砌于金线泉池壁　左庆摄

此碑横嵌在新金线泉池东侧石壁上。碑高28厘米，长92厘米，隶书。据记载，此碑原在老金线泉旁。1956年趵突泉景区扩建时，在老金线泉东约20米处小泉池中也发现了“金线”，遂称此泉为“金线泉”，而将原金线泉改称“老金线泉”，老金线泉边的泉名碑亦被移至新金线泉旁。文中“同治庚午”为1870年。丁彦臣（1829—1873），晚清书法家，吴兴（今浙江湖州）人，清同治时期受山东巡抚丁宝桢保举，治理山东河道，办理洋务。

东高泉泉名碑

己酉季春（左题）

东高泉

芝重建（右署）

东高泉碑立于东高泉旁　王琴摄

备注

此碑嵌于天下第一泉风景区趵突泉园区万竹园（前身是清末民初张怀芝所建的私宅——张家公馆）大门内东侧东高泉畔。碑高80厘米，宽40厘米。古东高泉并不在此，此东高泉应是张怀芝建私宅时对新挖泉池，以“东高泉”之名名之。有鉴于此，“芝重建”当为“张怀芝重建”之简称，“己酉”当为1909年。

望水泉泉名碑

庚戌

望水泉

望水泉泉名碑　左庆摄

备注

此碑嵌于天下第一泉风景区趵突泉园区万竹园西前院泉池北壁。碑高80厘米，长120厘米，字径40厘米左右。鉴于张怀芝建造私宅时间为清末民初，“庚戌”当为1910年。此泉名碑虽未署名，但对比发现，“望水泉”题名与“东高”“白云”二泉泉名碑字迹一致，其书丹者应是张怀芝。

白云泉泉名碑

壬子（左题）

白云泉

芝建（右署）

白云泉泉名碑　雍坚摄

此碑嵌于天下第一泉风景区趵突泉园区万竹园内白云泉泉池西岸。碑高70厘米，长150厘米。“芝建”当为“张怀芝建”之简称，“壬子”当为1912年。

饮虎池泉名碑

□亥重建（右题）

饮虎池

饮虎池碑原砌于饮虎池池壁

备注

此碑原嵌于饮虎池池壁。饮虎池原在饮虎池街南首路东，1992年拓建泺源大街时，此泉正位于规划的马路中间，因此被填埋，后在泺源大街北侧新建饮虎池纪念池一座。饮虎池泉名碑今藏于济南市博物馆。

湛泉泉名碑

光绪壬寅

湛泉

浭阳张人骏

湛泉泉名碑

此碑今藏于济南市考古研究院。张人骏（1846—1927），原字健庵，又改为千里，号安圃，晚号湛存居士，直隶丰润县（古称“浭阳”，今河北省唐山市丰润区）人。同治七年（1868）科进士，历任广西桂平梧盐法道，广西、广东和山东布政使，漕运总督，山东、山西和广东巡抚，两广、两江总督。文中“光绪壬寅”为1902年，张人骏时任山东巡抚。

湛泉碑

湛泉碑铭

先锋队哨官守备王振标、衣殿魁督率后哨兵目等工作

武备学堂教习、江苏候补直隶州州判晏蜚声撰

武备学堂司宾、内阁典籍衔候选教谕刘松山书

昔者習甃生波，耿恭下拜；佩刀剌地，李广宣威；□以行军之要，贵审泉源；筑垒之先，必求汲道。非第仁敷抱瓮，事便充庖；玉虎牵丝，资灌园于老圃；金蟆洒泪，供闾里之晨炊也。伏惟安圃中丞防川讲武，塞井用兵。握龙节以绥暠，厉犀军而治水。扶桑浪靖，合百千万众以成城；细柳春回，度七十二泉而建部。乃有南营者，僻在子城，宏开甲帐，地同戈壁，道阻虞渊，呼苍兕以无灵，控翠虬兮何远？笨车往返驮载，多劳短绠周旋，樵苏乏便。望梅难慰，已成背水之军；增灶堪虞，谁济断流之众？时则武备学堂总办景启、王管带有宏，心耽凿空，手妙回澜，握九仞以不辞，障百川而有愿。工催鼛鼓，开山遁甲之书；仓启灵扃，古洞东丁之咏。

湛泉碑

则见光摇神瀵，穴破天昊。鬼斧神斤，潜通地脉；锄云汗雨，巧夺天工。雷阗马磨之车，月照龙宫之□。□黄金院，轠（辘）轳衔尾之声；莲涌玉池，瓶钵生鳞之象，亦足见祥呈天目、秘泻山脐矣。然而济世者，至人之功也；补天者，烈士之志也。苟其占仍鲋射，拙效鸠藏。处涸辙以自娱，望甜溪而不见。百金可惜，谁为承露之台？一篑或亏，安得巨灵之掌？营石田以靡用，借水府以无期，安能玉迸岩阿，尾閭百尺，练飞雪窦，口福千家也哉？今者钟畚告成，人怀同泽；饱腾收效，士庆投胶。穿九地以论兵，普群生而在宥。缭垣沾润，欢胪鹅鹳之行；剑戟生茫。朗照鹂鹈之畔。加以银床妥贴（帖），玉槛虚圆。悟临渴之殷忧，想仁民之遗爱。蹄涔可掬，清逾濯缨；爪印长留，风高投辖。虽乏醴泉大笔，写济人溱洧之施；已从调水真符，见上将雷霆之令。乃为铭曰：

千佛之麓，泉源夙阙。于铄中丞，洪此功德。荷锸炎区，运开石窟。窅然而深，挼蓝喷碧。名曰湛泉，不倾不竭。子惠元元，覃其袍泽。在山本清，出山自洁。七二泉外，用增馨冽。

监修：武备学堂提调吴金魁，督操处提调马连科，先□□前路左营帮带官参将尹人魁，哨官守备王锡文、赵永杰、马泰修，千总刘得升

大清光绪二十八年岁次壬寅孟冬上浣穀旦建立

历下刻工周锡成　双钩上石

备注

此碑今藏于济南市考古研究院。碑上方横题“滪泽滂流”四字。从碑文可知，湛泉地处济南南关的南营，此处为清末山东武备学堂校址。光绪二十七年（1901）九月，清政府命各省筹建武备学堂。次年，山东巡抚张人骏将济南南营废营重加修整，成立山东武备学堂。碑文中提及的“安圃”，即张人骏之号。

整理黑虎泉碑

整理黑虎泉记

城东南护城河一带，名泉不一，而水源最旺、位置最高者，厥惟黑虎泉。泉孔数十，若碎珠缕出。积而为潭，清澈见底。潭临崖壁，构石为阁。古寺立其上，距护城河约十余步。其阁旧有蓄水池一方，用以泄注潭水倾入护城河者也。潭之泄水处有石镌虎口一，嵌入池壁中，经久而壁已圮坏，罅隙迸出。潭与池之深度亦因年久淤塞，泉数与容量俱减。予以整理小清河之故，请示于韩主席向方，决计疏浚源泉以增水量。曾于趵突泉附近试凿新泉，激湍喷涌，与旧泉相埒。工既竣，乃复从事于兹泉。潭水浚深至一又十分之六公尺，广其池为十二又十分之六公尺，浚深为一又十分之二公尺至二又十分之七公尺不等。池之东南隅，浚出一泉，突跃怒起，有如趵突泉之形势者。计潭与池之流量，每秒钟共为四分之一立方公尺，较前约增三分之一。环池围以短壁，形若井栏，临潭处增设石镌虎口二，以畅其流。由池入护城河建一量水门，并设水则以测流量，盖为有合于科学之精确水量计，非仅以供游人之低徊名胜、流连风景而设也。

山东省政府建设厅厅长张鸿烈

中华民国二十年十月中旬立

备注

此碑原嵌于黑虎泉泉洞左侧石壁中，20世纪60年代整修黑虎泉时将其移除，后辗转流离，最终下落不明。据存世《整理黑虎泉记》拓片，原碑长100厘米，高62厘米，碑文楷书阴刻25行，满行15字。文中“中华民国二十年”为1931年。

在民国时期拍摄的照片中，黑虎泉泉洞旁可见“整理黑虎泉碑”

乾隆题珍珠泉诗碑

济南多名泉，岳阴水所潴。
其中孰巨擘？趵突与珍珠。
趵突固已佳，稍藉人工夫。
珍珠擅天然，创见讶仙区。
卓冠七十二，分汇大明湖。
几曲绕琼房，一泓映绮疏。
可以涤心志，可以鉴眉须。
圆流有灵孕，颗颗旋相于。
乍如历海嶠，鲛人捧出余。
又如对溟渤，三五呈方诸。
作霖仰尧题，泽物留神谟。
我来值暮春，农夫正新畬。
看彼芃芃者，欣此涓涓如。
安得符圣言，远近均沾濡。

乾隆戊辰上巳后一日御题珍珠泉并书

乾隆题珍珠泉诗碑

备 注

乾隆十三年（1748）农历三月初四，乾隆帝驻跸珍珠泉，御书“戊辰上巳后一日题珍珠泉”，后刻石立碑于珍珠泉泉池北岸，人称“乾隆碑”。此碑总高250厘米，宽80厘米。文中“乾隆戊辰”即1748年。

迎祥宫碑

迎祥宫碑

翰林待制、嘉议大夫兼国史院编修张起岩撰并书

嘉议大夫、礼部尚书张养浩篆额

重玄子张公志渊之来济南也，即府治东北华不注山南麓结庐托处，属金兴定庚辰岁。明年，其徒稍集，遂迁于山之北。又七年，正大戊子，奠居山之阳，今所谓“华阳宫”者。

府城门直南少西旧虞舜祠，宋欧阳文忠公诗石刻在焉。祠毁于兵，厥后或为板屋以奉香火。祠下有泉，曰“舜泉”，湮洌不常。重玄子分命其徒葺舍于傍，为修祀事。继而弟子□道威、赵志信改营舜祠，于祠右隙地构正殿六楹，以位三清，又为殿于后，以栖十一真，为火星殿，为堂，为斋舍，为庖库，三门栋宇一新，咸极壮丽。请于道教大宗师，赐今额。

元贞初，中顺大夫、总管兼府尹斡赤来谒祠下，慨其庳陋弗称，于是撤旧祠为殿，中设黼座，奉帝像；后连寝殿，居二妃。丹楹刻桷，雕甍朱槛，轮焉奂焉，有加于旧。又浚泉，甃其四周，压以文石，缭以朱楯，中为画桥达于陛。武宗皇帝朝，遣侍臣、今亚中大夫、兵马都指挥□□□兀带持香来祀，宪臣、漕臣、守土臣岁时为国家祝禧，咸走三清殿，恭事惟谨，而迎祥遂为府城胜处。然殿宇岁久寝坏，志信高弟邵道康力疾修葺，复还旧观。道康偕东岳庙提点周道复来请文纪颠末，走以郡人，不得终辞。窃谓济南之城，面山负渚，地灵则秀，蔚为山东名藩。历城县名繇历山，舜有祠，盖久也。环城诸山，若锦屏、龙洞、佛岩、奎、函、匡、黄、鹊、药，非不雄且丽；而巉岩万寻，孤撑云表，则华不注山为之冠，“峻秀”之语见称李白，非偶然也。合是二美，重玄子兼而有之，识见固异常哉！

盖国初民始安集，而全真之教方行，名山胜地为羽流所擅，斯不难也。

迎祥宫碑

若稽田，既垦既勤，敷菑以畬，来者耰播，无或荒弃，则亦无或虞艰食。

重玄子开于前，其徒能继其志，道康又能补苴罅漏，以无弃前人基，迎祥之庆宜鼎鼎未艾，是可纪也。

重玄子，河间人。幼归全真教，师事长春丘真君，赐号圆明大师。道威尝为济南路都道录。志信赐号崇真大师。道康赐紫金襕寂照通玄大师，今为济南路道门提点。

铭曰：

大道希微，出天地先。日用不知，孰究其然。
望而索之，茫乎无垠。近取诸身，夫岂远人。
于惟大舜，克让克孝。察于人伦，万世是效。
昔周柱史，立言五千。于帝其训，理或一焉。
有承其传，曰全真氏。奠居济南，繄重玄子。
山灵川媚，是惟历城。华峰孤撑，舜泉清泠。
萃兹二美，重玄兼有。率徒稽首，祈天子寿。
天作青土，藏宝兹峰。镇于大东，时和岁丰。
帝疏遗泽，以鉴以濡。气绵苍梧，霖雨八区。
既新帝祠，亦隆真宇。有严有翼，全齐快睹。
桓桓武皇，圣孝一揆。驰香揭虔，昭示民轨。
群臣祝禧，济南骏奔。如星共极，媚于大君。
羽流云集，灵章载演。飙游驻空，降福简简。
地平天成，维天子明。威刑赏庆，维天子圣。
有来簪裳，朝夕必饬。天子万年，永建皇极。

大元至治三年岁次癸亥冬十月庚申朔
赐紫金襕寂照通玄大师、济南路道门提点邵道康等立石
石匠提领尹澄、男尹聚、王顺、黄三刊

备注

此碑今在历下区舜井街舜井广场，为最早记载舜泉的传世碑刻。此碑约在明清之交佚失，故道光《济南金石志》未加收录。1985年，舜井街拆迁，于旧民居墙体中发现此碑，后被竖立于舜井之侧。此碑碑文多见于当代文献，但既往著录中颇多讹误，此文已作修正。文中“大元至治三年”为1323年。

玉露泉碑

玉露泉

省垣济水随地涌出，故有七十二泉之名。光绪辛丑，□四照楼东辟一方池，深三尺而泉出，味甘如醴，时□□□玉水方流远，□曰“玉露泉”。

长沙尹铭绶

玉露泉碑

备注

玉露泉为清末出现之泉，原位于清代山东学署院内。《济南指南》（1914年版）记载：“玉露泉在旧学院署内。”罗正纬《东西南北集》（1933年版）载有：“阮文达督学山左，衡文于四照楼。楼前手植海棠二株，题曰‘海棠汫’。后数十年尹铭绶典当于此，复凿清泉，题曰‘玉露泉’。辛亥改建，废学署为财政厅。遗迹宛在，殊可记也。”另据济南文史专家侯林先生考证，1933年5月28日《申报》曾刊登一篇“济南通信”，题为《鲁建厅疏浚济南名泉》。该文载有

玉露泉碑拓片　雍坚供图

“玉露泉，财政厅四照楼北河畔，墙上嵌一石碑，载有玉露泉之名。此泉，一四方池，在四照楼东，现已无遗迹可寻”。

1956年山东省建筑设计研究院勘察室手绘《济南市泉的分布图》和《济南地理》（1959年版）所附《济南泉水分布图》上，均标注有此泉。

1963年山东省地质局八〇一队一分队所编《济南市泉水分布图》上，将玉露泉位置记为“学院街山东机械工业厅小渠中”。1965年山东省地质局水文地质观测总站所编《济南泉水》中载，玉露泉位于“山东机械厅院内”，出流情况为“静水上溢”。

1986年10月山东省地图出版社所出版的《济南泉水》中，标有玉露泉。同年，尹君先生在《济南名泉考》一文中称：“玉露泉，大明湖路中段路北179号钟楼寺院内（省房管公司），尚存‘玉露泉’石碑倒卧于小河边。”（见1997年《济南文史精华》一书）

1997年《济南市志》记载：“玉露泉在大明湖路197号。泉池长6.2米，宽4米，深1.2米，为碎石砌成。水向东流，泉边有‘玉露泉’石碑一方。后被填埋，碑亦失没。”

据调查，玉露泉碑并未“失没”，原石今藏于闵子骞墓园，碑文字迹部分已漫漶不清。此碑文据韩明祥先生旧藏《玉露泉》拓片录入。碑文披露，玉露泉发现时间为光绪辛丑年（1901），碑文撰文者为时任山东学政尹铭绶。尹铭绶为清光绪二十年（1894）殿试一甲第二名进士（榜眼），授翰林院编修，累官至内阁大学士。

中央泉碑

中央泉

泉名中央，载在县志，乃古迹也。宣统三年岁次辛亥春三月吉日，本宅主人舒卿氏黄士泰立并书。

中央泉碑原砌于中央泉旁山墙内　郭建政摄

备注

此碑原嵌于历下区县西巷2号院内东厢房北山墙。碑高约40厘米，长约60厘米。碑前即济南历史名泉中央泉。其泉池为圆井形，井口外为圆形青石井栏，高约尺许。井内泉水清澈，距地面约1米距离，弯腰即可汲水。2002—2003年，县西巷拓宽改造拆迁后，中央泉被填埋，泉碑佚失。文中“宣统三年”为1911年。

甘泉泉名碑

首夏念五日穿井（左署）

甘泉

光绪壬午年建龛（右题）

此碑今藏于济南市民俗艺术馆。刻石共3件，“甘泉”二字镌于一拱券石上。石下左右两石柱上，分别镌有“光绪壬午年建龛”和“首夏念五日穿井”。其中“光绪壬午年”为1882年，“念”应为“廿”字之讹。据济南泉水研究专家王新生先生介绍，甘泉原位于县西巷南段路西牛头巷一民居中，20世纪90年代片区拆迁改造时佚失。

甘泉碑　郭建政摄

涌锡泉泉名碑

涌锡泉

道光三年立

涌锡泉泉名碑

备注

此碑嵌于历下区泉城路335号院内北屋墙基处。碑高45厘米，长60厘米。因年久风化，碑文漫漶，仅隐约可见。碑前即涌锡泉。该泉泉池呈方井形，边长55厘米，池口为圆形井栏，直径40厘米。池中常年有水，久旱不涸。涌锡泉之名，未见文献记载。此前，该泉曾深藏于居民院中，21世纪初泉水普查时被发现，后被列入《济南市名泉名录》。文中“道光三年”为1823年。

芙蓉街关帝庙碑

建醮三年圆满碑记

济南府布政司街之东隅有关圣帝君庙，其来多历年所。西踞藩署，二东之赋税云集；南镇都阃，百年之武库飞霜。芙蓉泉北注泮宫，礼乐三千于斯茂焉；兴文桥东连开府，节制百城亶其盛矣。洵五方都会之区，一郡镇筦之要，□也。帝之神威丕显，呵护于斯。巩皇图于苞桑，登仓赤于春台，宜乎春秋飨祀，香火万家，数百年如一日也。会首石岣等纠集善信，建醮祭赛。响答云璈，叶钧天之雅奏；诵彻金石，发九天之梵音。水陆来万灵之驾，牲牢荐明德之馨。冠裳济济，童叟欢呼。三年完满，不可无记。佥谋勒石，以志不朽，且以启后之好善者，以续无斁，由三年以讫亿万斯年，人心丕振，帝灵常赫也云尔。是为记。

时康熙三十四年岁次乙亥天中后一日縠旦

赐乡进士出身、济南府儒学训导姚峻熏沐撰文

济水逸士常璇沐手书丹

会首舒同文（其余人名略）同立石

住持道士：王泮雪、侄王

此碑在历下区芙蓉街38号关帝庙内。2009年关帝庙大修施工时，发现此碑，同时在院西北角发现两眼无名泉。2013年济南市名泉办、民政局和济南市名泉研究会面向社会为30处无名泉进行征名，后报请济南市政府批准，将两泉分别命名为武库泉和关帝庙泉，命名依据是芙蓉街一带原有武库，泉又位于关帝庙内。文中“康熙三十四年”为1695年。

芙蓉街关帝庙碑

新浚凤翥池碑

新浚凤翥池记

公廨二门内有石一品，翼然而立，以“凤翥”名，殆有取于《诗》所云“凤凰鸣矣，于彼高冈”之意也。壬子秋，余襄试事，凿池于龙门内，导珍珠、芙蓉二泉注之，颜以“华笔”。俾多士饮之而甘，以章五色之华。遂引水至凤翥石畔，潴为方池。池依于石，即以石名名之。因思古人于水监，即于民监。余窃凛此意为兢兢，并以告往来池上者，奋羽仪以鸣盛，涤尘滓以扬清，其源既远，其流自长也。是为记。

乾隆壬子桂月上浣

东藩使者、古歙江兰谨识

新浚凤翥池碑

风翥池在历下区山东省人民政府院内，明清时此处为山东布政使署、贡院旧址。今凤翥池分东、西两石砌方池，中间架一小桥。新浚凤翥池碑即嵌于西池北壁。凤翥池东池北壁亦嵌有一石，为凤翥池泉名碑，书丹者不详。文中“乾隆壬子”为1792年。

新浚华笔池碑

新浚华笔池记

济南踞七十二泉之胜，秋试时每取水甚远，味亦不甘。壬子岁，余于龙门前凿地为池，导芙蓉、珍珠二泉注之，曲栏四围，璨然以清，题曰“华笔池”。始以□冰雪之聪明，而漱六艺之芳润，倾万斛珠源笔端涌出，将芙蓉之镜长于是延焉，岂不盛欤？一有济吉大中丞庆、覃溪翁阁学方纲、□□署臬事阿都转雨窗、济东熊观察谦山、登莱曹观察云耕，共襄厥成。工既毕，因书以记之。

乾隆壬子桂月东藩使者江兰谨识并书

督工：知府宋思仁、高天凤、归朝煦、韩维谦

监工：知县张光熙、严孙诒、萧学慎、汪本庄……

2023 年 3 月，黄鹏为刚刚清理出的华笔池中的新浚华笔池碑制作拓片　雍坚摄

华笔池又称华笔泉，为2005年《济南市名泉名录》收录之泉，位于历下区山东省人民政府院内东区，明清时此处为山东贡院。此碑嵌于华笔池北壁，旁为华笔池泉名碑，隶书，无款识。1992年省政府东区建宿舍楼时，特意保留华笔池，用水泥板将其封盖于6号宿舍楼西头。2023年，华笔池被恢复。

此碑文为济南方志文献所缺载。文中，“吉大中丞庆”即时任山东巡抚觉罗吉庆；“覃溪翁阁学方纲”即时任山东学政翁方纲（号覃溪）；“署臬事阿都转雨窗”即阿林保（字雨窗），时任山东都转盐运使兼署山东按察使；“济东熊观察谦山”即时任分守济东泰武临道道台熊枚（号谦山）；“登莱曹观察云耕”即时任分守登莱道道台曹芝田（号云耕）；“东藩使者江兰”即时任山东布政使江兰，布政司别称“藩署”，山东布政使别称“东藩使者”。文中“乾隆壬子”为1792年。江兰，字芳谷，号畹香，安徽歙县人。乾隆四十四年（1779）前主要在兵部任职，其后在河南、山东、云南任布政使、按察使、巡抚等职。

华笔池泉名碑　雍坚摄

感应井泉碑

感应井泉记

赐进士出身奉政大夫兵部武选司郎中郡人邹袭撰
赐进士出身中宪大夫山西按察司提学副使济南边贡篆
济南府学生平原霍淞书

济南七十二泉名天下旧矣，今湮没于瓦砾蒿莱者三之二。其幸存而名著者多在城之西南，曰“趵突”，曰“珍珠”，二流迤逦曲折，至会波门合而为一，达清河以入于海。曰“大明湖”，在城西北，中有莲藕菱芡之所附丽，鱼鳖虾□之所依凭，岸有华堂广厦，茂林修竹。每春夏之交，清香□阴，悦可人之耳目，官僚士庶泛□□观者无虚日，倦则沐浴其间，其水秽垢不可食。湖之四旁，卑湿污下，其水碱卤，亦不可食。真武庙在湖之北，依城为基。近因倾圮，德藩承奉白公修之。人众工大，百务俱举，独求甘水为难，东至齐川门，南至罗姑井，西至玉环泉，大率一二里许，远汲不胜其劳。公甚恻然，□□手加额，默祈祷之。一夕，梦寐间若有□□异物指示其地曰：“泉在此。”诘旦，即其地凿之，未数仞，果得泉涌出，色清味甘。众欢欣踊跃，以为公一念之所格也。遂甃以石，作亭于上，名曰“感应井泉”。董工林聪、白璋、杨达、李福通，庙主杨振、杨环、杨□，环井耆老谷瑶等，属予记之，以垂永久。窃惟天地以生物为心，而所生之物莫先于水；物之所赖以生者，亦莫先于水。水在天地间，在在有之，大而江淮河海，通舟楫，济漕运，其为国家之利甚博。至于井泉之水，五祀居其一焉。在一邑，则有一邑之井，故《易》曰：“改邑不改井。”在一乡，则有一乡之井，故《礼》曰：“乡田同井。”井之利，□于民生日用之常，不可一处一时而无。然水之甘苦不同，好甘恶苦，人之心也。惟欲甘以养人，不欲苦以害人，天地之心也。若夫好恶处之，各得其当，则在乎人耳。有人于此，

感应井泉碑

体天地之心以为心，一有所感，则天地之心应□，自有不期而至者矣。昔汉将军李广利行师无水，拔刀刺山，飞泉涌出。后汉耿恭，居疏勒，匈奴绝其水源，恭乃整衣向井再拜，有顷，泉出之。二公者事在史册，至今□□□之。公之事若合符节，亦当上与二公并称。公名闻，字德和，十一岁内阁读书，随侍贤王殿下，由典宝升前秩。今几七，发□颜丹，聪明强健，如少壮人。盖其为善之报如此，福寿犹未艾也。故特并记以俟，且系之以歌曰：

井体本静，井用有常。天覆地载，冬温夏凉。求此玄德，固闭深藏。陌人所召，□灵孔彰。仁哉白公，乃发其祥。色□香美，□□液浆。何以饰□，□石银床。镇重黄河，歌沸沧浪。始济群工，终惠一方。食饮点滴，百世不忘。

正德九年岁次甲戌夏四月望后吉日立石

此碑原嵌于历下区大明湖北极阁台基石壁，20世纪80年代移至北极阁台基东侧、感应井泉池边。碑高325厘米，宽95厘米。碑额竖篆题“感应井泉记”五字。文中“正德九年”为1514年。

乾隆御题大明湖诗碑

历城周廓十二里，大明湖乃居其半。
平吞济泺众泉流，远带齐鲁诸郡县。
泛舟初入鹊华堤，烟水苍茫迷远岸。
鸢鱼上下各逍遥，花木周遭相明绚。
演漾绿蒲隐钓矶，缥缈白云临古观。
应接无暇有余乐，水亭清雅陈笔砚。
便教乘兴一挥毫，苕华记予初所见。

乾隆戊辰御题

乾隆御题大明湖诗碑

此碑原在历下区大明湖司家码头，后移至大明湖历下亭南御碑亭内。碑帽高88厘米，碑座高67厘米，碑高168厘米，宽85厘米。文中“乾隆戊辰”为1748年。

乾隆御题游历下亭诗碑

芳洲城郭里，亭榭画图间。
杜句已称古，春游偶趁闲。
渔歌隔浦远，桥影卧波弯。
一棹蓬瀛到，仙风那引还。

天光澄上下，诗意寄烟波。
濯戟银鳞直，连拳玉鹭多。
浮图森古甓，远岫滴新螺。
万顷碧漪外，轻帆瞥眼过。

朱栏横绿渚，倒影漾澄泓。
烟柳万千树，春禽三两声。
从来称历下，到此适清明。
流水落花意，维摩句有情。

乾隆戊辰春暮游历下亭三首　御笔

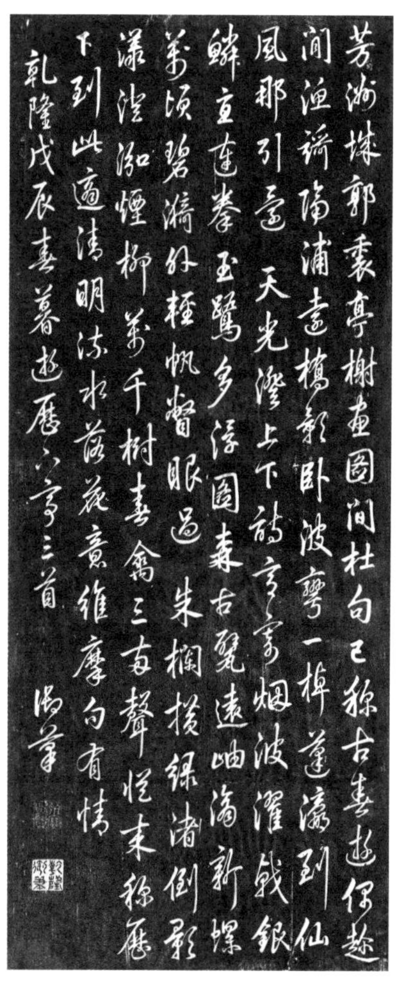

乾隆御题游历下亭诗碑拓片　雍坚供图

备注

此碑原在历下区大明湖历下亭中，20世纪60年代佚失。2022年，天下第一泉风景区服务中心据原碑拓片复制刻石，仍立于历下亭旧址。

潭西精舍碑

潭西精舍记

历城西门外唐翼国公故宅，一夕化为渊，即五龙潭也。潭之名始见于于钦《齐乘》，其言曰："《水经注》：'泺水北为大明湖，西有大明寺，水成净池。池上有亭，即北渚也。'今名五龙潭，潭上有五龙庙，亭则废矣。"按：池上亭，即《水经注》所称"客亭"，在趵突泉西北，何得以潭为"净池"？大明湖在古历城西南，今误以城内历水陂当之，北渚亭亦不在潭上。曾子固《北城闲步》诗云："饱食城头信意行。"又云："便起高亭临北渚。"苏子由《北渚亭》诗云："西湖已过百华汀，未厌相携上古城。"晁无咎《北渚亭赋序》云："尝登北渚之址，则群峰屹然列于林上，城郭井闾，皆在其下。"据三家之言，则亭在北城上无疑。于氏不知净池填为平地，乃移客亭及北渚于潭上，疏矣。今潭上五龙庙犹在，吾友陈君明轩嘉其水木之胜，与小香、二香诸君募钱，于潭西架屋为游息地，属予记之。元遗山言："济南楼观甲天下。"多无能指其处。因念翼公甲第连云，一旦为神物夺去，今以一瓦一椽托之潭上，几何不与颓垣废址同归乌有？虽然，诸君旅人也，寄兴而已。后人于烟水榛莽间追寻我辈游迹，或亦有感于遗山之言也夫！

乾隆五十八年岁在癸丑暮春之初，曲阜桂馥记

刻者杨敬，时年七十又九

偃师武亿寓稷下之岁，与凤台胥燕亭绳武、吴江陆古愚绳、长洲沈二香默过龙潭，看桂君书石。君固以艺自累，而予四人好奇之癖亦不免为世诟病也。亿记。

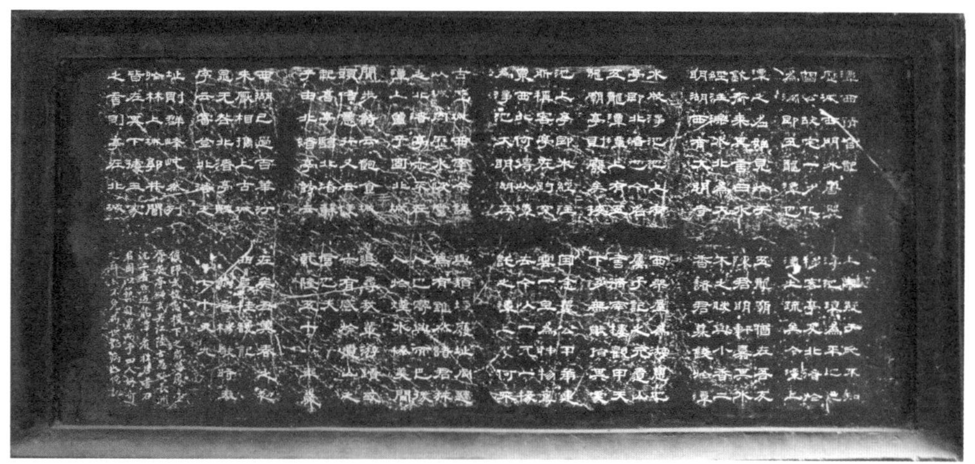

潭西精舍碑

此碑旧时在天桥区五龙潭西侧的潭西精舍，今嵌于天下第一泉风景区五龙潭园区潭西泉旁碑廊。碑高57厘米，宽136厘米。《潭西精舍记》分上下两层刻，上层32行，下层28行，每行7字，八分书。记后刻武亿跋，5行，正书。文中“乾隆五十八年”为1793年。

桂馥（1736—1805），字冬卉，一字未谷，号雩门，曲阜人。进士及第前，曾在济南生活。晚年进士及第，曾任云南永平知县。一生精研文字学、金石学，造诣高深，著有《札朴》《缪篆分韵》《晚学集》等。清代杰出书法家，其隶书驰名南北。

武亿（1745—1799），字虚谷，又字小石，号半石山人，河南偃师人。清乾嘉时期著名经学家、金石学家。乾隆四十五年（1780）进士，乾隆五十六年（1791）任山东博山知县。曾应著名学者阮元之邀，参校《山左金石志》。

“近水楼台”碑

天启五年（右题）

近水楼台

张中发书（左署）

潭西泉旁的“近水楼台”碑　左庆摄

此碑原在天桥区五龙潭东北隅贤清泉北侧旧舍墙内，20世纪80年代天下第一泉风景区五龙潭园区辟建时，被移至潭西泉泉池北壁。“近水楼台”四字分镌于四块方形石，方形石边长95厘米。张中发，字智鹄，号仰松，别号伴鹤，山东淄川人。知名书法家。文中“天启五年”为1625年。

蜜脂泉醮社圆满碑

蜜脂泉醮社圆满碑记

历下名泉七十二，西南称胜焉。其在西关要衢，去城十室余，而仰溅珠玑，与天镜、龙潭皆属一脉者，蜜脂也。不知命名昉自何时，但见潺湲洁澈，甘冷柔华，实无忝命名至意。一方士庶叨膏润□□□有，关圣祠宛在中央焉。而神化殷流，并施不竭，若圣借泉广其恩波，泉赖圣重其名号，矧源□□□更若神助乎。所以欲报泉功者，倍感圣德云耳。以故，首善董君讳醇化、张君讳明德、张君讳仲元、杨君讳采□、师君讳彦虎者，纠众结社，皈诚灵座，见渊涵荡漾，一圣惠之溥博无穷也；汪濊濙（潆）洄，一圣意之流连不尽也。正气流行，亘万古，终天地，起义胆忠肝、消奸谋诡计者，又一泉之明心而涤垢也。三年醮社，报圣之万一哉！报泉之万一哉！亦惟仰赖圣德同泉，并重其名号而已。是为记。

大清康熙十一年岁次壬子孟夏之吉

历下后学韩万象熏沐拜撰并书

（善人题名略）

此碑今立于天桥区共青团路五龙潭公园关帝庙西侧院内。碑高163厘米，宽64厘米，厚18.5厘米。碑刻圆首，额双钩刻“万古流芳”四字。碑文行书阴刻8行，满行40字。文中“大清康熙十一年”为1672年。

蜜脂泉醮社圆满碑

重建蜜脂泉碑

重建蜜脂泉碑记

济南名胜地，趵突为最。士大夫多游览其间，迤北……投茗煮之，甚得其味，相传为蜜脂泉。泉上有关帝……汉寿亭侯像，朝夕奉事甚谨。因无亭台辉煌……□故当城市烦嚣之地，而门庭闲寂，有如山……□，几度风雨飘摇。今闻住持借四方力□□……至再至者，取其幽静、味其清芬于此，不无有得……以临眺乎哉！

重建蜜脂泉碑

时在大清康熙四十七年岁次戊子季春之吉

济南府知府韩镐、兵部武选司朱纲、儒学教谕张太猷、儒学训导朱纬、候选知县戴文饰、举人韩章、定州右堂陈世彦、候选通判温德、候选经历王寅敬

善人庄锡修（其他善人题名略）

贡生郭□□

□耆老□□□

此碑今嵌于天桥区共青团路关帝庙大殿神龛前东侧墙内。额题“清静观”三字。文中“大清康熙四十七年”为1708年。

重修关帝庙碑

重修关帝庙碑记

历邑西城外不数武，有蜜脂殿。殿供关圣帝君像，旁有泉曰“蜜脂”，邑志所谓“西蜜脂泉”也。关帝庙甚夥，占名胜之地者，独此庙与泉。不知昉自何时，而泉源清澈，神化覃施，俾邑人士叨膏润于□竭焉，洵一方之瑞气也。乃创立已多历年所，自元以来屡经重修。今则殿瓦碎漏，栋楹破缺，神像亦复暗淡寡色，瞻拜者恧焉。爰议重修，鸠工庀材，殿撤而新之，泉葺而理之。泉左右地嫌窄下，垫高尺许。工告竣，壮丽完美，焕然改观。规模虽不甚宏敞，将来之过此宇者，瞻庙貌之森严，睹泉流之涓洁，恶念涤而善念滋。于以见先正之相地立址，原存神道设教之思，非徒祝禧祈岁，为士庶之所咸赖也。是为记。

历下举人柳廷诏沐手敬撰并书

首事（题名略）

光绪二十三年岁次丁酉中秋穀旦北保一绅商公立

此碑今嵌于天桥区共青团路关帝庙西院墙内。碑高115厘米，宽64厘米。碑刻圆首，额题“大清”二字。碑文楷书阴刻共9行，满行29字。文中“光绪二十三年”为1897年。

重修关帝庙碑

赵孟頫砚溪诗碑

抱膝独对华不注，孤衿四面天风来。泉声振响暗林壑，山色滴翠落莓苔。散发不冠弄柔翰，举杯白月临空阶。有时扶筇步深谷，长啸袖染烟霞回。

竹林深处小亭开，白鹤徐行啄紫苔。羽扇不摇纱帽侧，晚凉青鸟忽飞来。

同知济南路总管府事赵孟頫题

赵孟頫砚溪诗碑

此碑今藏于济南市博物馆，碑面篆书11行。赵孟頫（1254—1322），字子昂，号松雪道人，浙江吴兴（今浙江湖州）人。元代著名书法家、画家、诗人，被称作“元人冠冕”。王士禛《香祖笔记》卷五记载：“历下孙氏有别墅在济南郡城西北十里，而近其地四面皆稻塍，与鹊、华两山相望。圃中有泉，相传赵松雪洗砚泉也。一日，园丁治蔬畦，得石刻于土中，洗剔视之，乃松雪篆书二诗。”“历下孙氏”即顺治进士、官至兵部右侍郎的孙光祀，他在济南郡城西北辟建别墅之地，又称砚溪。乾隆《历城县志》记载，此碑在臧家屯。

千佛山吕祖洞醮社碑

千佛山吕祖洞醮社小记

夫记祀事也，记异乎？记诚乎？曰："记异，所以记诚也。"戊午岁四月望前一日，纯阳祖师诞辰也。南关善士华可宗等捐资礼祀，礼成，饮福醴时，有幼童失手，茶瓯坠石上，磕二小孔，如雕如凿，瓦片未碎，扣其瓯，仍硁硁声。众骇异者久之，乃恍然曰："二孔乃两口也，两'口'乃'吕'字也。祖师临矣。"祖何临生？遂环拜，矢愿结社醮祀，迄今十九年不懈。《书》曰："至诚感神。"又曰："享于克诚。"是洵诚之聚也，神之凝也。灵异惊人，昭著于若有若无之际也。或曰："山灵招之也。佛山高不满三里许，石蹬盘空，蜿蜒若亿万仞。山之腰叠嶂层崖，林壑尤美，有穴泠然沁人心脾者，龙泉洞也。傍洞而上，山径穿云，直抵峭壁间。仙洞幽秀焉，仙临以山故也。"余曰："不然。倘谓爱山而来，独不闻'色秀乾坤总是空'之咏乎？余知诸公以诚意结仙缘，必皆椿龄有常而祀事不替，永祈上仙布阳刚之正气，荡形秽，福国祚，奠民生也。诚可祀也，异云乎哉！"

大清康熙三十五年岁次丙子四月上浣之吉

壬子拔贡王养纯熏沐撰书

此石刻镌于历下区千佛山兴国禅寺方丈院吕祖洞旁崖壁。文中所载"龙泉洞"内即龙泉，2005年被列入《济南市名泉名录》。文中"大清康熙三十五年"为1696年。

千佛山吕祖洞醮社碑

秋棠池石刻

秋棠池

……大清光绪……（右署）

秋棠池石刻

备注

此题刻今在历下区千佛山东南佛慧山开元寺旧址内南崖壁上。刻面长67厘米，高39厘米。“秋棠池”三字后有大清光绪年落款题跋3行，字迹漫漶不清。题刻之下即甘露泉。由此碑刻可知，“秋棠池”当为甘露泉之别称。在甘露泉洞内崖壁上另有“爱泉如命”石刻，落款“庚辰”，不知何人何年所题。

长生泉石刻

长生泉

廉使察罕菩华书（右署）

长生泉石刻

此石刻镌于历下区千佛山东南佛慧山开元寺旧址东侧崖下石窟内的佛像前崖壁上。刻面高41厘米，宽19厘米。“廉使”即元朝设立的肃政廉访使，察罕菩华曾任山东肃政廉访使。清道光《济南金石志》卷二《历城石》记载，“此刻正书二行，在大佛山壁、石佛旁泉上”。长生泉今日尚在，此题刻可证，其泉名元代即有。

下井庄买树买地记事碑

济郡城东有曰上、中、下井三庄，均以□□□为贵，因井而起庄名。兹因下井庄古井一眼，在庙西沟南岸，井傍（旁）有古槐一株，历年久远，□□叩称系树主欲卖，庄中无人阻□，□卖于他庄，抢挖树木至伤古井。公议庄众公出京钱四千三百文，将树买为合庄公树，以免伤井，有便来往乘凉。再合庄饮□□羊不便，从前公议于乾隆四十七年买到朱希孟南湾坑一个，地基约有五分，东至张旺山朱洪西沟心，南至徐崇业主，北至□□福徐天贵，价值京钱十九千整。又因本庄五圣堂需人供奉香火，于嘉庆十一年十月间，合庄公议买到戴元均坡地大亩三亩，价值京钱壹百壹拾千整，东至雾露沟，西至戴□，南至戴清泰，北至□进□□□□系四至分明，地明价足，毫无异议。文契难以常存，恐远年无考，特勒石碑以志□事永垂不朽。

历下王纯一撰并书

时大清嘉庆拾贰年柒月□□吉日　合庄人等同立

（施财及领袖善人题名略）

此碑原立于历下区龙洞街道下井庄五圣堂遗址西北古槐下的古井旁。碑高130厘米，宽63厘米，厚21厘米。碑刻圭首，碑文楷书阴刻7行，满行42至46字不等。文中“乾隆四十七年”为1782年，“大清嘉庆拾贰年”为1807年。

下井庄买树买地记事碑

下井庄修泉井碑

为掘井及泉将捐资姓氏开列于左

合庄捐钱拾仟文

首事人（题名略）

铁笔：韩光禄

捐资人（题名略）

光绪三十年岁次甲辰□月中浣吉旦

下井庄修泉井碑

历下区龙洞街道下井庄东南古桥东首原有古井一眼，井西侧为石砌影壁。此碑原嵌于影壁墙内，后移至古井台旁。碑石为横碑，长70厘米，高49厘米，厚15厘米。碑面未记述修泉始末，均为善人题名及捐资数量。文中“光绪三十年”为1904年。

萧培元龙洞题刻

万仞初过处，复见石峰巅。径转疑无路，林开别有天。

碧云藏古寺，红叶隔流泉。雨后看明日，神龙入洞眠。

岚锁飞岩，洞天福地。云兴大壑，霖雨苍生。

同治十一年二月滇南萧培元联刻

萧培元龙洞题刻

备注

此石刻镌于历下区龙洞风景区独秀峰东南侧岩壁之上。萧培元（1816—1873），字钟之，号质斋，云南昆明人。清咸丰二年（1852）进士，选庶吉士，授翰林院编修。同治元年（1862）任济南府知府，同治十二年（1873）升任代理山东按察使，同年去世。能诗，著有《思过斋诗钞》。

项守礼等黑龙潭题刻

嘉靖癸丑二月廿日，方伯项守礼、观察使屠侨智□副使陈都阃□揖参□□□，同饮于泉。

……

项守礼等黑龙潭题刻

备注

此石刻镌于历下区龙洞山藏龙涧一线天下黑龙潭旁崖壁上。黑龙泉为济南历史名泉，明晏壁《七十二泉诗》收录。黑龙泉旁的白龙泉、金沙泉则位列金、明、清三代七十二名泉。三泉相邻不远，所汇之水分别称白龙潭、黄龙潭和黑龙潭。三龙潭所在之处，古为济南人祈祷雨雪之所。文中“嘉靖癸丑”为1553年。项守礼，字进伯，浙江奉化人。明嘉靖二十三年（1544）进士，授工部主事，历南京刑部员外郎、郎中，善决疑案。出为济南知府，亦有治绩。官至山西按察副使。

许应奎等白龙潭题刻

嘉靖癸丑夏五月十日，沙河许应奎、江都于珠从抚按东巡，同观此泉。

住持正益上石

石匠朱太刻

许应奎等白龙潭题刻

备注

此石刻镌于历下区龙洞山藏龙涧一线天下白龙潭左侧崖壁上。文中的“嘉靖癸丑”为1543年。许应奎（？—1554），字汝征，河北沙河人。年十三，从父游太学，年十五入邑庠，由岁贡入成均，明嘉靖二十六年（1547）授山东寿光县主簿，催科有方，擢历城县县丞。于珠，生卒年不详，江都（今属江苏扬州）人。嘉靖年间曾任历城县丞。

沈应龙等黑龙潭题刻

嘉靖癸丑夏六月十日，中丞沈应龙、侍御冯荐循行东郊，避暑龙洞，来饮于泉，命工纪石。

院主正益书

石匠朱太刻

沈应龙等黑龙潭题刻　王传友摄

备注

此题记镌于历下区龙洞山藏龙洞黑龙潭侧的崖壁上。题记长64厘米，高60厘米。碑文楷书阴刻共5行，满行8字。沈应龙，生卒年不详，字翔卿，浙江乌程县（今浙江湖州）人。嘉靖十四年（1535）进士，嘉靖三十一年（1552）七月至三十三年（1554）六月曾任山东巡抚。

林汲泉石刻

林汲泉

乾隆己酉□暑，曲阜王方田、历下张搢芳、郭小华同来

林汲泉石刻

备注

此石刻在林汲泉旁石壁上。石刻长75厘米，高33厘米。郭小华，名敏磐，晚号云门外史，山东历城（今山东济南）人。嘉庆十年（1804）甲子科举人，官益都教谕。工书，隶书逼似其师桂馥。尤善画，阮元称其为“山左第一”。其传世画作《潭西客夜图》，现藏于济南市博物馆。文中“乾隆己酉”为1789年。

浴佛池石刻

浴佛池

乾隆六十年闰二月，仪征阮承信偕同里季尔庆，江安焦循、林报曾，弟鸿、子元游佛谷，访唐石刻，遂登灵台，下观林汲泉，憩此池上，因以名之。

浴佛池石刻

该石刻今在林汲泉东瀑布前的巨石之上。石刻长147厘米，高73厘米。刻面呈半圆形，最左端隶书竖题“浴佛池”三字，再左为题跋9行，满行6字，左读。《济南金石志》载：“按，此刻正书九行左读，在佛峪后林汲泉盘石上。”相传佛祖诞生时，有龙吐水为之沐浴，浴佛遂为佛教习俗。佛峪瀑布下有潭池，取此意而名为“浴佛池”。清乾隆五十八年（1793）六月，江苏仪征人阮元任山东学政。乾隆六十年（1795），其父阮承信来济南，与友人和家人游览佛峪，在此刻石纪念。当年十月，阮元被调任浙江学政，离开济南。

“听泉”石刻

听泉

同治庚午十月十一日

高要何昆玉题

“听泉”石刻

此石刻今与浴佛池石刻刻于同一巨石之上，其在巨石侧面。石刻长46厘米，高31厘米。“听泉”二字篆书。文中“同治庚午”为1870年。何昆玉（1828—约1896），字伯瑜，广东高要人。清代篆刻家，与山东金石学家陈介琪常往来。

“清泉石上流”石刻

清泉石上流

光绪丙申秋借题王右丞句　洪洞南清溪，邑人姜遇斌、柳文洙同游

“清泉石上流”石刻

备注

该题记今在市中区佛峪般若寺下西侧的河道内。石刻长218厘米，高55厘米。刻石右侧正书“清泉石上流”五字，其后有题跋6行，满行4字。刻文中并未言明书丹人，但观其书法风格应为同游者柳文洙所题写。文中“光绪丙申”为1896年。柳文洙（1838—？），字鱼筌，山东历城（今山东济南）人。清光绪三年（1877）进士。著有《喜猎偶笔》《晚学斋古文诗存》《雕虫要语》等。其书法造诣深厚，龙洞“壁立千仞”和佛慧山“秋棠池”题字，均为其所书。

“云殿泉厨”石刻

光绪六年十一月（左题）

云殿泉厨

子和张玢书（右署）

此石刻镌于市中区佛峪般若寺内石壁，书丹人张玢为历城人，生平不详。旁有篆书“露华泉”石刻，无年款和书丹人姓名。“云殿泉厨”石刻岩壁下为露华泉，至今泉水澄澈。旧时此处为般若寺僧厨，故“泉厨”之泉当指露华泉。清乾隆六十年（1795），阮元《自禹登山白云峰东三里至佛峪》诗中有“云护岩上佛，泉养厨中僧”之佳句。1942年《济南市山水古迹纪略》一书记载：“云生殿内，泉出厨间，终古风雨不侵，尤为绝胜。”文中“光绪六年”为1880年。

“云殿泉厨”石刻

张起岩玉函山题刻

济南府……西南路清亭……泰山犹未之……江汉之宗海……西首北□要……山山之□……可□寻随山□曲……之平也。上下□去……之覆，如垩之□也……流涓涓冒崖……即其下凿池……道缘山……其中在隋开皇……大元至元后……夫普颜怗□儿……其右偏因岩□□□□载久而……位居中且正即□□以镌石为……既即工岩出乳泉□滴夹石像……作二方池，甘洌清澈，已而漫流……增又顾两旁位置度□文殊普贤……次郡人曲有仁独请助其事……以章佩卿征诿于余，曰：函山石……述。余惟天壤间各山胜境必看……为山实岱宗北麓，历年滋久，至……又七百五十二年□观也。晋……之剩又明年继有□□殆造物……历世纪述之自也耶。因书以畀……庶来者有所考云。摩崖以纪专……今都转运使、嘉议大夫高昌廉……人为善于此，概可见也。

董役秦……

庚辰冬十月二十五日正奉大夫……

翰林侍讲学士、知制诰同修……

经筵事张起岩记，南□人史郡

备注

此题记镌于市中区玉函山佛峪寺遗址蕊珠泉旁崖壁上。字迹漫漶，依稀可见。碑文中载有于蕊珠泉旁辟建泉池一事。蕊珠泉被列入《济南市名泉名录》，今泉址有平地开凿的泉池。据张起岩生平，“庚辰”当为元代至元六年，即1340年。

张起岩玉函山题刻　陈明超供图

佛峪右灰泉碑

佛峪右灰泉碑记

历邑迤南二十里，古有兴隆山。山峰上有天仙圣母行宫，之下有佛峪胜境，峪岫有惠池澄清。斯泉源焉，佛峪所属之地，从来僧居具借力于泉水以生活者久矣，但是泉也，日夜积蓄，止（只）是以供僧家所用。自于雍正壬子年，今同约地各庄善士议同：此泉之水只许峪内僧人受用，永不许各村争取。劝勉各庄□□善念，亦为善降祥之一端也。是为记，以志不朽。

佛峪右灰泉碑

大清雍正十年岁次壬子季春吉旦

住持僧人通惠

善人（题名略）

备注

2011年，济南泉水普查时此碑原立于市中区玉函山灰泉旁。碑高80厘米，宽50厘米，厚16厘米，额题“万古流芳”四字。灰泉原在佛峪寺西北、三元宫遗址之下的山林间，2021年泉水普查时，灰泉失迷，幸于原泉址附近寻见泉碑。文中“大清雍正十年”为1732年。

沛泉泉名碑

道光元年三月重修（右题）

沛泉

东十六里河白石峪公立（左署）

沛泉泉名碑

备注

此碑嵌于市中区十六里河街道柏石峪村沛泉泉池东壁，旁有两块同期所镌的功德碑、地图碑。沛泉位于柏石峪村南、玉函山帅旗峰北山脚下，为长方形青石砌筑的泉池。沛泉三碑原砌于泉池东壁靠北的位置。2019年，泉池东壁坍塌，柏石峪村民重砌东壁时，将三块泉碑移至东壁正中。文中“道光元年”为1821年。

重修斗母庙碑

重修斗母庙记

历城山□济□，泉甲天下。自分□□流于城会之间，汇为泉七十有二，且甘而冽，但多废于地，而不及乎□。涉淮扬，历苏杭，远□闵疆，一路所见□□□□□□□□□□□□□□垤，亦多瀑布震荡，吾历不能也。考历下东南多山，恒艰于水，每至秋□，为雨浸濯，偶有山泉可流，但不能长耳。□之故，山人苦之，至有担挑驴□□余里之外也。斗母泉者，莫究其始，在山之□之庄村咸赖之。上有斗□□，□久倾圮，泉亦淤塞。里人郑志起等伤之，谋及一乡之善士，浚泉砌□，为祀之□，又庀□鸠工，不□月而告□□□□□□□□□□极□□□涌轮不□趵突，以争鸣则大。有造于一方于万斯年者，较世之□□□度越，岂寻常也耶？是为记。

历下□□熏沐拜撰

林汲□□□龙书丹

庙内有碾一盘道姑说用

岁在嘉庆辛酉季夏下浣之吉

铁笔：刘廷贵

此碑今立于市中区兴隆街道斗母泉村斗母宫正殿前西侧。碑身断为两截，今已粘补。碑上半部分有凿痕数道，致使数行碑文损泐。碑文楷书，阴刻，共9行，满行27字。文中“嘉庆辛酉”为1801年。

重修斗母庙碑

斗母庙四至碑

碑记

斗母庙四至碑

昔有痘母庙一座，汲泉一眼，山坡□片。从来地基各有四至，因日□年远，恐失迷，地□□□庄□议，将地界分明：庙□至道心为界，后至二个十字□块石界为界，东至岩下两家扎架□理，西至小道西岩上为界；前□□至石梁门上□山顶，西至王存志为界，东至□法分水岭为界。□地界，西至十字石界为界，东至十字，北至老岩□，南至官树后大石头十字为界。以上□□地界四至分明，勒碑为记。

斗母泉合庄包工修理映壁、□阶。

官坡禁止牧放牛羊，如不遵规，数庄议罚。

斗母泉、王家窝坡、郭家窝坡、郑家窝坡、义和庄、贾家庄、侯家庄、三合庄首事人（题名略）

石工：谢连祥、边长安

大清同治拾壹年十月吉立

此碑今嵌于市中区兴隆街道斗母泉村斗母宫正殿前的影壁内。碑刻已断裂为数块，被拼整后嵌于墙内。碑文楷书阴刻8行，满行19字。碑文中所载“汲泉一眼”应指斗母宫一侧的斗母泉。文中“大清同治拾壹年”为1872年。

斗母殿建立道房碑

建立道房碑记

夫民，神之主也。有属为神主者，古代有祝史，今时移于僧道，岂无职奉祀典乎？历邑东南青铜山西跨，有斗母庙焉。泉涓涓而清流，云深深而触起。北带济泺平野而入幽燕，南面泰岱巉岩而连楚越，洵胜境也。其庙主者有六庄恐废富（享）祀，爰议请住持，以为神主祀之人。自古无禅林、室房，公议取资修庙，西地基一方，东西一丈九尺，南北二丈二尺，西北角高八尺取平。六庄首事按地捐钱，计钱包工，化（花）钱六十千整，以待后之君子建立道院，以为住持所依赖焉。

斗母殿建立道房碑

郑毓莘书丹

铁笔：李希平、刘海

首事人（题名略）

大清光绪陆年岁次戊辰子月仲浣榖旦立

 注

此碑今立于市中区兴隆街道斗母泉村斗母庙正殿前西侧。碑刻圭首，额题“万古流芳”四字，碑文楷书阴刻5行，满行43字。文中“大清光绪陆年”为1880年。

郑家窝坡村涌泉碑

涌泉碑记

尝思天生五材，为民并用。而生□□□□切于水，故□干陈畴，水列五行之首；《周易》系象，井演八卦之中。独历邑东南四十五里，郑家窝坡、侯家庄、贾家庄、骆驼蹄诸村，地□名泉，□□旱井以供不时之需。然资给于挹注，养□□朝；汲取于渊泉，养□万世。乃山下有泉，欲寻源而不得其脉。姓名列后之首事人，因四庄之间有□名井子峪者，顾名思义，访诸父老，知乾隆初年曾于此凿井丈余而未及泉，遗迹尚在，遂会四庄□□其况，□见为石，空投以卷石，闻有水声。于是按地捐银，计户摊工，自道光五年孟冬，加工三载，至□□季春，始逢源告竣。此固天开其窦，地呈其宝，而人实与有也焉。八家同汲，宁□勿幕之恩；亿世□□，□穷不穷之养。是不可湮没不传也，故

郑家窝坡村涌泉碑

表为涌泉，勒之碑铭，永垂不朽云。

侯家庄首领：侯□□、侯□□、侯□□

领袖：侯德周、侯琫、侯璥、侯兴周、侯勇、侯明周、侯景周、侯琮、侯亮周、侯岂、侯尉、侯长茂、侯长□、侯昆、侯峻、侯峡、侯屿、侯崍、侯嵈侯元勋、侯岫、侯岳、侯元鼎、李文皆、刘得福、张士兴、孙大勇、贾宝、贾兴、贾旺

公捐钱贰佰陆拾千

骆驼蹄首领：王□□

领袖：王杰、王倖、王际昌

郑家窝坡首领：郑□□、刘□□、李□□

领袖：郑士显、刘尽善、李聆、郑士祥、李□琨（其他善人题名略）

贾家庄首领：贾□

领袖：贾永太、贾永□（其他善人题名略）

立送契刘桂男、存吉眼同四庄人□□□□□地基一方……至堰根，南至流水沟，西至李瓒石……其修整。后世如有争执，罚白银一百□□□无凭，勒碑为证。

济阳县增生……参撰并书

大清道光八年四月十□日立

碑阴

《传》曰："民非水火不生活。"水火者，生人之大用也。然济人兼以利物，则水泉之香，弥切于火，齐之得故。凿而饮也，击壤之鼓以传；汔而至也，用汲之象□叶。井之益于人也，大矣哉！兹井字峪者，南北之冲衢也，自昔穿井未成，往来者憩息于此，偶焉思饮，空切望梅，使终无涌泉，其何以裕不穷之养，济行路之艰乎？首事人公议深造，以前人用，但工费浩大，独力难成。幸四乡君子慷慨乐施，以襄盛举。今则玉液流香，取不尽而

用不竭矣。夫掘井，盛事也；捐助，义举也。不为之勒贞珉以志不朽，则后之利其利者，何由览斯文而追而溯之曰："此皆当年某某功德也。"今不避固陋，凑五言律一章以咏之：

昔日曾游此，而今十数春。山容千古秀，水脉一时新。

旧迹从先进，丰功裕后人。涌泉深趵突，分派自龙津。

火龙庄公捐钱拾伍阡（仟，下同），老坡庄公捐钱捌阡，韩希□捐钱五阡，胡吉永捐钱叁阡，矿村庄公捐钱拾贰阡，葫科庄公捐钱拾阡，郭家窝坡公捐钱贰阡，郑天池捐钱肆阡，潘家场公捐钱贰阡，李祥如捐钱壹阡，拌倒井公捐钱贰阡，小岭庄公捐钱叁阡，大岭庄公捐钱贰阡，白土岗公捐钱肆阡，王家窝坡、石家窝坡公捐钱拾阡，金刚钻公捐钱叁阡，石门公捐钱叁阡，大庄公捐钱叁阡，旁家庄刘柏捐钱叁阡，郝家庄郭法捐钱伍阡，桃科庄王恪捐钱伍阡，东泉路荣柱捐钱贰阡，云河庄公捐钱贰阡，擒口峪公捐钱贰阡，大黑峪公捐钱壹阡，韩贵捐钱贰阡

总领：李瓒、贾斌、侯琫暨男金周、刘尽善暨侄檀、侯大荣暨男峻、王琫、侯安周、郑松亭、侯崇同立

装塑：张洛

此碑今在市中区兴隆街道郑家窝坡村东井泉旁。碑高136厘米，宽58厘米，厚23厘米。据悉，此碑近年出土于泉井旁的田地中。碑刻方首，碑身阳面上四分之一处有横断凿痕。碑身阴阳两面均有碑文，碑阳碑文楷书阴刻7行，满行39字。碑阴碑文楷书阴刻7行，满行39字。碑文记载了郑家窝坡村开凿井泉之事。由于郑家窝坡位于济南府城至西营镇的古官道上，所以从捐钱记录看，附近村庄西至拌倒井（今搬倒井村）、东至擒口峪村（今噙口峪村），均为公捐，说明此井对于官道沿线村庄以及来往客商之重要。文中"大清道光八年"为1828年。

大岭村公修池碑

公修池碑记

合庄公钱六十千

首事（题名及捐款额略）

宣统元年杏月立

大岭村公修池碑

备注

市中区兴隆街道办事处大岭村旧址东北方山峪中有大岭泉，乃兴济河之源头。大岭泉泉池东侧崖壁上有天然石洞，洞口岩壁上有三处摩崖石刻：一处石刻即《公修池碑记》，记录了当年捐款修池的村民姓名；一处镌有“清水池”三字；一处镌有“禁止牛羊”四字。后两处石刻没有款识，书丹人及镌刻时间不详。文中“宣统元年”为1909年。

瓦峪沟村甘泉碑

甘泉碑记

天降膏露，地出醴泉，盛世之端也。降至末世，灾异迭出，物妖人怪，所在多有。而景星□云，神爵甘露，以及嘉禾芝草，凡所谓“祥瑞之兆”，皆寥寥焉，不数觏，并不数闻矣。天然者既不可得，人为者更难如愿。即如凿井耕田，为农民之急务，然耕田则终岁勤劳，尚或风雨不时，旱潦不均，力穑而不有秋者有之；凿井，则鸠工出资，尚或天一不生，地六不成，九仞而不及泉者有之。虽曰人事，岂非天意哉！瓦峪沟，山村也。环村皆系石层，就石凿井，倍觉困难。幸有贾公柱者热心公益，曾于清光绪八年慨捐地基，愿效耿公之拜井，直作愚公之移山。有志竟成，水随石现。众欣欣然，皆以天下无不可为之事也。惜涓滴细流，未满人望，而贾公逝矣。兹张君秀

瓦峪沟村甘泉碑

桂、贾君存巽等欲竟其功，继续进行，经营数十年，卒得滥泉涌出。所谓“三尺献龙泉”，果人力耶？抑天赐耶！凿井非难，凿石为难。涓涓者易，混混者难。后人之利，前人之功。特聊叙颠末，勒为碑铭，亦使后之人享其利，不忘其功云。

领袖（题名略）

此井有地基一方，系贾桂捐舍。井旁有杨树一株，须在不须坏。

少白韩西庚撰

恩廷王道湛书

石工：王道廷、胡凤才

铁笔：胡殿寅、韩昌华

民国拾贰年岁次癸亥荷月中浣榖旦

此碑今在市中区十六里河街道瓦峪沟村中古井屋的北墙内。碑长117.5厘米，高93厘米。碑刻顶部横镌“永垂不朽”四字，碑身四周饰波浪纹、金钱纹及花瓶鲜花纹。碑文楷书阴刻13行，满行27字。文中“光绪八年”为1882年，“民国拾贰年”为1923年。

邵而东村造井植树碑

嘉庆丙寅春，小北庄商公可祥思于此处造井植树，以便行人，苦无地基矣。诸族弟琅琅亦嘉厥志，慨然施地基一方。□公遂造一旱井，旁树以槐。由是渴者得饮，如酌罍樽；行者得息，如趋芳林。以故人心惠莫，历久不忘。兹因合庄公议置一石槽，并设石橙（凳）。功成告竣，勒碑垂铭，庶前人好善之意，不至芜设空山矣。是为叙。

侄商振甲继施水绳，意同前人

道光贰拾伍年孟秋上浣榖旦立

邵而东村造井植树碑

此碑今嵌在市中区邵而东村至吴家庄公路旁的一间石屋外墙内。碑高116厘米，宽50.5厘米，厚16厘米。碑刻圭首，额横题“流芳百世”四字。碑文楷书阴刻5行，满行25字。文中“嘉庆丙寅”为1806年，“道光贰拾伍年”为1845年。

西渴马村建井碑

建井碑记

水所以养生也，是以帝尧制治，必云凿井；公刘迁豳，亦观流泉。水之为务，古人诚急急也。西渴马庄居民不下四百余户，而井仅有三。值旱干之时，水恒患其不足焉。今有一善人高百先者，送地基一方。于是众人遂捐钱协力共凿此井。掘不数日，而泉源涌出，虽曰人力，岂非天功哉！既成之，余故为文以记之。

王西庚撰文，任思博书丹

东牌捐钱十千

（领袖、协办题名略）

大清咸丰贰年岁次壬子十一月上浣穀旦

石工：井吉云、翟大顺

西渴马村建井碑

此碑今立于市中区党家街道西渴马村东部路旁古井台旁。碑高158.5厘米，宽68.5厘米，厚20厘米。碑文楷书阴刻4行，满行40字。文中“大清咸丰贰年”为1852年。

东渴马村重修古井碑

井者，养也。人非水火不生活，故庄村□密人……马庄，庄以渴名，想见水之不易也。于宣统元年……要也。遂不惜地基□□浚井，公同议□族家……年天又亢旱，仍旧穿□井之水愈清矣。又至……□□协力相助，井之水取之不尽而用不竭……之巅末不朽云。

张镇坤撰文

中华民国十九年

东渴马村重修古井碑

备注

市中区党家街道东渴马村大王庙西侧不远有一口古井，此碑即立于井台旁。碑刻近半没于地下，仅能辨识碑文上半部分。文末“中华民国十九年”为1930年。

嫂妹塔志碑

嫂妹塔志

宋氏嫂妹，大崮人焉。盛夏经此，四无村庵。有水甚鲜，济渴诚难。淑让渴化，孳乳此山。筑室建像，懿行流传。天彰其德，乃发泉源。取之不竭，水清而甘。御灾抵患，祈饮皆然。公修明礼，封谒神灵。建殿愫（塑）像，规模敞弘。化着溥博，惠及群生。步武而至，阴雨难容。增业募化，配房建成。德□□□，告厥成功。刻此乐石，众善齐名。后圣复起，有所景行。

嫂妹塔志碑

中华民国二十四年岁次己亥春□正月元日

济宁女徐彩云素卿氏题并书

监修：杨鸿宝、商石□、陈兆学

石工……

备 注

此碑立于市中区党家街道蛮子庄金拱岭北坡。碑高150厘米，宽30厘米。姑嫂泉，别名“淑让泉”。泉池为石砌长方形，池中泉水常有，雨季偶能出流。碑文虽已漫漶，但约略记载了姑嫂泉的传说。文中“中华民国二十四年”为1935年。

历城、高新、南山篇

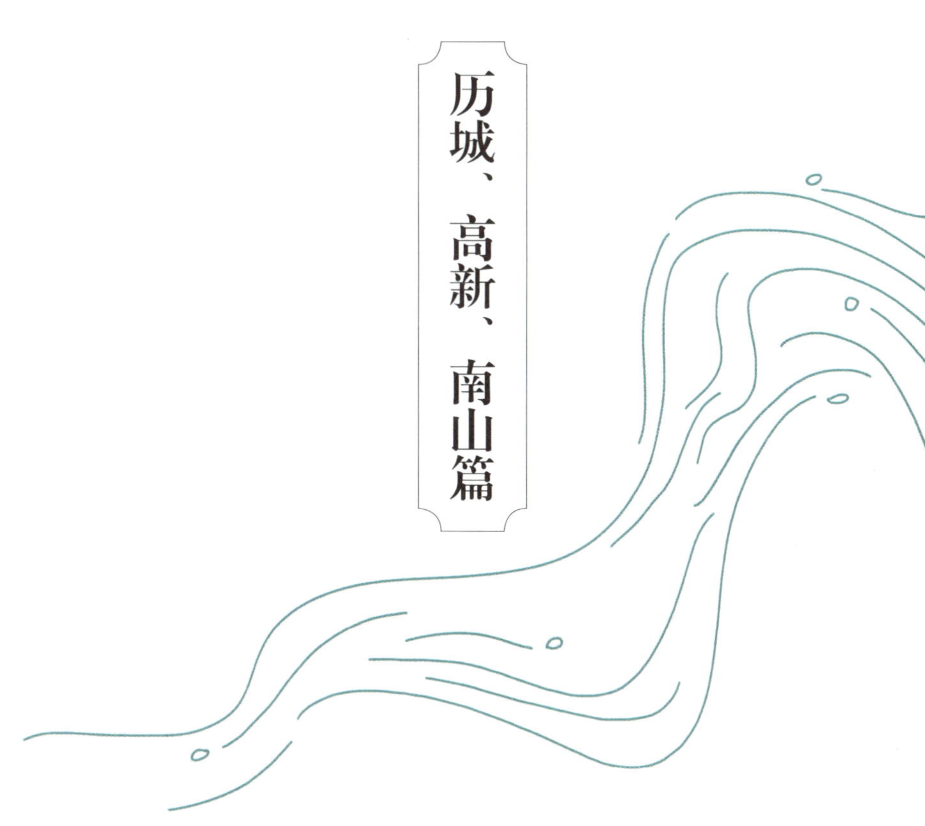

陈颢得井石刻

开皇八年七月五日，陈颢出得此井，刊名此记，使令故知之。

陈颢得井石刻　陈明超摄

备注

此题记镌于历城区港沟街道天井峪云台寺内玉漏泉边的崖壁上，为济南境内迄今所存最古老的泉水石刻，记录了隋人陈颢得井而取用玉漏泉水之事。文中“开皇八年”为588年。

重建云台禅寺碑

重建云台禅寺碑记

大明弘治丁巳年癸卯月日。住持比丘僧人园喜、徒弟性保，历城县石匠张原、祁惧，善人刘道亭。济南府东南五十里，地名南保泉鸾鹏雾天井峪，起造泉迟（池）。

章丘县东锦川乡善人张奉写

造碑：圣福院舍财施主潘晁、潘铎

重建云台禅寺碑

备注

该碑今在历城区港沟街道天井峪云台寺内西侧山崖之上。碑高53厘米，宽30厘米。此碑乃摩崖碑刻，碑刻圭首，额横题“重修云台寺记”。碑文楷书阴刻7行，行10至14字不等。文中“大明弘治丁巳年”为1497年。

云台寺创修山门上下碑

云台寺创修山门上下记

天井峪云台寺，历城之名刹也。岗峦环抱，林木阴翳，崖壁峭拔，岩谷深窈，有泠泠玉漏泉声，真栖禅之地也。自元贞元年，神僧乐其形胜，辟居于此，至成化重修，盛衰屡更，曾无一念及于山门上下可宜建，而神人乃胥和也。予自康熙己巳春，乡亲为井变，众又劝予置买峪口庄田。余执辔观览，殊不知它舍如旧居，寺径若熟识者然，予方悟为前身业也。因叹："私井可公，与人方便也；山门可创，拱向宜尊也；阶级可筑，神道顺利也。"遂发愿捐金独修，鸠工庀事，巨构鼎新，规模愈壮，璀璨辉煌，韦驮（陀）殿廓然而高，东配楹亦次第而举。于是时和世稔，人寿年丰。神圣乐享安堵之庆，人民屡兴大有之歌，真灵感有应、旱涝不浸者也。敬沐手以志。

云台寺创修山门上下碑

历城县安平四里八甲廪贡监、候选州同知刘之泗谨盥手撰书

康熙四十一年岁次壬午九月重阳穀旦立

备注

此碑立于历城区港沟街道云台寺内西侧山崖下，北数第二方。碑高137厘米，宽53厘米，厚24厘米。碑刻方首，立于方趺之上，上覆碑帽。碑文楷书阴刻7行，满行39字。文中"康熙四十一年"为1702年。

重修天井寺碑

重修天井寺碑记

昔者侧闻山中多名胜之区，而天井寺为第一，有玉水悬崖、飞泉鸣壁之状。及自唐创健（建）而后，所为序、赋、记等艳其文词，意欲往一观而读之。至来山之日，□以首事徐苞等心悯二岭故迹、幽涧胜景、锦绣川一代佳趣日损，凡寺之中前所颓坏及所当整而不当废者，诸□□子皆经理之。大者焕然，小者立变，天宝诸峰，云台疏松，皆映于庭户；楸槐荫翳，天泉滴漏，悉清于禅室。远近之地，宴乐其中，盛称其途。其经营缔造以勤执事之人，则天井寺亲见其修焉矣。遂约同知己时游其地，饮酒于此。首事之人有在席者，酒半辞曰："此寺不修且坏，前人几次更新，凡所为文皆书于碑。今当更新之时，又来燕饮于此，夫岂无情哉？"余应曰："诺。"于是，栋梁、楹桷、户牖之腐黑挠折者，石瓦级砖之破缺者，赤白之漫漶不鲜者，治之则已。无侈前人，无废后观。工既讫功，适当来饮，而以书命余，曰："子其为我记之。"余既以未□造观为叹，窃喜名其上，词□前贤之次有荣耀焉，乃不辞而承命。其山林之好、游观之乐，□老矣，愿为援笔以记之。

历邑庠生李文炳撰文

莲山吴存珍敬书

铁笔刘孟杰敬刻

首事善人（名略）

正主持：道景

住持僧人：道宣、徒庆亮

嘉庆拾叁年岁次戊辰十月上浣吉旦

重修天井寺碑（右）

该碑今立于历城区港沟街道云台寺院内。碑高195厘米，宽86.5厘米，厚30.5厘米。碑额刻二龙戏珠，额正中题“云台寺”三字，碑身最上端横刻“重修碑记”四字。碑文楷书阴刻8行，满行46字。文中“嘉庆拾叁年”为1808年。

乡义寺治水龙王神位石刻

古至正□□重修

前维大齐武平五年
乡义寺住持道□
徒弟德□
治水龙王□□
众善人张□□

正德己巳年冬至立石

乡义寺治水龙王神位石刻

备注

该石刻今在历城区港沟街道乡义寺东流泉泉眼正上方的崖壁上。石刻长70厘米，高44厘米。该摩崖石刻位置较为隐蔽，原在东流泉泉眼上方，后泉眼之上加盖了房子，因很少有人上到房顶，故少有人发现。石刻开头首题“前维大齐武平五年”，此年号在乡义寺内多处石刻上均有记载，故乡义寺的历史可追溯到南北朝时期的北齐，这在济南地区的宗教庙宇中是比较久远的。文中“正德己巳年”为1509年。

乡义寺重修石佛石刻

济南之东有名曰乡义寺，自大齐武平五年□□□□□峻岭□□耸翠，峭壁悬崖□畔清流涌出，自昼达夜，流□不□。□□□□□□□长清县人氏，自幼出家为僧，□□寡欲，□□□□□德、洪德、住德师徒以为□朝夕入谒，□修超脱。□于正德七年□□□声音易，□于正德十一年重修石佛三尊。□□倾者修之，阙者补之，始终如一而□□也。遂为记云。

此山三顶挂月峰，大齐五平年间□。正德丙子，重修造一龛、功德佛三身。□□者，曰号真空，托人修福□□轰□境原是□□□照退尘□□洪流□□□□亲□人刘蹶。

□□贡士赵舜臣

正德丙子中秋吉日立

石匠：赵隆、侄赵琦刊

（附记）

福成浩□徒□圆聚、圆□、圆成、圆□祀……言正计开本山□□漏考地土，记：东至三头山，南至石庙□龙峪，西至石屋，北至谈峪……

施财善人（题名略）

该摩崖题记位于历城区港沟街道乡义寺西侧山崖石佛洞洞口之上。石刻高68厘米，宽64厘米。石刻分上下两部分，上部为造像题记，下部为善人题名。题记楷书阴刻共8行，因刻面凹凸不平，故行字数不等。文中“正德丙子”为1516年。

乡义寺重修石佛石刻

重修南山泉乡义寺碑

重修南山泉乡义寺碑记

夫佛祖西来，化生东土，盖亦有年矣。布教天下，名寺不止一处，庵院何止一所，尼僧不知万亿，皆赖古佛之法力也。今省东南五十余里南保泉地方，寺名乡义寺，殿宇年久，风雨剥脱，砖瓦零落，圣像淋漓。今有本庄善人傅廷秀等不忍坐视毁坏，随（遂）约本处善人张稷等齐社一道，所积银钱买办颜料、砖瓦、灰石等项，将大殿修整，配殿俱完，圣像柱饰，金碧交辉，视昔有加焉。要立碑刻将施财善男信女勒刻铭，留传后世，勿负施财。功德碑成，求文于余。余虽不才，岂无片言以赞扬古佛之圣教乎？吁！佛之为教，三教之一也，纯善而无恶者。故称佛东土度人，不止一次。昔唐僧之取经、目连之救母，皆是古佛亲身下界，显圣度人。东土众生皆赖古佛之有生也，众生敢妄古佛之度人之圣教乎？岂忍视佛体毁坏、殿宇之倒塌乎？今已重整殿宇，佛体妆全，下民之心方始慰矣。谨序。

撰文：儒学公李志大

书丹：智森

刻匠：朱文先

社友（题名略）、善人（题名略）

万历二十七年岁次己亥夏五月十三日庚申日

此碑原嵌于乡义寺东厢房墙内，后移立于寺外临崖树林中。碑高192厘米，宽74厘米，厚16厘米。碑文楷书阴刻7行，满行47字。书丹者智森曾见于黑龙峪创建观音堂之碑刻。文中“万历二十七年”为1599年。碑文虽未记述寺内泉水，但碑额镌有“朱凤山乡义寺东流泉”九字，故此碑为最早记载东流泉之传世碑刻。东流泉今日尚存，位于乡义寺旧址，2005年被列入《济南市名泉名录》。

重修南山泉乡义寺碑　李震富隆摄

乡义寺重修东流泉石刻

大清道光三十年岁次庚戌□月□日立

亓家庄

龙庄峪

重修东流泉

（善人题名略）

乡义寺重修东流泉石刻

备注

该石刻今在历城区港沟街道乡义寺东流泉泉名石刻旁的崖壁上。石刻长38.5厘米，高17.5厘米。刻面最上面是年代落款，其下从右至左分列3行，最后是善人题名，已漫漶不清。文中“道光三十年”为1850年。

重修朱凤山正殿碑

重修朱凤山正殿碑记

历东南境，有朱凤山。烟峦缭绕，石磴回环。树林密密，泉水潺潺。乡仪古寺，迥异尘寰。神灵赫濯，远近仰攀。佛祖正殿，风剥雨潸。父老相见，共以为患。谋欲整理，时势甚艰。募于亲友，采诸市阛。工匠材物，俱不逾闲。修饰润色，更加烂斑。慈云护庇，法雨雍娴。四方士女，莫不欢颜。如是事也，世世相关。爰述俚句，勒诸石间。后之视者，勿为等闲。

重修朱凤山正殿碑

首事人（略）

大清同治六年暑月

备注

此碑立于乡义寺内东院。碑高146厘米，宽74厘米，厚21厘米；碑帽长91厘米，宽74厘米。碑刻方首，下有方趺，上覆碑帽。碑文楷书阴刻3行，行字数不等。文中“同治六年”为1867年。

回龙庄公修义和湾碑

回龙庄公修义和湾碑记

尝思天一生水，地六成之。地有高下，即水有难易。吾回龙庄……麓之间，泉水甚不易得，幸有泉井一眼，仅可以供一庄饮食……筑作，则不给矣。本庄义士宋而详欲趁地创凿一湾，以助筑……资特虑功费浩大，一人难为，遂与合庄人等相议公修共施……以襄善事。于是众力协作，不日告成。遂引流种树以施其地。……庄之官处，名其湾为一乡之义和也，故命工人以志之不朽……

回龙庄公修义和湾碑

历邑庠生赵全图撰文

冶河居士高毓秀书丹

宋而详男时景施官湾地基一方，言明出湾土并……边树株，不许众人争差。

领袖（题名略）

大清咸丰元年岁次辛亥季秋中浣之吉

该碑今嵌于历城区港沟街道高家洼村北首路旁的石堰内。碑高103厘米，宽57厘米。碑刻圭首，下部没入土中，故最下端碑文缺失。文中“咸丰元年”为1851年。

桃科村重修古井碑

重修古井碑记

桃科村重修古井碑

尝闻生民以来，水火为先。五行之蕴，水居其中，则人之需于水也大矣。但此本庄虽耕田而食，实难凿井而饮。我乡人恒以此为虑，是以耕读之暇相聚而言曰："庄南王兆湖地基，诚能掘井堪甃。"即与公议，应允建立掘井，何患乎不公饮之念？因是同心协力，争先恐后，自无惜身之苦。焕然成功，不惟今日之便，实为后世永赖之焉。所以爰命工人勒之于石，以志不朽云。

首事人：王景升三百、王景信男兆祥六百、王殿甲七百（其他题名略）

王景□敬书

石工：李柱

大清同治十一年岁次壬申花月上浣吉立

备注

该碑今立于历城区港沟街道桃科村村南的古井旁。碑长101.5厘米，高66厘米，厚22厘米。碑刻立于方趺之上，两侧有护碑石，之上有碑帽。碑文楷书阴刻10行，满行15字。文中"同治十一年"为1872年。

马家村修井碑

此处伙井一淹（眼）。地主：冯元伦、卢万冬、卢国卿、卢国治、卢国平、冯台东、冯元茂、冯元春、 卢国璋、卢国权。西井有水□□门此井吃水。

民国九年榴月立

马家村修井碑

该碑今嵌在历城区港沟街道马家村中古道中段古井旁的石堰内。碑长41厘米，高40厘米。碑刻近乎方碑，刻面呈自然形态，未经细致打磨，字迹有些模糊。文中“民国九年”为1920年。

车脚山村重修古泉碑

重修古泉碑记

车脚山村重修古泉碑

此泉者，乃一庄之福神。只因建立年远，浅漏不堪，合庄举意复重修哉。自迄今□后，公议将木板掩泉，俱按牌家各分□石，又设条例以防无知愚辈□有□强训□，违例多取，或伤却泉上等物。合众为□者，务□议重罚悖理之徒白艮（银）十两，修五圣堂。如有碍情退步天理，亦非今生男子所为。恐后无凭，立□碑为永久云。

领袖（题名略）

大清乾隆四十七年……

该碑今在历城区港沟街道车脚山村西首青龙泉洞窟外石墙上。碑长61厘米，高37厘米，厚12厘米。碑刻左下角缺失大半。碑文楷书阴刻8行，满行14字。文中“乾隆四十七年”为1782年。

车脚山村重修青龙泉碑

重修青龙泉碑记

尝闻先有此泉，后有此庄，泉中水乃一庄人等所赖一生也。想昔建修二次，泉池窄狭，存水短少。当今庄中六十余户，人口繁盛，泉中水不足以充用合庄。至此瞻之，孰不触目而儆心？适有高恒岱、孙兴等约东街亲举意重修，仍照旧迹，余处开扩宽大，凿池坚固，存水盈满。合庄均沾其光，俱有余幸矣。总由归之合众竭力同心，共成盛事。故此立碑，以垂永久云。

格外□成人助钱六千

格外高祥助钱五千

刘勤熏沐拜撰

高培沐手书丹

领袖（善人题名略）

石匠：崔朝德

泥水匠：孙美林

大清道光元年荷月仲浣吉立

备注

该碑今嵌在历城区港沟街道车脚山村西首青龙泉外的石堰内。碑高110厘米，宽60厘米，厚16厘米。碑刻嵌在石堰内，下有方趺，上覆碑帽。碑身四周饰花卉纹，顶端阳刻横题“川流不息”四字。碑文楷书阴刻5行，满行27字。文中“道光元年”为1821年。

车脚山村重修青龙泉碑

东泉村倡建九峰桥碑

倡建九峰桥碑记

尝观：崛起乎地上为山，潺流乎地下为水。迩有高山特峙，必有大水环流，势固然也。盖水为山之血脉，山无水则崩；桥为水之津梁，水无桥则山路阻。故山与水相连合，桥与水相纵横矣。是村南接九顶山，北枕五峰岭；左襟佛堂峪，右跨饮马泉。四围山水绕抱，树木参差，天然佳壤，俨若仙

东泉村倡建九峰桥碑

境。虽不及武陵桃源，弗愧为明秀乡矣。无如中限巨河，纵贯一庄之内，横跨两崖之间。此地有大路，一条系通泰之要道、适济之咽喉。虽属村径，奚异周行？每岁山水冲发之际，溯泓怒涨，澎湃狂澜，往来人等咸病涉焉。时有高君绪曾、周君华堂、张君质斋，均属庄中谨厚人也，顾兹道途危险，常怀建桥扩路之志，无奈独力难支，仅将斯意商诸父老，佥皆曰“善”。于是乐输资财者辄如云集，愿施地基者不胜枚举。兹当春日融和，正好鸠庀，爰鞭石驾桥，錾山辟路。虽不敢比子产扛梁之善政，殊有王道坦平之流风。工程如此浩繁，未匝月而告厥成功，孰不谓千古之崎岖转□而化为坦途矣？从此长虹横卧，负者无蹇裳之苦；大陆疏通，舆者免脱辐之忧。斯不独有益于我里，亦切乘便四方矣。庄首嘱余作文以志之。余嘉其好善乐诚，遂不揣才疏学浅，故援笔为之记。

师范讲习所毕业生郭为冈撰文

清赠饮宾张延庆参阅

清太学生高傅师题名

文童张文田书丹

领袖：高秉哲等（题名略）

石工：孙成

铁笔：孙强

为桥址狭隘，立碑无地，另买王希才地基一方，东至道中，西至河底，南至井台，北皮北至岩。北皮南北中阔四步三，言明京钱五吊文。

中华民国八年阴历菊月中浣穀旦

此碑立于历城区彩石街道东泉村古桥九峰桥北侧。碑高166.5厘米，宽85.5厘米，厚23.5厘米。该碑上覆碑帽，高32厘米；下有碑座，高55厘米。碑文楷书阴刻9行，满行47字。文中“中华民国八年”为1919年。

西彩石创办上新井碑

创办上新井碑记

井以时而出献，泉因地而生香。凿井而饮乃人……经荒旱，食不足而水更艰，附近数十户群集会商……志尽诚，力有不代，遂轮流拨夫，更换穿凿。幸天假……不竭徒人力不至，于默默中若有神助焉。略序斯……

乐施善人：李书广捐井地基一方，出入道一条，帖（贴）北边；程元明捐七十仟（千）。

（善人题名、捐资略）

中华民国十六年岁次丁卯荷月上浣穀旦

该碑今立于历城区彩石街道西彩石五村“上崖头”西北角的上新井南。碑高160厘米，宽60厘米。碑刻圭首无额，今碑残缺，余三分之二。碑文楷书阴刻4行，满行25字，计100余字。文中“中华民国十六年”为1927年。

西捎近创修水井碑

创修水井碑记

耕田而食，凿井而饮，古民祝盛世之歌也。如石泉山谷环村，崇山峻岭，松柏苍苍，房舍篦密，秩序井井，诚谓胜地明区。然井泉空空，汲水境外，困难非常。幸闻先人传云："是地必有泉源潜伏。"盖掘不及丈，果有清溪涌流。人人不胜欣喜，犹儒生名登金榜，瞽者得见日月。以久年之呕虑而一旦解脱，是以植立碣石，简勒数言，以志永垂不朽焉。

东泉高讲师施井台地基一方

善人（题名略）

大中华民国十有七年仲春下浣穀旦

西捎近创修水井碑

历城区彩石街道捎近村西石堰下有古井台一座，此碑即嵌于井台对面石堰内。碑高81厘米，宽53.5厘米，厚22厘米。碑文楷书阴刻7行，满行21字。文中"民国十有七年"为1928年。

韩家峪村修泉井碑

韩家峪村修泉井碑　陈明超摄

尝思畊（耕）田而食，凿井而饮。以是知井也者，日用所必需，而人所赖以生者也。杏峪之西南、韩家峪之正南，名为井子峪，旧有水井一所，已立碑碣。但日湮年远，风吹雨洒，字迹残缺，姓名难辨。是以合庄公议，更立新碑，将二庄之名悉登于上，俾后人永垂不朽云尔。

善人（题名略）

董毓兰撰文书丹

同治三年岁次甲子春□月吉旦立

此碑今在历城区彩石街道韩家峪村南井子峪内的泉井旁，碑文上方双钩阴刻“万古流芳”四字。井旁有池，用以蓄积泉水。文中“同治三年”为1864年。

玉龙村仙观井碑

仙观井碑记

尝思天下之物，无物不惠；而所取惠者，人之于食也。夫食大者不以水火相济，岂有粟无得而食？诸自立庄以来，历年久远，缺水似珍，其忧未少。昔日偶有一人□经过此地，坐而言曰：“吾观此境，地肥可以稼禾，山广可以采薪，安静至甚，最为可居。惟水为患，何不就此地决（掘）井而为众家之饮也？”老者闻言，志之于心，传之于今日。人从其言，遂于刘、于、张三家议定，愿施井地一官分，以作官井之凿。大家□然而决（掘）之。决（掘）之未深，水而出之。其水也，盛东珍珠，茂西瀑湀（趵突），而民无不被其泽者，真可乐哉！若此者，岂非仙人之所指也？于是刊石刻字，永垂不朽云尔。

玉龙村仙观井碑　陈明超摄

施地人：刘玉、宋朝分（其他题名略）

乾隆五十一年九月十四吉日立

备注

此碑今嵌在历城区彩石街道玉龙村官井棚东壁内。碑高134厘米，宽67厘米。碑刻圆首，碑额横刻“大清”二字。碑文楷书阴刻5行，满行50字。文中“乾隆五十一年”为1786年。

赵家庄井泉龙神位碑

井泉龙神位

乾隆贰十七年六月初一日

善人（题名略）

赵家庄井泉龙神位碑

该碑今在历城区鲍山街道赵家庄西南古庙内。碑刻为横碑，长86厘米，高42厘米。最右端竖刻“井泉龙神位”五字，其左为善人题名。文中“乾隆贰十七年”为1762年。

王家鹊山村鹊鸦山新井碑

鹊鸦山新井碑记

鹊鸦山，胜地也，人繁物盛，俗尚勤俭，饶有冉庞风气。但近河……则然也。□之中间，旧有水井一眼，居民赖之由来久矣！数年以……国兴□□。余兄济周更为卜地求井，意甚虔诚。是日天朗气清……脉而□□泉之支派兆之所现专在于兹，于是并力凿之，不……比闾欣然□□□宝向也。远路求水，转运维艰，今得酿泉，岂……蒙好生之息德。爰是勒石，以垂不朽。

王家鹊山村鹊鸦山新井碑

郡增生孙振清撰文

范科施井基一方三，至井台为界，北至大道，至于粮……

领袖（题名略）

乾隆六十年岁次乙卯端月……

备注

该碑今在高新区巨野河街道王家鹊山村中老井旁的堰墙内。碑高102厘米，宽70厘米，厚25厘米。碑刻圭首，额横题“大清”二字。碑文楷书阴刻6行，因碑刻底端没入土中，满行字数不详。文中“乾隆六十年”为1795年。

重修南泉寺碑

重修南泉寺碑记

历邑之南，大川有三，名泉七十有二。自中宫镇东，名为锦绣，此乃第一川也。又见天火烟连，□鸡犬相闻，士女喧哗，斯何地乎？正葛而庄也。葛而庄东南，曲折二三里，有崇峰峻岭。山下有泉，名为南泉，此泉居七十二泉之首。泉北有大雄宝殿，东有协天大帝。此处树木丛杂，泉源在左，池水在右，回转旋复。登高而望，南瞻泰岱于汶阳，北瞻鹊华于历下。环山带河，清流激湍，映带左右，引以为流觞曲水，列坐其次。此则锦绣川之大观也。而庙貌倾颓，满目萧然，不堪极矣，凄惨甚焉。惟有三庄少长咸集，公同议论：殿前有枯柏两株，不如去旧换新，千载之下，又成古柏矣。公议已定，出卖银两以作修殿之资。各庄愿从，鸠工庀材，返盖佛殿，妆塑金神，修理墙垣，东修协天大帝，焕然以新。夫佛生西域，保佑八方，关中汉室，大义参天，能不令人景仰至于此乎？故勒碑，永垂不朽云尔。

大清道光二年岁次壬午秀春三月十五日中浣穀旦立

该碑今立于南部山区管委会仲宫街道南泉寺遗址北侧竹林。碑中所载南泉，今日尚存，泉流旺盛。文中“道光二年”为1822年。

重修南泉寺碑

桲椤峪山场重建碑

桲椤峪山场重建碑记

泉泸庄东，桲椤峪山场宏阔，地址荒芜。其中泉井水池原系公修公用，而以外坡基乃雍正年间吾村公买于吕元和者也。其界据有旧碑，买后庄无蓄余，人乏率作，是以迄今废而未举耳。近因村中庙舍极多，修给非易，赖有合庄首事议遵古碑，复禁山场，务养薪以积储，并立会以开垦，浸假植木成林，辟田连陌，庶几世远年湮，财富力饶，庙堂无香楮之缺，屋宇免残漏之嗟云。用是以志。

张延年撰文

韩可恕、吕国藩书丹

刘基文刻石

刘基明捐柳树二株，吕升堂捐柳树三株。

三官庙重修大殿，殿后筑有北屋四间，系庄中前辈创立。

桲椤峪洞峪下公坡地数段，四至有十字界限，换刘长命佛峪地二亩余。桲椤峪现开坡地数亩，费钱若干，系坡价，会中积蓄。

善人（题名略）

大清光绪十七年岁次辛卯仲春縠旦

南部山区管委会仲宫街道东泉泸村中今有三官庙旧址，庙内现存正殿三楹。该碑今嵌于东泉泸村三官庙正殿南面墙内。碑刻为横碑，长130厘米，高92厘米，厚19.5厘米。碑刻正文楷书阴刻共7行，满行24字，正文后另有记事题记两段。桲椤峪，今作“波罗峪”。桲椤峪山场，今为波罗峪风景区。文中“光绪十七年”为1891年。

桲椤峪山场重建碑

醴泉龙王之神石刻

龙王之神

大明嘉靖岁次丁酉六月初四日立

（龛南侧题）

发心僧人：正广、本浩、如良、祝瑄、觉惠、觉广、当转

住持：本兴、道和、了知、了情

修造僧人：正广、妙太、妙謜、法孙性晓

（龛北侧题）

修造信人：李逵

助工信人：刘聪、曹忠清、徐现、袁惠、赵谦、马隆

施助信人：张谦、张谒

醴泉龙王之神石刻　董希文摄

备注

南部山区管委会仲宫街道小并渡口村东、太甲山之阳，旧有醴泉寺，今寺庙坍塌殆尽，旧址仅余山门。醴泉尚在，2005年被列入《济南市名泉名录》。此石刻在小并渡口村东醴泉边，镌于神龛之上。古人将泉源神化，于泉边供奉龙王神龛，此为历史见证。文中“嘉靖岁次丁酉”为1537年。

重修醴泉寺碑

重修醴泉寺记

醴泉，历之名寺也。去县治六十里，不知何年始立。元至正甲申有重修纪录，则寺之创制远矣。其寺依山带河，环以峻岭，中有井泉，寺之得名盖取山中出泉之义，诚为殊胜。凡水旱疠疫，民皆祷之，咸若有答焉。以故乡人仰之。我皇明嘉靖庚寅，信士李祯、僧觉慧以栋宇不称，宜有加饰，乃恢廓旧制，法相甚具。历今二十余年，废隅倾圮，图像崩坠。信士周义、李宗儒、僧本秀复重理焉，时在嘉靖丁巳。至壬戌岁，犹未底绩。有善人高文升慨绩用之弗成，乃以自鬻于穑人之家所得谷若干石助之。由是，众皆翕然乐施，会钱若干，遂□工□备器执用，周延四阿，环以廊座。凡正殿月台、神像地藏、阎君伽蓝，靡不□具。金碧辉煌，烂然掩映。功成而胜，益奇浮山。赵君可谋于众，曰："事不难于作，而难于继。诸君子继先民之志，易缺以完，易敝以新，亦将告后之继今，犹余之继昔可也。不记所造，后抑知为谁邪？"于是执资诣梅庵书舍请记。梅庵子曰："文以信远，必重名鸿词者，

重修醴泉寺碑

而后可爱可传。今七试棘围而文不录，文恶足云？”赵子曰：“孔孟终身不迁，岂不□于文邪？是有命焉，非徒文焉耳也。”梅庵子笑曰：“先生抱道嘉遁，余固知其为隐君子矣。不意知命之学以至于是，顾请敢辞乎哉！”遂□撰其事以书于石。

济南郡庠生梅庵刘廷珮撰文

历下邑人□坡赵嗣昌书丹

石匠：侯山、侯林

贺仲、夏山镌文

泥瓦匠：王天叙

木匠：侯隆、侯林

库司僧人：慧政

嘉靖四十一年龙集壬戌夏四月既望

修造募缘僧人本修立石

曹洞宗派

福慧智自觉　了本圆可悟　周洪普广守　道庆通玄祖

清净真如海　妙体常坚固　心朗照幽深　性明鉴国□

此碑立于南部山区管委会仲宫街道小并渡口村醴泉旁。碑高223厘米，宽86厘米，厚27厘米。碑文楷书阴刻9行，满行51字。文中“嘉靖四十一年”为1562年。

重建普门禅寺碑

重建普门禅寺碑记

赐进士第、奉议大夫、右春坊右庶子兼修国史、经筵讲官、翰林修撰钱塘童缘撰

赐进士第、奉政大夫、德府左长史、前翰林检对广川屈祥书丹

朝议大夫、江南布政使司参议济南赵绅篆额

历城南约五十里许，有山名圆通，俗称为得道沟。其山之怀，有寺曰普门，中有禅翁，名慧湛，号碧空，乃齐东莞氏之次子也。幼厌尘欲，□□参

重建普门禅寺碑　石念军摄

道，深有出尘之志。故割爱辞亲，诣大灵岩寺，礼大方和尚为师……予闻其山之源发自岱岳，钟秀于此。寺之地右，山峦如拱□。寺之有泉，名圣水。流向震而折之艮，乃孤演逶迤而去。其面山崭□，如呈□而当寺之前，诚为□道之所也。昔至元五年，刻碑于寺，累遭兵火而毁，惟山謦尚有年号，寺名□焉。今特征予文纪其寺之始末，以招提之定制。予与禅师交善，其底蕴之弘而素知梗概，故书此以为记。

大明成化四年岁次戊子冬十一月长至日

嗣临济二十四世嫡孙□□第一代慧湛立

本邑铁笔：程□□

此碑今在南部山区管委会仲宫街道北道沟村普门寺遗址，嵌于石堰内。额题“普门禅寺记”，周饰云纹。因年久风化，部分碑文漫漶不清，故节略录之，省去碑文中记述寺院及住持学佛经历之内容。碑文中所载圣水泉，今亦出涌旺盛，2005年被列入《济南市名泉名录》。在圣水泉旁石堰内，嵌有“圣水泉龙王之位”碑。碑长38厘米，高29厘米，年代不详。此“龙王”盖为圣水泉的井泉龙王，乃旧时北道沟村村民祭祀泉水之神的物证。文中“大明成化四年”为1468年。

双井村湛泉井碑

湛泉井碑记

尝观河图之数，一六配而润一为功，气行于上，质成于下，以养人生，以滋万物，功至溥也。南乡一带，山深土厚，其势最高，既不能激济泺之清波，而使之在山复三涧溪沼沚之田，以资取使。如城东南峪双井庄，虽有山河一道、泉井数眼，无绝取水之患。今庄东路旁有刘氏地址一方，出泉井一眼，而水在于右，泉生于左，有不思混混而出也。兹有合庄同倡代举，捐于公中，以供众用，闻者莫不乐助于是。此井南近山河，恐值霪雨连绵，山水涨发，碑随波往，同视立于庄内官所，以为利久然。此举不惟本庄均系长短之道途，抑且邻近□庄之取用也。事成勒石，以垂不朽。

首事（题名及捐款数额略）

撰书：孙焕祥

铁笔：杨凤章、杨玉清

中华民国元年壬子腊月下浣穀旦

该碑今嵌于南部山区管委会仲宫街道双井村关帝庙旧址的残存门墙内。碑高154厘米，宽70厘米，厚20厘米。碑额题“万古流芳”四字，碑身中部断裂，然碑刻尚完整。碑文楷书阴刻5行，满行50字。文中“中华民国元年”为1912年。

双井村湛泉井碑

西老泉庄新凿涌泉井碑

盖闻民非水不生，故圣朝有凿井之化；物得水始润，故义士有穿井之风。至哉，井养诚不穷也！本庄迤东，古有小井一眼，水甚几希，每不足用。合庄共议，愿别穿泉井，未识何所。幸蒙祝三王先生神通地理，点于此处，谓“掘三仞即得涌泉”。此乃商丕勇之地基，不受资财，敬送合庄，取便井上。若有事端，则合庄协力膺任。夫以一己之私产，赙为一庄之公所，诚谓德行人也。于是，该家赙工，历春夏而鸠工告竣，自是一乡无不足之忧，百世得抱甕之乐，故勒石以垂不朽云。

风鉴：王祝三

撰文书丹：附生王芳春

首事（题名略）

铁笔：邹聚

石工：张春田、□□田

光绪九年岁次癸未瓜月中浣穀旦

该碑今立于南部山区管委会仲宫街道西老泉村东首老井旁。碑高118厘米，宽69.5厘米，厚22厘米。碑刻方首，碑额横刻“万古流芳”四字。碑文楷书阴刻8行，满行24字。文中“光绪九年”为1883年。

西老泉庄新凿涌泉井碑

河圈村同意堂伙井碑

同意堂伙井碑志

河圈村同意堂伙井碑

尝闻："临渴掘井，朱子垂戒；未雨绸缪，古人所尚。"吾庄乏水，常以为患。吾辈街谊父兄商议，请会一当，会名同意堂。六年会满，穿井二眼。崖头上井一眼，其地基系伙买李尚卿。东、西、南、北见方三杈子，京钱拾吊。下一眼系李学贤堰子根，纳钱七吊。有井无地基，恐年远不明井之本原，勒碑以志起会操心诸公之善举，永垂于后世，不忘云尔。开井规：麦季、腊月、红白事开井，不许一人开井。

会中执事人（题名略）

韩玉庚书撰

陈裕坤铁笔

民国十三年七月上浣榖旦

该碑今嵌在南部山区管委会仲宫街道河圈村村中南北古道旁的石堰中。碑高103厘米，宽58厘米。碑刻方首，碑额横题"万古流芳"四字。碑文楷书阴刻5行，满行29字。碑文所载组织同意堂之事，反映了旧时济南山村村民以众筹方式募资凿井之民俗。文中"民国十三年"为1924年。

泉子峪清涌泉增修碑

清涌泉增修碑记

仙台之阳，清泉涌焉，嘉名未锡，邑乘□登，而源源而来，□给村人。挹注谘□□，□□泉名。村依泉立，泉□□流，浓阴□，创七神祠堂，泉东□沟……

大清光绪九年梅月……

该碑今嵌在南部山区管委会仲宫街道泉子峪村北泉池北壁。碑长104厘米，高73厘米。由于长年泉水冲刷，碑身表面青苔覆盖，漫漶不清，较难辨认。碑文所载清涌泉，今尚存，出露于泉子峪村村北山崖下，汇于南侧泉池。文中“光绪九年”为1883年。

泉子峪清涌泉增修碑

朱老禅寺碑

朱老禅寺碑记

重修马头山圣水泉兴教禅寺通公山□，稽诸古典，弘名集载；佛居西域，光舍大千。变现初降，兴□周朝之中；教演梦感，□□汉明之帝。晋唐以来，□奉三教为尊；祈愿未福，广建梵刹为德。乃兴教祖□刹，山□太岳，□□玉泉。后有龙山为□，前有圣水明泉。村□人□，境秀之渊。□□□年间，有通公建立正殿，内塑佛像，□于此处修盖伽蓝殿□僧堂已□成。其势东至禽口山峪，西连神童古山，南至□子仙峪，北靠黄金石屋。松竹□奇，圣境幽然。由是通公等功成果满，善念周隆。久守山门，苦行数载。道行清实，表证人天。今于天顺六年□月□节之辰，通公净思归山数载，可当立碑，永镇山门。普请十方檀信副会，各请标名以有瞻。寺地土恐后年□争，赖凭碑四至分明，不许远近施主欺骚，以备见碑□法门远兴。僧聚会、施主牛旺等重增，上祝万岁皇图，下济千祥坛信。今立碑石，求为是记。

大明天顺六年二月吉日

劝缘释迦远、孙福通、弟子德山同立

该碑今在南部山区管委会红叶谷风景区兴教寺遗址内。碑高130厘米，宽71厘米，厚20厘米。碑刻圆首，额横题“朱老禅寺碑记”六字。碑文楷书阴刻15行，满行24字，字径2.5厘米。碑文对圣水泉的记载，是考证该泉位置的早期文献依据。该泉被评为“济南新七十二名泉”。文中“大明天顺六年”为1462年。

朱老禅寺碑

重修兴教寺碑

重修兴教寺碑文

重修兴教寺碑

梯子峪有朱老庵者，乃予师祖妙公和尚于康熙年间落发地也。师祖备历艰辛，屡殚经营，方克复。旧时山场东至禽口峪，西至木口峪，南至莲花山，北至黄金石屋。植树为林，开山成地，来游者咸目为胜境焉。《志》云“梯子山千岩竞秀”，其即此欤？而圣水泉适在庵前矣。嗣后又主兴龙寺，而为之建隆业焉。延及予身，乃命予徒侄孙德俊努力重修于此。正殿焕然，神像庄严，而南殿、山门、垣墉、客房亦并宏其规模。凡前后三十余年始克成，而庄严告竣焉。此四世之积累，而基业之聊兴，予敢不备其由也哉！

候选儒学正堂孙毓珠撰文

绣川香孤山人李廷兰书丹

顺德府东开元寺贾普萨万安禅师（旁出曹洞一枝，俗呼为贾普萨一宗派）曰：广宗妙普、洪胜禧昌、继祖续宗、慧镇维方、圆明净智、德行福祥、澄清觉海、了悟真常

住持：净修，徒智周、智通、智水

（题名略）

大清嘉庆二十三年岁在戊寅十一月朔日穀旦

石作：任作宾

徐振旭镌字

该碑今在南部山区管委会红叶谷风景区兴教寺遗址内。碑高102厘米，宽67厘米，厚20.5厘米。碑刻圆首，额横题“万古流芳”四字。碑文楷书阴刻14行，满行50字。文中“嘉庆二十三年”为1818年。

重修大佛寺碑

重修大佛寺碑记

闻佛菩者，是菩能也。修阴功福德者，皆人心所积也。今历山之南，商家庄以北，名曰甘露泉。泉之周匝属商宁之祖田也。其公受（寿）终，有妇人闫氏同男商孜、男妇刘氏因种祖田，见山岩下大石佛一龛，昔述古也，历代久远，土石淤埋，门龛滩（坍）塌。闫氏发心舍资粮，用匠工重修毕作。其妇人办差法，立德幸，积因（阴）功，修福田，慕守贞洁，可谓贤矣。众善欢悦，远近闻之而无不赞焉。有此，遂书为记，以垂不朽。

大明嘉靖拾伍年三月吉日重修

石匠崔良富、杨安刊字

本山川士夫庄头王□□、杜景、闫文礼、刘大川、得春圆海、马堂会朗马鸾

肋工人

罗氏做饭

羽士江常记书丹

南部山区管委会锦绣川办事处老庄村村北有大佛寺遗址，山腰有石窟造像，内供大佛一尊、菩萨侍者数尊。该大佛为山东境内最大的单体石佛造像。此摩崖石刻在大佛寺造像主佛像东南侧崖壁上，高60厘米，宽37.5厘米，书阴刻8行，满行20字。碑文中所载甘露泉，今尚在，已被列入《济南市名泉名录》。文中“嘉靖拾伍年”为1536年。

重修大佛寺碑

重修柳泉观碑

重修柳泉观记

历邑南乡六十里绣川北峪，有观曰“柳泉”，坐坎向离，艮有青铜山，乾有霹雳尖。两山朝拱，观处其间，有神明之象焉。《周易·观卦》曰：“圣人以神道设教，而天下服矣。”神道者，以神妙之政治化民也，非立神像以示而仰之也。三代后圣人不出，世之化民者，乃建庙貌之，神以教之。考柳泉观，不知创自何代，自明朝天顺三年十一月重修以后，屡加重修，即《周易》“神道设教”之义与？况山川胜境又天造地设，以饷遗后人者乎？至其地，则见翠柏银杏荟蔚于左右泉池，花木交错于门前。升其堂，仰观马头、风门诸峰，□伏隐现于云雾中，群排闼而送青；俯视村南之杏林、川内之泉石，红白错杂，会归于眼底。时届溽暑，风来自清，泉寒而冽，虽功名热中（衷）之士、强悍难驯之夫，徐徐入观瞻拜神像，未有不静焉而凉、帖然而服者，然后叹神道之灵爽，实足以化民而服天下也。数年以来，剥蚀于风雨，大殿将圮，无以妥神灵而壮观瞻。佛教人学济等，本慈悲之心，恐负设教之义，于是，栋楹、梁桷、板栏之腐黑，□□、□□、瓦级之破碎者，赤白之漫漶不鲜者，治□则已，无侈前人，无废后观。特以鸠工庀材，款无所出，劝募四□□□□□，善女捐输□□□□□□□□□□，其姓字数目，勒诸贞珉，以垂不朽云。

山东师范学堂毕业　李炳炎沐手拜撰

历城单级学堂毕业　郑修德熏沐书丹

重修柳泉观碑

备注

此碑今立于南部山区管委会锦绣川办事处北坡村西柳泉观内，为民国时期所立，具体时间不详。碑高139厘米，宽57厘米，厚18.5厘米。柳泉观原保存正殿三间和八母殿一座，八母殿前有柳泉一眼，观以泉而名。碑文楷书阴刻11行，满行41字。

重修明真观碑

重修明真观记

重修明真观碑

明真观，一名小庵，在会城南六十里，而近与吾村南北相直不一牛鸣许。然在吾村熟视焉无睹也。陟东麓右折而入，若旋螺然。回眸间，有殿脊突压芒笠上，林木蔚然，水声淙然。拾级而升，则精舍在焉。其地穹以高，其势深以窈，山三面环之而□其东。泉出其西北最高处，由殿之西三叠而泻于岩下。岩下有古柏出丛樾中，若舒掖□臂，又如乘龙之欲攫人以爪也。前矗一峰若屏，屏下横一几，左右岚霏霞远，虽穷冬常郁然，盖吾川幽胜处也。正殿四楹，塑斗姥像。左四楹而狭，祀关帝。又左则道士之庐，皆茅茨也。未详所自昉。乾隆九年，先祖儒林公与里人捐资倡义，增崇其制。继乾隆丙戌、丁亥间，先府君（讳勋，太学生，例赠文林郎）复同里人踵修之，易正殿以瓦。奈岁久渐圮，不可以支风雨。里人之游是者，周览而惧，佥谋新之。而荒村绵力，久不克举。岁己未春，住持道人复折柬东西村，议其事。一东西村之首事者，始慨然仔诸肩，村人咸竭其力。道人复托钵四方，四方应如响矣。以三月举事，至八月而粗毕，轮焉奂焉。像设既饰，壁绘亦绚，复谋勒珉以志岁月，以无没四方诸君子之檀施，而以命余。余固不敢辞也。夫庵虽小，长春真人之别观也。云山之幽，泉石之胜，当不减林汲、龙泓。而沧溟之椽笔不著，殿卿之屐齿不登，岂不以其远且陋哉！今增修粗完，可以妥神矣。而山门未立也，石垣未巩也，西廊未建也，盖于始议之规画甫及半焉。倘四方胜士不以僻远而辱临之，当更有发鸿愿、出狮力以文其陋者。姑书石而俟异日之圆满云。

时嘉庆六年辛酉暮夏中浣穀旦立

原任江南徽州府黟县知县、乾隆庚寅恩科举人钟廷瑛拜撰

济南府学廪生钟廷璋篆额

历城县学附生钟毓秀书丹

领袖（题名略）

南部山区管委会锦绣川办事处廒而庄南有明真观，该碑立于明真观内正殿前。碑高177厘米，宽71厘米，厚24.5厘米。碑文楷书阴刻13行，满行44字。今明真观旧址西北有四清泉，旧称明真泉，又称龙涎泉，当为文中所记之泉。文中“嘉庆六年”为1801年。

钟廷瑛（？—1834），字南皋，号退轩，山东历城（今山东济南）人，诗人。清乾隆十三年（1768）举人，乾隆三十五年（1770）进士。著有《退轩诗录》《退轩文集》等，曾参与编纂《长山县志》等。

重修林泉观碑

重修林泉观

齐南戴希仁编次

□□观在历城县南山地名北川小东庄北山峪吊枝庵西，石上刻“大定二十六年林泉观记”。考大定乃唐中宗时，至今凡七百五十余年。迄我圣朝，正统二年间有住持道士姜志圆，正统九年秋有住持道士王道通，二人颇葺。今景泰二年春，有道士商理秀、王重玉、牟重真化缘修盖三清观、玉皇殿，□□龙王像完备，外有两廊山门徐。盖观地□□西、北俱至山，南至太微观，所有助缘施主姓名备开于左。

助缘善人（题名略）

大明景泰二年岁次辛未二月十五日住观道士商理秀等立石

石匠：赵荣香

备注

林泉观位于南部山区管委会锦绣川办事处灰泉村西北玉皇山（又称吊枝山、北顶山）下，观西南山坡下即林泉。清道光《济南府志》卷六《山水二》记载：“玉龙泉，在吊枝庵西岩。”此玉龙泉即林泉。碑文对大定年号的考证应该有误。据考证，大定年号在中国正史中有三位帝王使用过，而延续时间“二十六年”的只有金世宗完颜雍。故“大定二十六年”当是“金大定二十六年”，即1186年。文中“大明景泰二年”为1451年。

重修林泉观碑

会仙山上池功德水碑

会仙山上池功德水碑记

尝闻会仙山名有自来矣。余览《广舆记》，唐贞元年间，太宗东征，兵饥，访冲虚先生于济南路，先生指稗米曰："可疗兵饥。"太宗曰："先生住何处？"答曰："会仙山也。"东□正归国，上命修会仙□□□□□□□□□□□□□□□□□□□□一新，众皆归功道□□□□□□□□□人曰："予不任受此功也。"予志□□□□□□□□□□往谒之，余赠别诗曰："莲花冠重羽□□，□□□□□处安。皓月常为孤鹤伴，清风偏□□飘□。□□□□时舒啸，星斗纡回好□□。送尔南归无□□，□□□眼向人看。"山人校留者□多，□值途路险□，□□□来，都司苏公看道人至斯，见□□□□□□□，□□鸟来，慈悲禽至，羽翻腰鼓，好音□□，异香喷人，风□两腋，真洞天福地，久称省南大观□□头也。闻人有言曰：孟秋夜月，白云上升，紫霞下垂，五色祥光，遍满上□，射人心目，□灿斗何，鹤轩刘道，均在光中。突雹降峪，□水旋□，瘟疫不生，兵火未加，福星□兆，好景弥多，嘉会难逢，非梦非谣，嘱余为文以记之。故首□于苏公，援管成子书丹，于上池功德水岩，刊□传后，以□于诸君子见闻者。

时顺治岁次丁亥仲秋望日立

南兰谪吏天来甫董复顿首拜撰

掌印都司苏邦政等若干卷子人（题名略）

会仙山上池功德水碑

备注

南部山区管委会锦绣川办事处黄崖村孤山山巅旧有庙宇，近年来重加修缮，大殿西侧树林中有天然水池一座，此残碑即立于水池旁。碑刻为横碑，碑长209厘米，高107厘米，厚24.5厘米。碑文楷书阴刻19行，满行20字。正文上方有双钩线刻“圣师玉皇大天尊”七字，正文左侧有双钩线刻“寻声赴感太乙救苦天尊”十字。文中“顺治岁次丁亥”为1647年。

金刚纂村杨家井碑

杨家井碑

本地金刚纂庄供（共）义（议）修井，而袁（原）不许上外庄走水、饭牛羊。要有人看见不当，罚共（供）一卓（桌）。合庄供（共）义（议），至（志）之。

大清乾隆五十七年

该碑今在南部山区管委会锦绣川街道金刚纂村村东峪杨家井旁的石堰内。碑高61厘米，宽58厘米。碑刻表面较为粗糙，未经打磨，刻字也较随意。文中多错别字，为便于识读，点校时加以括注。碑文楷书阴刻6行，满行7字。文中“乾隆五十七年”为1792年。

金刚纂村杨家井碑

潘家场合庄义井碑

合庄义井碑记

尝谓五行惟水最先，夫水所关甚大，而人更重赖之也。今潘家场村中素乏井泉，汲水维艰，欲求源泉，无善地。仙（先）于光绪八年，偶闻青州府沂（益）都县有得道地仙李翁印继清者，观水有术。庄长田翁印珍商诸首事，众皆欣欢，不辞跋涉七次，将地仙请到，点井眼于枣树林东南角。并非有地不能义举，地主善士李翁印文仁捐地址一区，周围方圆一尺。又有善士李翁印文仁、印俭，同捐打水道一条，众皆捐资鸠工，踊跃争先，指望告竣。孰意村小资乏，难以盛举。方将官坡地址变卖贰百伍拾余吊，化（花）费井中，连凿数仞，而不及泉，共化（花）一千九百余。爰勒片石，以俟后之有同志者共襄成功云尔。

绣阳居士田锡龄　撰文

耕读士人李韶堂　书丹

首事人（题名略）

金笔：李文显

大清宣统叁年冬月上浣吉立

潘家场合庄义井碑

该碑今嵌于南部山区管委会锦绣川办事处潘家场庄村中公路旁的石堰内。碑刻为横碑，碑长100厘米，高84厘米。碑文楷书阴刻11行，满行21字。文中“大清宣统叁年”为1911年。

孙家崖封山碑

封山碑记

尝思人才之出，不曰崧（嵩）生，即云岳降。是贤哲之接踵而起，无非山岳之灵气所钟毓也。吾乡孙家厓（崖）庄，家多富饶，人皆忠信，谁不云此风俗使然？而不知山川之灵气所关也。庄西有阁老顶，山下有阁老之墓，不知出于何代、阁老何人，而山即因之以名焉。是山也，北接杨家之寨，西通百花之泉。顶之后，群峰缭绕，览奇足征山之明；顶之前，众壑环抱，选胜即睹水之秀。地灵者，人自杰，不诚一方之巨观耶！惜值近今顶之上，非草不能蕤、木不能条，无如与庄甚近，斧斤因而伐，牛羊从而牧，此山之所由濯濯也。庄中首事触目兴感，商诸庄众，愿封此山，上至山顶，西至官山，北至王兴玉十字为界，东北至井玉龙，俱以十字为界。四至以内，栽柏树数百株。自封以后，雨露所养，夜气所息，将不数年，丰草绿缛而争茂，佳木葱茏而可悦，山色为之改观，人才由此倍兴。此真一村之屏翰，而万世之保障也。倘有无知之辈入山剪伐柴薪、牧放牛羊，议罚入公，不留观望。爰述其由，俾镌诸石以志不朽云。

首事：井腾林、王□、井腾云、王兴周、张可仕、王兴远

（施柏树人等题名略）

大清光绪二十一年岁次乙未季冬仲浣穀旦敬立

备注

南部山区管委会高而办事处孙家崖村今存老君堂一座，此碑嵌于老君堂外墙内。碑高112厘米，宽55厘米。碑刻圆首，额横题“封山碑记”四字。碑文楷书阴刻9行，满行41字。碑刻内容是为保护山野环境而封山育林之事，施柏树者计33人，共捐柏树207株。文中“大清光绪二十一年”为1895年。

孙家崖封山碑

东沟村重修官井碑

重修官井碑记

尝闻凿井取水者，舜臣伯益创之也。原因人非水不能生存，故凿井为人之必要者也。该庄之西约半里许，旧有官井一眼，其始创虽无所稽，而重修且有碑记。井台地基一方，约有一分有余，井南有东西汲水道一条，此清嘉庆二十三年兹庄重修碑文之可考也。然因连年之旱，今夏井泉枯

东沟村重修官井碑

竭，村乏水饮，困难甚矣。爰合庄公议复深凿而穷源，花户捐工者亦踊跃而争先。深凿数尺，则泉源涌出，用之而不穷矣，□岂非村中之幸乎？不日井桶更新，井台垣墙重整。工竣之后，村长嘱予作文为记，不揣固陋叙此，勒石以志之云。

村长：李全芳、李全忠

甲长：于振朝、贾□□、贾学仁、焦□□、张贵、李润田

李俊田撰文并书丹

焦兴福铁笔

捐工人（题名略）

中华民国三十一年荷月上浣

东位家沟阖庄人等公议立石

备注

该碑原立在南部山区管委会高而办事处东沟村黄楝树下西水井旁，今被移至山腰新修的龙王庙旁。碑高118厘米，宽50厘米。碑刻方首，额横题“永垂不朽”四字。碑文楷书阴刻15行，满行32字。文中“民国三十一年”为1942年。

北高而庄圣水泉碑

圣水泉

岁次壬午

梅月新建

此石刻今立于南部山区管委会高而办事处北高而庄观音堂大殿门前右侧。碑刻为横碑，长93厘米，高48厘米，厚21厘米。据碑文“岁次壬午”和此碑外观推测，立碑时间或为1942年，或为1882年。

北高而庄圣水泉碑

北高而庄重修圣水泉池碑

重修圣水泉池碑记

自古名山胜水，近人所取；茂林佳泉，贤士仰慕。今北高家庄观音殿前，旧有圣水池一方，虽无□澎湃之势，□□□轮之□，□清□湍，睹之者莫不□爱而心□□。但世远年湮，未免损坏，不足以壮观瞻□也。此泉，村之脉络，关焉风化，讵可听其敝而不为□□哉？由是合庄共议，捐资以修补破败□□□。计修葺而新之时，相与临眺适意。

（首事、捐资人名略）

大清咸丰三年荷月立

北高而庄重修圣水泉池碑

备注

该碑今在南部山区管委会高而办事处北高而庄观音堂东侧。碑刻为横碑，长97.5厘米，高47厘米，厚18厘米。碑文楷书阴刻10行，满行12至14字不等。文中“大清咸丰三年”为1853年。

嘉靖重修涌泉庵碑

重修涌泉庵记

齐州之南，泰麓之□□□有名山焉。峪曰“金谷”，庵曰“涌泉”，继百载香火之供，为一代形胜之区。稽其所自，乃于大隋开皇重修。呜呼！时虽异矣，而人好□□□之心则不异；势虽殊矣，而人好善之心则不殊。以古视今，则古犹今也；以今视古，则今犹古也。何有不同之极致哉！斯庵也，迨及弘治之初，几于废坠。幸有利津县真尼辈出，其法□则号曰“明喜”。刘鉴，其父也；张氏，其母也。幼而出家，始受学于圆通，睹寺院之倾颓，慨世道之丕变，因其基址，修其殿宇。困心衡虑，卓然有向善之才；省身克己，浡然有兴复之志。于是，集四方之施

嘉靖重修涌泉庵碑

主，成当世之奇功。伽蓝左之，祖师右之，前有石塔，后有方丈，山门耸立，殿宇森严。作兴于正德九年，落成于正德十二年，规模宏远，非复前日之隘陋矣，不亦善乎？有目者乐于见，有耳者乐于闻，皆曰："非有不世之真尼，焉能建不世之勋功？于以祝国寿于无疆，因以为万代之瞻仰。善愿可满，道理可传矣。"夫为善非难，而真心则为难；真心固难，而克终尤为难。盖道之在天下，亘古今而常明，修之则为教也。所谓教者，不过欲人入于善而已矣。苟入于善，则天下无复多事矣。仰惟我国初有尼僧之设，为劝善之方，而明喜则以善而加诸身，以道而化诸人，始不辍于终，前则继其后，孜孜为善之心，不知老之将至，真不负终身修行之念也。方今圣天子在上，征访群臣，乐道不已；倡率群□，为□□忘。是体祖宗之心以为心也。而尼辈肯不是则而是效哉？虽然，为善固出于一己，助善则出于多方。善男信女，愿锡（赐）之以景福。是为之记。

大明嘉靖十五年岁次丙申秋九月吉日

历城县后学庠生南泉段雄撰

石匠泰安州张平、历城县宋良富、宋文皋、宋文□同镌

此碑今立于南山管委会柳埠街道涌泉庵南侧。碑高238厘米，宽86厘米。碑刻圆首，碑文楷书阴刻13行，满行50字。文中"大明嘉靖十五年"为1536年。

建造涌泉桥碑

建造涌泉桥记

盖闻佛居之境，须之于有名之方，岂安于无名之基也？夫佛居世之莫过乎以庵为贵。庵名起涌泉，为先僧心建立其佛，岂由是哉？今因尼僧修桥工满，勒碑刻铭，请予。不获辞，乃为之言曰：佛阁建造于极乐，天桥修立于西方，而涌泉非其处也。虽非其处，其□神通之辅佐，方为古刹之源流。齐女修行之所，佛宇原在之根，而先僧非弗建也。彼自当时，利津明喜僧人出家云游于此，其庵虽有，只有草庐一所，并无大殿配宇。其僧觑之，叹辞："有其名而无其实，非其庵也。久闻涌泉之清名，而无宝庵之气象。无僧可寓，予僧不修，亦等何也？"夫唯先僧勇猛精进，募缘四方，观感诸众，乞化资财，同成圣事，处心持力，并无退悔钱粮，岂不兴起乎？兹弘治十七年二月十五

建造涌泉桥碑

日，垫造宝庵，惟心奉请敦匠良工，大殿配宇，整像妆容，其庵不岁亦兴起乎如是。其庵虽立，争桥未修，先僧逝之。不但而失矣，其桥亦何如哉？彼自今时，明喜徒孙德、强二僧常游于此，只有清泉一沼，其无仙桥一座。有其沼而无其桥，非其泉也。夫闻泉山之清景，并无桥妆之像貌。水之源头须妆桥道，无僧可修，予不修之，亦等何也？夫唯二僧虔诚发起，募之于领袖刘君讳良等君，化之于诸家，共成一圣事。诚心修造，观感诸门，泉桥何虑，岂不兴起乎？兹万历四年正月十五日，修造泉桥，惟请良匠琢打灌合，垫渠垒砌。今万历六年十月十五日，工满已完，圣事成就，一旦而兴乎。由是观之，其庵在济南东南八十里仙台乡柳埠镇北三里之曰居山之半，东至龙虎，南冲泰峰，西连屏风，北诣峨山。此为清幽之处，正当极乐之境。山光水色，鸟语花香，其乐胜于仙台，无以逾□□之盛茂，滔滔不息，正当以桥耳。相连古路，来往经行，阴雨泥泞，大水兴发，人行难逾，亦当以桥耳。夫今修立□□□□□赞佛圣昭彰，工完果满，请予助书，以识云耳。

时大明万历岁次戊寅孟冬望后之吉

济南逸夫郭邦霄撰

历下涌峰郭东齐书

本庵尼僧：如增、如德、如果、如强、如坤、妙全、妙□

石匠：张守会、张□

此碑位于南部山区管委会柳埠街道涌泉庵景区涌泉桥东北处。碑高182厘米，宽73厘米。碑刻圆首，碑额双钩刻2行，行3字，刻“建造涌泉桥记”六字。碑文楷书阴刻14行，满行46字。文中“大明万历岁次戊寅”为1578年。

天启重修涌泉庵碑

重修涌泉庵碑记

济南府迤南八十余里，有□□涌泉，巨川远其前，高峰环其后，山灵水秀，诚海内奇观也。溯其启建，盖亦□□矣。当其初，殿宇辉煌，焕然一新，四方香火，辐辏云集，真有如涌泉之不绝矣。迨至□日，偶被火灾，佛殿尽焚，皆成灰烬，蓬蒿遮掩，金身□□。斯时也，旁观者几不胜欷歔焉、叹息焉，曰："此佛之遭历亦至此乎！"求其慨然向善而重新之者，盖寥寥□□。有真尼玄安目触宫殿倾颓、像貌残□，心甚凄然，遂发心重修。由是，普化善缘，□功营建。幸德众缘凑合，万善同归，不日殿宇告成焉。将万丈金身不从此复现。□此可见，善非外作，由心造也；亦非无因，缘佛触也。幸哉！殿庵之得以复□不至为土丘者，非佛法之灵感而然乎？予素号淡然子也，恒慕山水，登历其地，不意尼僧玄安谒予为文。予不敢辞，聊为之记，叙此重功德，以垂不朽云尔。

济南府学庠生耿齐、李季诗撰

神通寺禅纳僧圆清书

时维天启三年癸亥秋孟月十三日建立

住持尼玄安，徒弟真实□□表侄曹文表、蔡氏

石匠张松、男张仲文镌

此碑位于南部山区管委会柳埠街道涌泉风景区涌泉桥西北侧。碑高150厘米，宽66厘米。碑刻圆首，碑文楷书阴刻15行，满行31字。文中"天启三年"为1623年。

天启重修涌泉庵碑

涌泉庵重修碑

重修碑记

尝思：有不创于前，胜境弗彰；使无继于后，名迹终湮。此作者之赖于有继，岂浅鲜哉！我柳埠迤东古有涌泉庵，不知兴于何代、始自何人，古柏挺秀，夏木阴翳，而涧谷之水亦涣，四时不竭。当气清云敛，则清泠之状与目谋，营营之声与耳谋，悠然而虚者与神谋，渊然而静者与心谋，游眺者靡不流连不置亏而。大殿之后，又有白衣大士殿，配以眼光、班疹诸神，则有求必应，有感必获，其为士女之乐供也久矣。但越年延远，雨淋风摧，而殿帽凋残，使诸菩提几有暴露之虞，观者咸黯然神伤也。幸有领袖刘门陈氏等于二月十九日缉香火会一道，将醮供之余，积其錙铢，意欲鸠工庀材，塑像装潢。但所余无几，徒饮恨于力不足亏耳。是以仅剪茨涂壁，使神灵得免夫雨丝风斤，而祈者亦输夫祷祝悃诚，亦足见诸人之乐善不倦也。当其工既告竣，予故乐为之记。

领袖：张门王氏（题名略）

柳轩马云龙熏沐撰并书丹

住持僧人传立

大清嘉庆拾六年花月中浣穀旦

此碑嵌于南部山区管委会复建的涌泉庵之山墙上。碑高128厘米，宽60厘米。文中“大清嘉庆拾六年”为1811年。

涌泉庵重修碑

重修如来佛白衣大士殿碑

重修如来佛白衣大士殿记

昔圣王神道设教，庸以觉世牖民也。微其桁杨之所弗施，色惊乎赫濯；口舌之所难谕，志懔乎监观。黍稷非馨，明德惟馨，古人岂欺我哉！如兹涌泉庵古刹也，毓乾坤之秀，钟海岱之灵。玉函抱臂，金舆当胸。晴岚扫黛，菁英乎二气；清流激湍，辉映夫三川。长杨拔地而旗矗，古柏参天而盖圆。峦光倒影，瀑布飞空。烟波杨柳，风月苍松。洞敞悬崖，蟾窟鱼鳞兮云都飘渺；桥横断洞，蜂房蚁睫兮石尤玲珑。石上琴音一聆，而尘心顿洗；云中屏翠一览，则俗虑毕蠲。步步引人，别有天地；行行且住，谁是神仙？鸟道羊肠，茂林修竹，映带左右，蔚然而深秀者，实皆涌泉之助耳。然名区天设，善事人成。旧有如来佛白衣大士殿，灵爽式凭，有求辄应。昔固金碧交辉，今犹神明

重修如来佛白衣大士殿碑

呵护矣。乃岁久失修，风剥日蚀，殿灭灵光之色，寺销圣果之华。檐翼翼其将摧，桷牙牙而渐脱。断砌苔皴，颓垣藓古。瓦砾惊心，逄（蓬）蒿满目。幸有首事者慨兴义举，共襄胜事。但广厦必须群材，而成城兼资众志。所贵君子长者、仁人善士，乐输趺囊，欣解鸠杖。腋以集狐，则楼堪造凤。爰庀材以鸠工，遂趋事而雀跃。因其故址翻作新宫，戏台移筑，盘路葺修。法龛玉宇，觇轮奂之聿新。宝相金容，显声灵而依旧。庶慈航普渡，觉路常开，于以警迷启悟，俾人人争自濯磨，翕然向善，则幸甚。亦可知明道理不及求福鬼神，正人心必有降祥报应云尔。

候选训导、明经进士程登桂题

云甫拜撰

男鸿藻沐手书丹

邑处士刘曰骞孝廉参撰并题额

领袖：刘得选（题名下略）

英米工：张太贵

泥工：周富太、李富琦

石工：张廷仁

画工：尹宝田

住持道衲毛合元叩

光绪三十二年

此碑立于南部山区管委会复建的涌泉庵南。文中“光绪三十二年”为1906年。

修涌泉池碑

修涌泉池记

涌泉源出白虎山麓，其流循涧直下，略无渟蓄。己巳，余奉委主办是山林务。翌年春，爰饬工修方池二，以资蓄泄。泉上辟地数弓，杂植松竹，为游憩之所。工竣，刻石以志。赞修者邹平韩荇舟、德平郭省三、临沂杜德五也。

中华民国十九年六月

安丘李贡知题

此碑位于南部山区管委会柳埠街道涌泉庵景区涌泉池东侧。碑长70厘米，高52厘米。碑刻为横碑，碑文楷书阴刻11行，满行8字。文中“民国十九年”为1930年。

修涌泉池碑

敕赐神通寺祖师兴公菩萨道德碑

敕赐神通寺祖师兴公菩萨道德碑

承事郎、河间路临邑县尹、兼管本县诸军奥鲁劝农事邢天祐撰

将仕郎、□□平阳路税务大使杜良书丹、篆额

稽诸古典，弘名具载。神通道场，肇□朗公菩萨。魏皇始二年，于泰山北金舆谷中，薙茅而居。林木幽邃，虎豹交驰，人以为患。自师居之，皆远遁迹，晨行夜往，道俗无滞。其处乏水，禅定之次，闻地下有水声，俾穿掘，果获甘泉。迄今以为神异井焉。盛德既彰，声华洽闻。学者宗之，六朝致敬。金帛奇物，施心云兴。以奉高、茌山二县租税为封给之，厥后尸其位者匪一。久之，海公应世，圣凡同居，烛幽壤于重根，示至理于昭□。寺东灵塔，巍然尚在，里人仰慕，倚之为福者，比比而然。至于宋庆历间，隆公金泰和雨公禅师俱道行清实，表正人天，折冲师范，语录行于世。再一传，德兴公菩萨为今代之首。祖师讳道兴，俗姓马氏，世系临邑县人也。母李氏尝夜梦白光照其室，因而有娠。既诞，多有奇相，五岁能语前生事，邻里皆异之。比冠，□□礼县之大觉禅院演公律主为师，见其法器甚伟，不以凡儿待。试授□《圆觉经》，过目即诵，辄骇叹曰："是可教也。"年甫二十，得七证受具。自是道日益通，□日益契。一旦，亟召师来前，曰："吾子当作丛林龙象去，在蹄涔之水，岂久足稽汝耶？汝行矣。"由是游学，誓礼清凉，一达圣境。倏睹光相，心地开豁。□□以往，道韵深如。贞祐，天兵南下，百姓逃难，师灰心泯智，隐于南山，穴土为庐，橡藜而食，掬溪而饮。复遇有黑、白二旗为号者，掠人为食。□□见，乃以曲垂方便，力加劝谕。已而二众皆受其化，罢掠不食，赖以全活者无数。自此"菩萨"之称达乎四远。我圣朝启祚，大弘释教。师以行满人间，法被遐迩，所至香火盈途，幡幢□□。本路清河公疏请住

持，荐经兵燹，荒基礨础，埋没于榛莽之中。既受其命，山中之人，无贤不肖，皆喜曰：“兴公菩萨来此，神通不寂寞矣。”为之辟草莱□□檕服勤久，如不自疲厌，即得殿堂、僧寮，咸有次第。云山改色，螺呗洪畅，鲸钟击鸣。祝诵之勤，香羞之洁，舍己长物，饭僧三万余员。所度门人以善字训上，百有余众，素衣及千。惜乎年腊且高，道力微惰（惰）。一日沐浴易衣，召其徒曰：“时至矣。汝等各宜勉励，勿轻掷此生。”索笔书偈曰：“八十余年，任运随缘。临期一句，明月青天。”掷笔而逝，实癸卯年九月十六日也，享寿八十有四，夏腊六十有二。荼毗以礼，奉舍利于祖茔瘗之。迄至治二年壬戌，法孙德敬与众叶谋，建窣堵波，葬于隆公祖塔之右。持师行状，诣门请文，将以播扬师美以诏来者。余知不可固辞，乃谓之曰：“释教之中有三妙趣，亦名决定之义，曰戒，曰定，曰慧。学佛者，当以奉戒为先，戒禁精严，故能禅定。定由止水，澈滢湛然，增长智慧。慧光洞照，虚彻灵通，直□圣域。此为修证之大义也。师自入道，终至圆寂，虽屡遭危厄，未尝少破戒律□矣哉。传云：‘靡不有初，鲜克有终。’如师，可谓克全于始终者，不其伟与？目其塔曰‘定慧’，当然。凡法子云孙、宗枝名讳，附

敕赐神通寺祖师兴公菩萨道德碑

诸碑阴，兹不复书。乃作辞以系之，其辞：桂縠升空，或缺或圆。至人应世，何后何先？枝联蔓衍，隐而弥显。该罗众妙，珠回玉转。守固□基，严净毗尼。高山仰止，景慕良规。彼上人者，超然物外。事理和融，不相留□。遇境即宗，语默皆通。不雷不霆，有声隆隆。维持荷众，绵历岁久。丛席日新，谁出其右？能事云毕，惟择以时。世尘幻梦，我欲觉之。枕肱右胁，薪尽火灭。人天无依，栋梁摧折。舍利流珠，皓玉何如！粲然坚固，非世有诸。定慧旌表，菩萨之号。一代清标，千古遗教。

至治二年岁次壬戌仲冬吉旦

住持法孙德敬立石

中奉大夫、山东东西道肃廉访使阔里不花护持功德

刊者：方茂实、李思诚、王彬

该碑今在南部山区管委会柳埠街道神通寺遗址内。碑高226厘米，宽100厘米。碑刻下有龟趺，上覆雕龙碑首，碑额篆书2行，行7字，刻“敕赐神通寺祖师兴公菩萨道德碑”十四字。碑文楷书阴刻17行，满行58字；辞文4行，行11句，每句4字。该碑在乾隆《历城县志》《济南金石志》中均有收录。《济南金石志》云：“临邑县尹邢天佑撰，平阳路税务大使杜良书丹。按：此刻正书文二十五行，在西大殿西墀下。”碑文中所载神异井，今尚在，已被列入《济南市名泉名录》中。文中“至治二年”为1322年。

神通寺外护碑

神通寺外护记

少林后学□祖沙门志□固常太初撰文

谨衣卫千户庄深□□

嗣佛之道曰僧，弘道之地曰寺。道由寺而后彰，寺由道而后立。寺属世相，故有废兴；道超幻化，故无变易。神通禅寺良为征矣。予考“神通”之名，肇自魏皇始二年，有朗公禅师于泰山北金舆谷中，薙茅而居，森然林木，虎豹交驰，其伤人也夥矣。师居□，皆寂然潜踪，□各远遁。又师禅定处，闻地有泉声，俾人掘之，果获一泉，清而且甘，异于众水，至今人呼为“神异井”，而“神通”之名始于此焉。缘此，魏帝加敬，以奉高、茌山二县租税给寺之用，神通之大，概可知矣。当尔之时，殿堂廊庑，金碧交辉，仁君之钦崇，士民之归向，苾蒭之盛，正此□气数之胜、世相之兴也。尔后岁月深远，屡经兵燹，正人潜替，殿阁崩颓，榛莽参天，殆有不忍其驻观者。此气数之馁、世相之废一也。迄至宋庆历间，有兴公菩萨，应世道，驾弥隆，名动朝野，扶颠危于既倒，升佛日于将沈（沉）。而辟荆榛，诛□莽，凡一山□坠者，莫不举焉。由是，楼台殿阁焕然一新，而气数之胜、世相之兴又一作也。至宋迄今，则兴废之变而不知几何焉。今我圣朝大兴佛教，凡两京名山大刹废坠之久者，莫不鼎新悉举而无一遗矣，较之古先佛教大兴者，不可同日而语也。兹者德府承奉宗器胡公潜心内教，深究佛书，凡性理之学，未尝不深探而详悉也。故护持佛教，其愿也深；举废之功，其心也大。神通寺，东蕃之大刹也。宗器胡公备详□末，故外护之心油然而兴、沛然而就。彼山住持乏人，虚席久矣。素闻福胜宝山上人乃禹城县人，性倪氏之望族，□三十六，戒行水清，唯诚□守，故迩遐士民。宗器胡公忻然命为□持，仍得本处，僧俗佥曰：“胜上人久处林壑，操履端方，接人以礼，

神通寺外护碑

甚得其宜，堪充住持。”其鹗荐之心，亦忻然矣。遂公保于济南僧纲司，悦与申□□□师经南省勤教府考试，历中，乃领教府华札，东还济南，香花夹道，千指敬送，而住持焉。□光阐圣教，壮观神通，可谓至矣。胜公住持后，净如也，洒扫之勤；皎如也，灯烛之晃。辟荒芜阶除之净，皆所以罄一己勤苦之诚，尊宗器外护之命，尤使樵焉伐焉而不敢害神通者，实畏宗器之威也。噫！祖师建立神通之愿，天不灭绝，良可见矣。虽未克复恢旧规，然考钟伐鼓，旦暮焚修，祝延圣寿，为生民弘善植福之地，其利溥矣。呜呼！寺属有相，囿于气数，安得不有废兴？佛法□大，道□万法而不谬于万法，敻然超于气数之表，岂有亏变乎？其法开导人天，指迷复悟，出生死汩没之悲，登觉岸涅槃之道，至于至善，其德备矣。外护承奉胡公，即江右之世家。予亦受其外护之恩久矣。福胜，宝山上人同袍也，征予文以纪其外护之盛德，寿诸石，永贻于后世，此心可谓正矣。是为之记。

济南府知府王璟

历城县知县贾宣

县丞游宽

主簿卢……武……

典史李……

都纲缘昶

大明成化十年一月初九日，当山第一代主持福胜立石

禹城县王凤、王禄刊字

该碑今在神通寺遗址内。碑高193厘米，宽102厘米。碑刻下有龟趺，上覆雕龙碑首，碑阳额篆书2行，行3字，刻“重修神通寺碑”六字，碑阴额正书“宗派之图”四字。碑文楷书阴刻20行，满行58字。文中“大明成化十年”为1474年。

重修观音寺碑

重修观音寺记

赐进士及第、右春坊右中允、经筵讲官、兼太子讲读、同修国史官滹沱马雄撰

赐进士、京都都察院右副都御史、正奉大夫、正治卿历山张鼒篆额

乡贡进士、前直隶真定府冀州儒学教谕、文林郎苏彪书丹

历山之南，泰岳之北，于锦阳川左歧，川曰“齐城”，乡曰“仙台”，麓野之间，有寺曰“观音”。何以寺为名？寺者，司也。自汉明之代，梦感金人。使臣西取兰腾诣此，僧寓鸿庐，而后修白马，因托为寺焉。至于唐代宗时，大历年间，肇建其刹。及宋、金、辽、元以来，迄于大明圣天子雍熙、泰和之世，遍于九垓，棋分星布而已。其刹主山曰“灵鹫”，面山曰“畾尖”。东有神通，西有灵岩，北近柳铺店，南近仙台山。左立观音碑，右建九顶塔；前有圣水泉，后有石佛龛。青松桧柏，古基犹存，其山秀耸而景最于群山矣。风雨剥蚀，几为榛莽。重重严丽，数数倾颓，□□兵火之剩也。兴工于弘治己酉间。当时和公为开址，圆公为首僧，山公为座元，友公为都管，厚公为副寺，昭公为劝缘，偕修是刹。自公入院，殿宇为之整饰，廊楹为之济楚，毗卢形观音像、韦陀尊天、坚牢地神、十八罗汉、伽蓝堂成，祖师殿就，钟鼓楼全，山门皆备。金碧争光，玉

重修观音寺碑

朱竞彩。香鼎供器，焕然一新。圆公耆耄，志欲妥逸，急流勇退，恬然自适。山公首徒名曰了蕴，雅号洁空，幼为沙弥，壮而寡欲，恪守清规，年虽少，德弥高，众皆举而以代住持之责。领檄知寺，依古为则。殿内香炬弗泯，僧行觌人候礼，人所素服，靡非听受。歆欤伟哉！观此寺之未备，止台陛之未完，心尤怏怏，志在修为。自执斯院，慨然进修，而皆果也。佛氏谚云："慈悲为其体，导善为其用。"朗发于因果，悉列于报应。植善崇之于祲，种恶果之于祸，颁天下以归其善矣。概阴施出之弗意，阳酬皎之午日。乌况倾舍资，奋善意，讵所获祓益，巍之嵩泰，浚之江海矣。故抱善应之以祥，挟恶报之殃。种粟而获豆，为罹而得福者，未之有也。诱人以福，示人以善，使施一椽一栋、一针一线，若影逐形，果严后世，岂诳言哉？善者可以为法，恶者可以为戒。是以君子之道，事不必果，唯义所在。凡居高厚之间，惟人最灵。吾辈生逢盛明之世，忻遇太平之秋，既而身处空门，无益于理乎？虽晨钟夕梵，朔望祝延，生人天福，如斯而已矣。心犹未足，而无闻于后也。若前代勒于诸石为志，曷知上古何师居是山也？今之效古，后之冀先。劝众抽资，镌石为记。载千年不朽之芳名，为万载播扬之标帜。于此乎书，俾归而刻之铭耳。

时大明正德八年岁舍癸酉孟冬朔日

章丘县铁笔士刁祥、高钺镌

该碑立于南部山区管委会柳埠街道九顶塔观音寺正殿南侧古柏树下。碑刻下有龟趺，碑额雕龙形，中竖题2行、行3字，题"重修观音寺记"六字。碑文楷书阴刻13行，满行63字。此碑为现存碑刻中最早记述九顶塔古圣水泉的石质文献。文中"大明正德八年"为1513年。

张鼐，字用和，济南历城人。明成化十一年（1475）进士，先授襄陵知县，不久入京为御史，任上以善忠谏而著称。后因得罪皇帝被放任江西等地。正德元年（1506），被召回京，升任进右副都御史并署都察院事。又因得罪权贵而被流放，后卒于异地。

重修九塔观音寺碑

重修九塔观音寺记

德府右长史、奉政大夫、前知直隶真定府赵州事邑人许邦才撰

钦差提督学校陕西等处提刑按察司副使、中宪大夫邑人李攀龙书

泰山北下麓野之间，有地曰“齐城”，有山曰“灵鹫”，有川曰“锦阳”，峰峦复合，林荟苍郁，周距郡邑，皆百里余，称异境云。寺建于此，莫知其昉。历考寺碑，惟得唐天宝十一年、大历十四年之文为古，然曰“重修”，则犹非始也。意必建于梁、隋之间而无稽据。逮我皇明，则有弘治十三年重修九塔观音寺之碑，而寺名有定征矣。嗣是历武庙暨今上握宝历之戊午，则复六十余祀矣。岁月风雨，销铄而靡渐之。于是梓或就朽，甓或就蚀，石或就泐，泉或就泥，饰之金碧，画之丹黝，□被之缋绣，则类就凋落而渝（逾）旧矣。寺僧了谦者，一日恻然而叹曰：“物无常新，功贵有继。不有名胜，寺何由兴？不有缮缉，兴焉可久？”乃奋肩其役，费视其积，以匮为期。劳视其力，以毕为期；施听于人，无必募；成听于天，无刻索。经始于嘉靖三十六年二月初二日，抵四十一年十月初十日告成矣。正殿竣，别事殿者三：曰“伽

重修九塔观音寺碑

蓝”，曰“祖师”，曰“钟楼”。功倍于创，塔制无加于昔。前圣水泉既浚，后佛石龛亦涤，则朽者梃如，蚀者瑟如，泐者缜如，泥者冽如，凋落而渝旧者焕如灿如，辉辉煌煌，缅缅如也。于是瞻礼俨俨，禅梵恬恬，钟磬訇訇，旌檀芬芬，慈云花雨，翩翩油油，祈谒而集游者绳绳轰轰而不绝矣。予前岁同李于鳞氏过神通寺，闻兹寺之胜，即欲一造，未果。及昨岁由柳浦镇乃克登诣，境径斗绝，色相岑寂，昙蔼毫光，恍惚时出，宜其僻而不废也。其塔一茎上而顶九各出，构缔诡巧，他寺所未经有。又左有观音寺碑一座，与塔对峙，暗然古色，似始建所置。故寺名九塔观音，殆出于此。因与寺僧咨□□□请予二人者为记。于鳞氏已嘱予，予曰：“于鳞，今之王简栖也，尚不为此，顾予乃可乎哉？”及今春，复有南山□□时同游，刘子子芳复为之请，既不能谂于鳞，故特直述其始末如左方矣。

大明嘉靖四十一年岁次壬戌孟冬吉日建立

石匠：张守惠、宋文皋镌

此碑立于南部山区管委会柳埠街道九顶塔观音寺正殿北侧古柏下。碑高208厘米，宽97厘米，厚34厘米。碑下有龟趺，上有雕龙碑额。碑文楷书阴刻15行，满行44字。文中“大明嘉靖四十一年”为1562年。

撰文者许邦才（1515—1581），字殿卿，山东历城（今济南）人，居济南府城布政司街。年少读书时与同县李攀龙、殷士儋为友。明嘉靖二十二年（1543）举乡试第一，先授赵州知县，未到任，又上疏改调永宁知县。后迁德府长史，勘验牢狱。嘉靖四十二年（1563）转周府右长史，赏加四品服俸。善于诗文，常题诗于山林庙宇，内容多表达对百姓的同情。其诗风格追随李攀龙，作品有《瞻泰楼集》《海右倡和集》《梁园集》。

书丹人李攀龙（1514—1570），字于鳞，号沧溟，山东历城（今济南）人，明代著名文学家，“后七子”领袖人物，被尊为“宗工巨匠”，主盟文坛二十余年。

惠泉庄协成善事碑

惠泉庄协成善事碑记

盖以莫为之前，虽美弗彰；莫为之后，□□□传。粤自历山迤南九十余里，有泥淤泉焉。土人嫌其名不雅驯，因改名曰“惠突泉”。□□□泉庄，其间水秀沙明，风清俗美。烟舍微茫，半在有无之际；云山缥缈，全□指顾之间。□□□□，如入山阴道上，令人应接不暇。村中旧有兰若一所，叔磬虽悬，而垂钟未备，亦村□□□也。幸有吉泰苏君者，桑间泄泄，辄触景以兴怀；亩外闲闲，每望云而结慨。于是，鸿□□□不惜文成，白水因而鲸铿。五夜惟思梦醒黄粱，更赖里中善士亦各倡捐余资，不日□□□成矣。所可羡者，泉源香洌，藉人力以成渠；镜面池开，印天心而倒影。可用汲焉，并□□之福；烹而饮也，相忘帝力之勤。漱石罅以鸣琴，洗云根而瀑布，诚

惠泉庄协成善事碑

巨观也。兹复因门□□□齿崎岖，里巷之人鸠工补砌。从此其平如砥，其直如矢矣。要之警晓钟而催曙，熹□□□之春；步夜月以临流，宛转虹桥之岸，能不欢欣鼓舞而叹为至乐之区也哉！工既竣，□□功久，奉题名之例；承先启后，愿增踵事之华。是为记。

古庐杨寿亭撰书

领袖：刘碧、苏吉泰、周淮、苏祥泰、卢光烈、姚士清、刘长龄、徐□安、白继盛、乔士清、师连升、李长泰

泥水：陈可秀

石作：白继山

时鸿基镌字

住持：刘松茂

大清同治五年岁次丙寅季春之月上浣穀旦立

该碑近年新出于南部山区管委会柳埠街道泥淤泉村，碑刻今置于泥淤泉村委会院内。碑高143厘米，宽68.5厘米，厚17厘米。碑刻断为两截，碑身最顶端篆书横刻“为善最乐”四字。碑文楷书阴刻11行，满行35字。泥淤泉位列清代济南七十二名泉和当代济南新七十二名泉，为阎家河之源。明崇祯《历城县志》和清乾隆《历城县志》均载其原名“印度泉”，位于梨峪庞家庄。此碑文对惠突泉及惠泉庄之记载，可补地方志对泥淤泉及其所在村庄沿革记载之缺。文中“大清同治五年”为1866年。

鸭子泉村永盛泉碑

永盛泉碑记

尝闻开天立世以来，覆养万物者，天也；物无不生者，地也。人皆知之。岂知三清之神化哉？虽田无神，谁其信之？一年风调雨顺、国泰民安，俱三清之妙用也。今离城七十余里，有三清大殿一座，不知创立于何年，始于何时。四峪见庙损坏，神像不全。合峪善人独力修整，不忍坐视损坏，万古无名。大家公议施地十块，共地十有余亩，花果、树株、房屋俱全。许僧道住持不许妄为生事，毁坏树木。立碑志之，永垂不朽耳。

鸭子泉村永盛泉碑

武庠李嘉荣题

领袖善人（题名略）

大清乾隆岁次辛未重修榖旦立

碑刻今嵌于南部山区管委会西营街道鸭子泉西侧石堰内。碑高148厘米，宽62厘米。鸭子泉位于鸭子泉村西首山坡下，村以泉名。鸭子泉北原有三清大殿一座，今已不存，遗址之上仅剩此碑。碑刻正文楷书阴刻4行，满行44字。文中“大清乾隆岁次辛未”为1751年。

重修朝阳寺碑

重修朝阳寺碑记

赐进士出身、原任直隶顺天府通州武清县知县、加□级宁天瑞沐手撰文

书丹：徐万□

今夫□□有三教，其一曰释教。自汉布其教于中国，迄今盖数千年。于兹□得□□钵者，如守静禅师，一钵一□觉性，于□千界内□□□□悟空，于□□门中□乎□矣。他□教化于雨点头、于石般若者，妙也。锡飞于空□、浮于河神，通者焉。□絮沾□泥水印于□□灭者，深也。无非本有造之功德，广□□之福，曰况在长安，曰护国在天下，曰佑民固然□。□皇图而寿苍生，其有□于□也。良多□之出其门者，咸尊崇其教，于名山胜地设像而□□。若济南历城之东仙台乡有寺曰朝阳，始创于唐，继修于宋，其来久矣。殿宇辉煌，两廊森□□今犹赫赫在人□□□。而其山名照峪，川曰锦绣，玉龙之池居其内，涌泉之河绕其□。□枣成林，桑榆盈□，□□佳丽不能□举，诚古刹胜迹也哉！但庙貌不能□久而不坏，创建者有□重构者，岂伊□人迩。因多历年所，□雨□风，栋折榱崩，刹光黯淡。寺内主持僧名行吉者募缘重修，斋心钵化，不□寒暑，不辞劳瘁。一时四方檀越量力捐助者云集。爰是鸠工庀才，经之营之，不旬月而告成。栋宇轩昂重焕，云山之色丹青，□□一新。钟鼓之声遐迩，观瞻者莫不肃然而起敬。诚不□□□之设□□□曰：今事成矣，而不勒诸石，何□为后□向善者劝□□□□□□文于余。儒道□□释□□□朝阳远甚，奈则何文之□□□□□□所述者。凡寺中景色，寺外□□与创修之□□，募化之艰辛□□□说，以志不朽。盖亦不□□□之意云尔。

皇清康熙岁次癸酉仲冬之吉旦

□山住持释子领袖行安立

重修朝阳寺碑

备注

该碑今在南部山区管委会西营街道赵家庄朝阳寺旧址。碑高150厘米，宽69厘米。碑刻圆首，额横题“万古流芳”四字。碑文楷书阴刻15行，满行35字。文中“皇清康熙岁次癸酉”为1694年。宁天瑞（1642—1673），字聚五，山东章丘人。康熙十一年（1672）壬子科举人，康熙十二年（1673）癸丑科进士，曾任直隶武清县知县。

长清篇

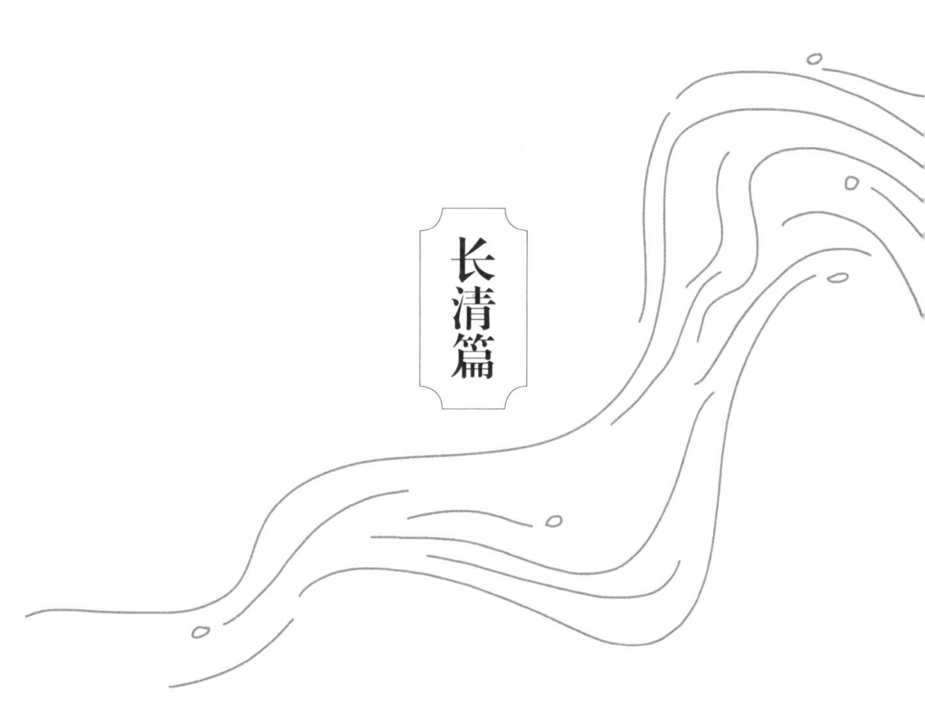

苏辙题灵岩寺诗碑

题灵岩寺

眉阳苏辙

青山何重重，行尽土囊底。岩高日气薄，秀色如新洗。

入门尘虑息，盥漱得清泚。升堂见真人，不觉首自稽。

祖师古禅伯，荆棘昔亲启。人迹尚萧条，豺狼夜相抵。

白鹤导清泉，甘芳胜醇醴。声鸣青龙口，光照白石陛。

尚可满畦塍，岂惟濯蔬米。居僧三百人，饮食安四体。

一念但清凉，四方尽兄弟。何言庇华屋，食苦当如荠。

辙昔在济南，以事至太（泰）山下，过灵岩寺，为此诗，寺僧不知也。其后见转运使中山鲜于公于南都，公尝作此诗，并使辙书旧篇以付寺僧。元丰二年正月五日题。

苏子由从事于齐日，有题灵岩诗。鲜于子骏后漕京东，刊石，顷失之。妙空被□□命而来寺，予敝陋更新，尽以诸公题刻栉比于中门两壁，恨亡苏诗也。靖康初，偶得墨本于茌平李时陞家，再摸石，空明居士跋。

备注

此碑今存于长清区万德街道灵岩寺御书阁西广场东墙壁南。碑文中所记“白鹤导清泉，甘芳胜醇醴”，即灵岩寺白鹤泉泉名的典故由来。此泉至今尚存，为灵岩寺内“五步三泉”之一，出流旺盛。宋钦宗靖康年号只延续了一年多时间，文中“靖康初”当指1126年。文中“元丰二年”为1079年。

苏辙题灵岩寺诗碑

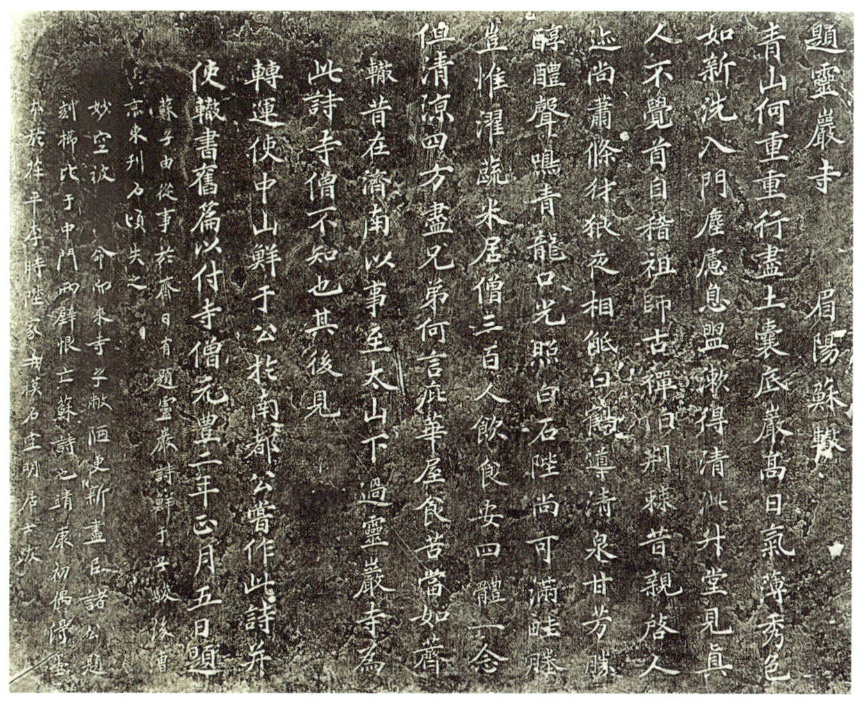

苏辙题灵岩寺诗碑拓片　雍坚藏拓

蔡安持锡杖泉诗碑

四绝之中处最先，山围宫殿锁云烟。当年鹤驭归何处，世上犹传锡杖泉。

元祐壬申十月中浣，睢阳蔡安持资中题

蔡安持锡杖泉诗碑

此碑嵌于长清区灵岩寺御书阁前台基墙壁上。碑高114厘米，宽71厘米。诗刻正文行书阴刻3行，首行10字，余2行均9字，字径11厘米。碑左上角空白处有金代正隆二年（1157）刘德亨题记一则，楷书阴刻4行，行7字。蔡安持，字资中，睢阳（今河南商丘）人。北宋哲宗绍圣元年（1094）为右通直郎，徽宗政和元年为发运副使。文中“元祐壬申”为1092年。

大丞相文定公游灵岩诗碑

大丞相文定公游灵岩诗

灵岩山势异，金地景难穷。塔影遮层汉，钟声落半空。千峰罗雉堞（山如城壁之状），万仞耸屏风。飞鹤来清窦（有双鹤泉），刳鱼挂古桐。名曾参四绝，封合亚三公（在泰山后）。势彻河壖远，形差岳镇雄。仙闾邻峻极，日观伴穹崇。邃洞连蓬岛，重峦凿梵宫（山面有证明功德嵌）。望应销俗虑，登喜出尘笼。献寿嵩衡并，分茅海岱同，艮方标出震，午位对升中。岚滴晴烟碧，崖铺夕照红。巍峨齐太华，奇胜敌崆峒。炼句供诗客，模真怯画工。天孙分怪状，神化结全功。吟赏慵回首，云泉兴愈隆。

先丞相天圣间尝留诗寺壁，后主僧刻石。逮今岁久，字画刓缺，因命工再刊于石。

绍圣五年三月中浣日，侄曾孙新滑州白马县主簿李侃敬书

正监寺讲经论沙门□□□

大丞相文定公游灵岩诗碑

大丞相文定公游灵岩诗碑碑拓

备注

此碑今嵌于长清区灵岩寺般舟殿遗址东南台基下。碑长117厘米，高60.5厘米。碑刻为横碑，碑文楷书阴刻18行，满行10字。诗文后有题跋4行，满行15字。文中“绍圣五年”为1098年。

大丞相文定公乃宋代丞相李迪。李迪（971—1047），字复古，河北赞皇（今属河北省石家庄）人，后迁濮州（今山东鄄城）。宋真宗景德二年（1005）乙巳科状元，历通判，后来两度官至宰相。卒后赠司空，侍中，谥文定。《宋史》为其立传。此碑所录五言诗为北宋天圣年间李迪游灵岩寺时题诗，原碑因日久刓缺，后由其侄曾孙李侃于绍圣五年重新书文刊石。此碑文《山左金石志》《济南金石志》均有载。

郭思游灵岩碑

游灵岩记

大观戊子八月，思既朝见岳帝，即走灵岩，礼谒五花殿下，升顶泉轩，见钦禅师，闻大法眼秘密印。食已，至上方，拜后土祠，瞻谒置寺菩萨，闻青蛇引路、双虎驮经之异。又至甘露泉、绝景亭，扪萝踏云，上跻证明殿。殿西一峰，高出平地数万丈，苍青秀丽，成楼阁叠起、俊伟所不可状貌。证明殿前，四瞰峦岫，若龙蟠，若虎据，若螺结，若屏张。属雨大晴，飞岚滴翠，一寺楼殿，若浮于三山十洲冲融飘渺之上。信哉！真仙圣之居、神明之境。既下，酌清泉于锡杖、双鹤之亭，观诸巨公诗歌铭疏，慨然想当时之风采。入夜，钦公见过，皓月在庭，山籁林风，阒见夜景，太清境界，换人肌骨。思不忍寝，为书此于壁。识我者，当察余之告诉于狂志也。十三日，河阳郭思得之记。

此碑今在长清区灵岩寺般舟殿遗址西侧碑林内。碑高98厘米，宽50.5厘米，厚13.5厘米。碑刻圭首，碑阳碑文正书阴刻12行，满行24字，字径2.5厘米。碑阴额横题“舍财记”三字，碑文刻“元泰定三年寿公禅师舍财重建般舟殿记”。《山左金石志》《济南金石志》均载此碑。文中“大观戊子”为1108年。

郭思游灵岩碑

赵子明谢雨碑

政和乙未，经春不雨，百姓咨嗟，思欲祷于法定圣像。诚心一启，甘泽随降。遂涓吉辰，诣灵光致谢。因览诸泉，经日而还，向子千涓同至。县令赵子明，孟夏廿一日。

监寺僧昭戒立石

赵子明谢雨碑

 备  注

此碑今存长清区灵岩寺般舟殿西墙壁上。碑长118厘米，高66厘米。碑文行书阴刻11行，满行7字，凡68字，字径7厘米。《山左金石志》《济南金石志》均载此碑。文中“政和乙未”为1115年。

宋居卿留题灵岩寺诗碑

留题灵岩寺

东苑宋居卿

乔木森森结绿阴，翠峰深处隐禅林。高僧见鹤生泉眼，群丑闻鸡息盗心。
春去野花开异品，晓来山鸟弄新音。胜游休便生归计，到此蓬瀛路好寻。

政和丙申夏首初六日无党书（篆印一方压于题名之上）

次韵寄题灵岩

入内武节大夫、东省使直睿心殿、管勾玉清和阳宫刘公度

十里灵岩翠微阴，当时登陟到云林。佛衣化铁千年日，锡杖流泉慰僧心。
山拥精蓝多胜迹，松谷清籁可繁音。归来每厌红尘扰，梦寐犹能去远寻。
乱道告达宋无党，久别□留鸿爪。

备注

此碑位于长清区灵岩寺天王殿东侧碑林内。碑长85厘米，高59.5厘米，厚18厘米。前后共镌刻了两首诗，一首为东苑宋居卿题，一首为刘公度次韵而题。题书时间不详。碑文行书阴刻17行，满行14字，大字径3.5厘米，小字径2.5厘米。文中“政和丙申”为1116年。

宋居卿留题灵岩寺诗碑

灵岩寺祖师观音菩萨托相圣迹碑

济南府灵岩寺祖师观音菩萨托相圣迹序

云公禅师住持灵岩寺，未越三岁，宗风大振乡风，而远近归之。一日，谓济滨老人陈寿恺曰："夫灵岩大刹，昔自祖师观音菩萨托相梵僧曰法定禅师，于后魏正光元年始建道场、兴梵宫，居天下四绝，境中称最，而世鲜知其由。我祖师其始西来，欲兴道场于兹也。前有二虎负经，青蛇引路，扪萝策杖，穷绝壁而不可登，乃徘徊于南山之巅。面石之久，感日射巅峰成穴，透红光于数里。师乃躅光而下，美其山林秀蔚，可居千众。道遇樵人，亦异人也。顾师而言曰：'师岂有意于兹，患其无水耶？'回指东向，不数里间可得之矣。师既徐行，则有黄猴顾步，白兔前跃。俄惊双鹤飞鸣，其下涓涓，果得二泉。又击山泐，随锡杖飞瀑迸涌。遂兴寺宇，逮今八百余载。凡祈求应感而福生，民莫可胜纪。然为我祖师发扬显圣迹之状，几闻其人，良可太息。"乃命工敬图其像而刊诸石，庶广其传，普劝遐迩，永同供养。

皇统七年孟秋旦日，济滨老人陈寿恺序并书

住持传法沙门法云募工立石

洛阳雍简画

鲁人胡宁镌

此碑今藏于长清区灵岩寺御书阁库房内。碑高93厘米，宽50厘米，厚13厘米。碑刻圆首。碑阳分刻为上下两部分：上部高68厘米，线刻法定禅师坐像一躯；下部高22厘米，楷书阴刻28行，满行14字。此碑于《山左金石志》《济南金石志》有载。文中"皇统七年"为1147年。

灵岩寺祖师观音菩萨托相圣迹碑　曹建民摄

杨野游灵岩寺碑

仆于皇统五季岁次乙丑春，自任城往历下，访表弟于司户叔和，由泰安宿灵岩，倒指近四十载矣。今备员济南，于大定二十二年壬寅秋，因捕蝗与省部委差暨长清丞复宿是蓝，因成拙诗三十韵，以纪其岁月景物云耳，信笔而成，殊愧不工。

中宪大夫、充济南府判官、上骑都尉杨野

不到方山寺，于今四十年。形容空老矣，风物尚依然。
十里穿危磴，群峰簇险巅。涧深泉漱玉，林古树参天。
阶砌封苍藓，门阑琐粉壖。幽奇言莫尽，工巧尽难传。
突兀五花殿，泓澄双鹤泉。僧寮依地势，丈室极天玄。
楼阁相绵亘，斋厨尽洁蠲。檐楹焕金碧，户牖晦云烟。
龟吐源流净，鸡鸣盗意悛。松杉千古老，花卉四时鲜。
峻岭朝阳透，阴崖夏雪坚。虎经犹栈阁，蛇路尚蜿蜒。
塔影侵辽汉，钟声彻广川。园亭随上下，池沼任方圆。
势远沧溟接，形高岱岳骈。秋来凉气蚤，春至暖风先。
四绝名居首，三齐景最偏。祖师留铁衲，胜地布金钱。
便可名兜率，真宜号福田。捕蝗同驿使，策马访民编。
旅店难投迹，灵岩少息肩。上人蒙眷恋，信宿得留连。
香火朝随喜，龛灯夜问禅。挺身如出俗，惬意类登仙。
拟作归修计，无何公事牵。官程严有限，精舍住无缘。
诘旦还推枕，归途复着鞭。何当罢尘累，永结社中莲。

大定癸卯孟秋上旬三日记

当山住持传法嗣祖沙门浦涤立石

杨野游灵岩寺碑

备注

此碑今在长清区灵岩寺般舟殿遗址西侧碑林内。碑刻为横碑，长104厘米，高70厘米，厚16厘米。碑文分两部分：前部为楷书题跋6行，满行23字；后部为碑刻正文，楷书阴刻17行，满行18字。“大定”为金世宗年号，文中“大定癸卯”为1183年。

灵岩山门五庄碑

灵岩山门五庄之记

自元贞年间，于塔宝峪口选吉地，创建新庄一所，曰“北庄”也。建佛殿三间，内塑自在观音一堂；全伽□堂一所，内塑关王；全西瓦房三间，穿井一眼。绕庄开荒地数顷有余，尽在寺家山场界至内。遂作一偈，出示诸人。偈曰：“置罢南庄置北庄，春秋普请好开荒。休辜壮志琛公老，祖父田园要主张。”独鹤泉宜开旧地，曰“中庄”也。水屋头开地栽桑，曰“东庄”也。覆井坡可盖新房，曰“南庄”也。中坞店西，曰“西庄”也。已上这五庄，只在灵岩产业界至内起建，永远赡济常住，供给众僧，不为无益，以示来者。他日百千年后，使诸人共知山门外有五庄在。

大元皇庆二年岁次癸丑季冬望日

当山传法住持嗣祖桂庵野衲记（文略）

山门众知事同立石

锦川夏中兴、门人王庭玉刊

此碑今在长清区灵岩寺般舟殿遗址西侧碑林内。碑长123厘米，高90厘米，厚22厘米。碑刻为横碑，额篆书横题“灵岩山门五庄之记”八字，字径8厘米。碑刻正文楷书阴刻14行，满行15字，字径3厘米。《山左金石志》《济南金石志》均有载。文中“大元皇庆二年”为1313年。

灵岩山门五庄碑

张淑赠让公诗碑

鄙语寄赠让公长老大禅师方丈之下发别后之一粲

峥嵘楼阁翼飞骞，胜概传夸众口喧。
泉味溢甘双鹤瑞，山形呈秀二龙蜿。

上方境界埃尘远，绝景亭台竹树蕃。
铁作袈裟深有义，后人于此要渊源。

处约张淑拜手书

至顺癸酉仲春末旬七日

此碑今嵌在长清区灵岩寺御书阁前西侧墙内。碑长83厘米，高64厘米。碑文楷书阴刻18行，满行11字，字径2.5厘米。文中“至顺癸酉”为1333年。此诗左侧，镌有至元廿四年（1287）文昌诗。该诗与泉无关，故略。

张淑赠让公诗碑

大元泰山灵岩禅寺创建龙藏殿碑

大元泰山灵岩禅寺创建龙藏之记

正奉大夫、侍御史、燕南河北道肃政廉访使张起岩撰并篆额

中奉大夫、岭北等处行中书省参知政事张蒙古台书

天下佛宇以岩名者，则泰山灵岩为之冠。以其境属中土，占岱宗右腋，面势环抱，当秀绝处。前乎此，未有识其胜概以据有者。殆天造地设，神灵珍藏，以待夫雄尊崇大者处之，然后为称也耶！盖岩之巅，东如列屏，如窣堵波，献奇骈秀，矗乎云表；北如连城，□截然展拓，高出千仞，俯临真境，若向若护。东岩南引而左拱，与北岩子午相直。其上有穴洞明，望之若月。元魏正光间，法定禅师驻锡于此，睹其形胜，兀坐独处，德风所扇，慧照所加，灵怪敛避，虎兽驯伏。复有泉涌于窦，泓而为池。土俗目其神异，为构丈室，延居其

大元泰山灵岩禅寺创建龙藏殿碑

中，演教授徒。是为开山初祖。历隋暨唐，殿堂斋寮，日新以盛。宋太平兴国、天禧、景德，遍以其号锡寓内寺院，故寺尝号“景德”。寺之千佛殿、五花殿，构于其时，石刻俱在。迄今广宇周廊，遗制尚存。皇元崇奉释教，视前代为有加。泰安分土王邸，于是寺外护尊礼，尤切注意……

至正元年二月望日记

高僧大德（题名略）

十方灵岩禅寺住持、传法嗣祖沙门佛智明悟通理大禅师定岩、野衲德慧立石

石工张克让

苏亨刊

此碑今立于长清区灵岩寺辟支塔下。碑高332厘米，宽102厘米，厚25厘米。碑刻下有龟趺，上覆高浮雕龙首碑帽。碑额篆书3行，行4字，题“大元泰山灵岩禅寺龙藏殿记”十二字。碑刻正文楷书阴刻18行，满行55字。文中“至正元年”为1341年。碑文有节略。

傅亨游灵岩寺诗碑

至正乙未秋九月，因公赴山东，游灵岩禅寺

秋晚登临上岱宗，扶筇来此谒崆峒。闲云送雨过深洞，老鹤将雏度远空。白石清泉心未了，黄花红叶思无穷。携书归隐知何日，坐想青山入梦中。

灵岩山房寻同年长清县尹张君德昭，不遇

慈恩塔上题名后，京国分携十四年。梦想故人诗句里，坐看黄菊酒杯边。停云霭霭秋容澹，落叶潇潇客恨偏。独倚禅房重搔首，又鞭归骑过前川。

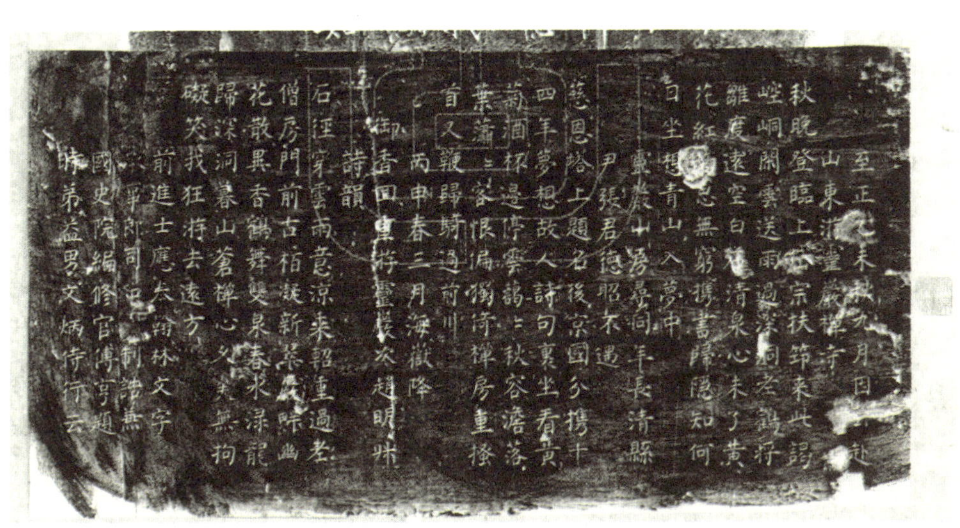

傅亨游灵岩寺诗碑碑拓

丙申春三月，海岳降御香回，重游灵岩，次赵明州诗韵

石径穿云雨意凉，乘轺重过老僧房。门前古柏凝新翠，岩畔幽花散异香。
鹤舞双泉春水渌，龙归深洞暮山苍。禅心久矣无拘碍，笑我狂游去远方。

前进士应奉翰林文字承事郎同知制诰兼国史院编修官傅亨题
时弟益男文炳侍行云

备注

此碑今在长清区灵岩寺天王殿东侧碑林内。碑长74厘米，高38厘米，厚18厘米。碑刻为横碑，碑文楷书阴刻22行，满行12字，诗文后有落款4行，行9字。该石刻在道光《济南金石志·长清石》中有收录。文中“至正乙未”为1355年。

傅亨，字子通，元大都（今北京）人，元统三年（1335）乡贡进士，至正二年（1342）进士，任职国史院编修、太常博士、监察御史等。

户部尚书熊公题灵岩禅寺诗碑

奉题灵岩禅寺诗并序颂

载平生志在山林，味甘澹泊，其于世利系哗初无意焉。每遇佳境，虽兵尘倥偬中，必游览觞咏，示不忘也。至正廿四年春二月廿七日，载忝任地官，偕主事郭柔，奉总兵官、太尉、中书平章知院詹事□廓铁穆迩公便宜之命，因念山东军民利病，委载巡历整□，至于泰安之长清，道经灵岩禅寺，历览宝刹浮屠之盛、峰峦竹树之奇，幡幢缭绕，楼阁秀美，梵语遏半天云，昙花拥□佛座，泉名双鹤，殿峙五花，触目胜概，莫可形容，虽画笔之巧不能模写。工□□是宿，方丈默照□与晋溪禅师烛香□腾清话焉□，使人顿忘尘虑，心快意豁。为赋唐律二章并赞晋溪颂一篇，因以遗之，刻为他□丛林中一公□云耳。是日廿九

户部尚书熊公题灵岩禅寺诗碑

日，中书户部尚书雪□野人河南熊载倚衡谨题。

四壁苍崖一径通，五花宝殿万山中。
周旋东岳灵岩寺，仿佛西方兜率宫。
松柏满山森翡翠，峰峦排闼□玲珑。
晋溪若悟曹溪水，便可泛客话色空。

右一

鸡鸣山下灵岩寺，卓锡甘泉有本源。
□□香中摩诘病，风幡影里梵王尊。
菩提有路超三界，心境无言究六根。
笑我材非旧坡老，愧无玉□镇山门。

右二

赞晋溪禅师颂

本是活泼泼地，谁言寂灭虚无。
若悟这□□理，大□都省工夫。

随行令史：徐恕、□克礼、边□，奏差：□鼎、师保……

……奉直郎、佥山东东西道……郭岩谨识

……嗣祖沙门……

备注

此碑今立于长清区灵岩寺辟支塔东侧。碑高186厘米，宽77.5厘米，厚28厘米。碑刻左上侧残缺，碑额竖题4行、行3字，题“户部尚书熊公题灵岩禅寺诗”十二字。碑文分上下两部分，上三分之二为“熊公题诗”及“赞晋溪禅师颂”，下三分之一为至正甲辰（1364）暮春廿有六日毛士隆跋语及题诗二首（略）。文中“至正廿四年”为1364年。

题灵岩八咏诗碑

题灵岩八咏诗

齐之灵岩，乃天下四绝之一。其山林之胜、景趣之多，尤为诸刹之冠。旧题八景，虽刻诸石，传之者讹，殆不可信于后世。前当山亲教本空通悟禅师偕兄金大用考而正之，曰“方山积翠”“甘露澄清”“镜池春晓”“明孔雪晴”“书楼远眺”“默照幽吟”“松斋皎月”“竹径晚风”。俾余各赋诗一绝，以贻好事者览焉。

灵山削出玉芙蓉，绝胜江南天印峰。

最是雨余堪画处，岚光色秀自重重。

右　方山积翠

双鹤飞来地涌泉，名题甘露至今传。

涓涓一脉流无竭，直与沧海巨派连。

右　甘露澄清

题灵岩八咏诗碑

阶下方池石甃成，天然古鉴更澄清。

林僧照影春初晓，应供禅心一样清。

右　镜池春晓

梵僧昔日憩岩间，灵迹千年尚可攀。

雪霁扶筇间眺望，光中咫尺见他山。

右　明孔雪晴

危楼高阁接云端，此日登临倚画栏。

四面好山看不厌，诗成与客且盘桓。

右　书楼远眺

堂开默照几经春，觉老遗文刻尚新。

此地更无尘俗到，都将清景付诗人。

右　默照幽吟

长松偃蹇似龙蟠，翠色偏宜雨后看。

几度幽斋人不寐，夜深梢上月团团。

右　松斋皎月

数个琅玕布夕阴，凉飙拂之净尘襟。

当年蒋诩开竹径，何似山家得趣深。

右　竹径晚风

时大明天顺二年孟春三月一日，户部主事历山兴德金鼎书

其为当山第五十八代传法嗣祖住持沙门　至瑄稽首上石

泰安孟昭刊

此碑今位于长清区灵岩寺般舟殿遗址东侧。碑长87厘米，高80厘米，厚26厘米。文中“大明天顺二年”为1458年。

尹淳题灵岩寺诗碑

次题灵岩寺诗

成化庚寅，淳承之东藩参议。辛卯秋，有事泰安，经宿灵岩，得观都宪薛祈年盛作，不愧疏才学，次其韵矣。壬辰春，出巡兖州，信宿是寺，解后京僧珍古奇住持山□□价憎重，勉成二律，通前写置壁间，庸记岁月云。蜀郡尹淳识。

行李浸晨违历下，肩舆晚上灵岩山。月光普照梵王殿，灯火烛亲游子颜。
象王狮子境何壮，修竹偃松云自闲。褰衣随处读碑刻，陟巘扪萝忘险艰。

鸡鸣山转石桥东，地僻名蓝有路通。鸟下龙池春树绿，客投僧舍夕阳红。
般舟竹色娟娟净，华殿金容面面同。两袖清风凌绝顶，凭虚望远思无穷。

尹淳题灵岩寺诗碑

两度行行到上方，晚来借榻赞公房。天开图画连嵩岳，地拥楼台接混港。宝塔旋移秋月影，鹤泉细泛落花香。晨钟百八人深省，听话无生坐石床。

当山住持理然立石

禹城王禄刊

该碑今嵌在长清区灵岩寺千佛殿后墙内。碑长116厘米，高54厘米。诗文行书阴刻22行，满行13字。文中“成华庚寅”为1470年，“壬辰”为1472年。

袁□槁灵岩寺诗碑

成化丙申，观风东鲁，道经灵岩。僧有持都宪薛公之什来看，予遂和之，因笔之以识岁月云。

其一

路僻山纡草木幽，烟霞缥缈洞天秋。飞飞白鹤岩前舞，滴滴甘泉树里流。
物外乾坤方外寺，云边钟鼓月边楼。一襟清思凉如洗，不觉梯飙到上头。

其二

琼崖削壁望中幽，齐鲁分青带远秋。释朗峰头岩尚在，鲁般桥下水空流。
山泉迸石僧遗锡，野鹤惊桴客上楼。极目登临归路晚，笋舆轻度白云头。

山东按察司佥事建昌袁□槁

是岁正月廿六日也

清亭庠生郭瑄书丹

禹城王禄刊

袁□槁灵岩寺诗碑

备注

该碑今嵌在长清区灵岩寺千佛殿西侧碑墙内。碑长120厘米，高50厘米。文头题跋4行，满行10字；诗刻正文楷书阴刻16行，满行8字。文中“成化丙申”为1476年。

孙瑜和灵岩十二景诗刻石

甘露泉

岩畔涓涓彻夜流，为霖曾应下方求。烧来新笋烹新茗，清沁诗脾沆瀣秋。

石龟泉

岩石砻来作巨龟，不将灵应兆稽疑。春泉喷向苍筠苑，入贡先滋笋似锥。

锡杖泉

泉响犹疑卓锡声，法流不断涌来清。滔滔自向厨中去，天意分明似有情。

孙瑜和灵岩十二景诗刻石

白鹤泉

白鹤飞来不记年，却将遗迹号双泉。清风两腋休飞去，汲煮香茶味更全。

……

予每至灵岩，每遍读古今名人诗文石刻，至昔仁钦和尚所咏《十二景诗》，凡若干首，三四读之，慨诸景笔迹之尚存，而斯人不可睹，乃一一和之，留方丈壁间。不意今长老然公诺庵砻石，复求予书，以志永久，遂不辞而书。成化十三年秋七月廿四，乡贡进士济南孙瑜拜手书。

禹城王禄铁笔

此诗碑嵌于长清区灵岩寺方丈院门洞内的东墙上。碑高45厘米，长111厘米、楷体阴刻和宋释仁钦咏"灵岩十二景"诗，其中咏泉诗即上面这四首，其余八首诗略。全碑共36行，满行17字，字径2厘米。诗文后有楷书题跋6行，满行14字。文中"成化十三年"为1477年。

孙瑜（1435—？），字孟修，直隶邢台（今河北邢台）人。治《诗经》。明天顺四年（1460）进士，曾任直隶太平府通判。

蔡晟灵岩寺诗碑

过灵岩寺

睢阳蔡晟

远赍丹诚拯亢焚，暂投名刹息尘纷。巉岩雨过苔生碧，曲径风来草欲薰。甘露有泉龙漱玉，老松摩顶鹤巢云。烦襟涤尽天光发，为写新诗纪所云。

重过灵岩

一抹岚光翠郁纡，灵岩深处隐浮图。路盘蛇虺入林莽，松偃虬龙饮涧须。寂寂僧房登彼岸，茫茫慧海隔迷途。重来独觉心神爽，悟得菩提与道俱。

时成化甲辰中秋之吉

蔡晟灵岩寺诗碑

备注

此碑今嵌在长清区灵岩寺般舟殿遗址东侧墙堰下。碑长93厘米，高53.5厘米。碑刻为横碑，诗刻正文行书阴刻16行，满行9字。文中“成化甲辰”为1484年。蔡晟，明代睢阳（今河南商丘）人，官任济南知府时游灵岩留此二诗。

章忱游灵岩诗碑

游灵岩

泰岳信绵邈，兹山亦盘结。何年抗层构，翚飞镇岩穴。
启扉面重峦，开轩望银阙。混混甘露泉，皎皎冰玉洁。
回瞻极迢递，凌步多曲折。周览尽灵秀，久矣称四绝。
性静形神舒，景胜氛垢灭。高怀自夷旷，对此方洞彻。

弘治己酉十二月望日
赐进士第、承德郎、太仆寺寺丞会稽章忱书
当山住持妙恭立石

章忱游灵岩诗碑

备注

此碑今在长清区灵岩寺天王殿东侧碑林内。碑长79厘米，高48厘米，厚14厘米。碑为横碑，诗文楷书阴刻9行，满行9字。据碑文“开轩望银阙”句可知，《灵岩志》误为“开轩望云阙”。文中“弘治己酉”为1489年。章忱，会稽人，弘治中任太仆寺卿。

邵贤游灵岩寺诗碑

奉和石城李学士先生游灵岩韵五首

重来又值菊花天，约伴登临意豁然。殿簇五华高插汉，泉名双鹤泻成川。
灵岩上耸千寻翠，明孔山虚一镜圆。试问谽谺山下洞，何年鬼斧凿苍烟。

叠嶂层岩窈更深，肩舆日暮上方临。僧留圣迹衣传铁，佛胜庄严像铸金。
山入紫霄飞鸟避，云生古钵伏龙吟。我来听说三生罢，颇觉浮名已息心。

一径修篁古寺幽，良辰好景惬清游。倾樽慢赏黄花节，倚剑长歌碧树秋。
松自僧摩名尚在，齿遗佛迹若为收。徘徊未尽岂临兴，更把新题石上留。

邵贤游灵岩寺诗碑

尽道兹山景趣饶，跻攀宁借片时劳。风传铃铎僧寮迥，云拥香灯佛塔高。
竹荫石床临涧静，萝缘草阁倚崖牢。岩深日暮岚霏重，顿觉寒威袭布袍。

上方台殿势倾危，霜染襭林峰更奇。掬水闻香知胜地，开山卓锡有名师。
龛前宝篆浮金鸭，树底流泉出石龟。试取清泠瀹佳茗，会须七碗涤吾脾。

弘治己未九月四日

赐进士出身、中宪大夫、山东按察副使、奉敕提督学政、前吏部文选员外郎宜兴邵贤书

备注

该碑今立于长清区灵岩寺般舟殿西侧碑林内。碑长81厘米，高41厘米，厚13厘米。诗文行书阴刻22行，满行15字。文中“弘治己未”为1499年。

李贡灵岩寺诗碑

崅崪经颇多，奇秀未有底。径转峰峦合，岩幽烟雾洗。
树古盘长虬，泉流汇清泚。虚窍似钻凿，仆石若拜稽。
龙唇源莫穷，鹤背旌先启。暮作下界游，晨期上方抵。
曹溪岂天竺，钟乳即甘醴。浮图据形胜，阁道峻堂陛。
已分谢簿书，犹复给傅米。潇潇风竹声，兀兀尘埃体。
缅怀平轩兄，不共舫高第。安得缩地来，同食春油荠。

弘治癸亥二月晦日宿灵岩寺，有怀平轩兄不同兹游之胜，因次苏颍滨先生韵以识岁月，且以寄平轩。按察副使西平李贡。

当山住持妙期

李贡灵岩寺诗碑

此碑今在长清区灵岩寺天王殿东侧碑林内。碑长76厘米，高39.5厘米，厚12厘米。碑刻为横碑，碑身左三分之一处有断痕。诗文行书阴刻12行，满行11字，后有小字题跋4行。据碑文“崅崪经颇多”句可知，《灵岩志》误为“崅峄经颇多”。文中“弘治癸亥”为1503年。

陈凤梧灵岩寺诗碑

十五月夜山行至灵岩……

百里山程彻夜行，天公助我月华明。穿林灯影星河动，鸣谷钲声野店惊。齿石粼粼频涉涧，悬崖截截欲题名。灵岩钟鼓三更寺，老衲仓皇出道迎。

登灵岩寺有作

高岩虚静透天光，万籁无声月影凉。千佛阁危凭翠巘，五花殿古识明堂。泉流石窦真甘露，云锁烟萝小洞房。境胜坐来尘虑遣，欲将心性问西方。

玉符千载记方山，传得图澄卓锡缘。佛日岩光初霁雨，辟支塔势欲参天。繁松十里风涛静，立鹤孤泉月影妍。北望少林仝宝地，满山空翠锁云烟。

陈凤梧灵岩寺诗碑

寺中次秦凤山韵

四面峰峦紫翠多，半空台殿出嵯峨。黄龙池杳藏雷雨，狮子岩高翳女萝。
古塔清风双鹤唳，空山明月几樵歌。禅床一宿成清梦，明发东山奈别何。

十八日再至灵岩纪事

恋恋灵岩不能舍，肩舆枉道更重来。山崖踞齿有何见，野径黄花无数开。
明孔横通天一窍，朗公遥接斗三台。老僧指点还亲切，缓步微吟踏翠苔。

隔断红尘第几重，翠□深处杳无钟。凌空梵宇飞丹碧，依壑僧房列蚁封。
壁上珠玑多石刻，泉边龟鹤半仙踪。吾心本是山林客，添得烟霞兴更浓。

正德辛巳秋，予以左辖公出，道经灵岩，历览诸胜。往返得诗若干首，刻之寺中，以纪岁月云。

庐陵静斋陈凤梧书

当山住持了慈立石

备注

此石刻今嵌于长清区灵岩寺般舟殿遗址东侧台基下。碑长141厘米，高60厘米。碑刻为横碑，诗刻正文行书阴刻28行，满行13至15字不等。文中“正德辛巳”为1521年。

陈凤梧（1475—1541），字文鸣，号静斋，明泰和（今江西泰和）人。弘治九年（1496）进士。累官擢右副都御史，正德十六年（1521）十一月至嘉靖二年（1523）八月巡抚山东。著有《静斋奏议》《修辞录》等。

熊相游灵岩寺碑

游灵岩寺记

予在台在蜀时，政有余力，辄招朋携酒，邀游山水间，以消除尘襟，搜访民隐，如六一石湖之□为者。上年，来巡山东，役后然簿书，昏昏然奔走，无复曩时情绪。今年春，首按部泰山，道灵岩寺，宿焉，□寅余姚陈公克宅。偶先在，而佥宪岳州黄公昭道随至。寺僧进曰："连日雨雪，忽尔廓清，山灵岩有望者，不知何以慰之？"予曰："当一游赏尔矣。"乃入，方丈从山麓登石蹬、攀岩萝，盘旋曲折而上，瞠目仰视僧舍，如蜂房累累然于□窦中。磴傍（旁）多古今名刻，不啻数百，或倚于壁，或仆于苔，俱唐人以后者。山腰有甘露泉，涓涓出石隙，四时泠然有声如□磬。掬以煮茗，味色类金焦。昔人引之为井，以汲池，以潴溪涧，以流焉。泉上有会景亭，鸡鸣、朗公、狮像、明孔诸山之景，举会于是。千态万

熊相游灵岩寺碑

□，不可尽名。至是，予亦倦矣，不□能□，颓然倚修竹而寐。二公高兴未已，直抵山巅古洞，□白云、鲁班，泉流若黄龙、白□□□，若香积厨、平岸池、铁袈裟，左棚右龛，石龟□类，□凿虽假于人为，形势实本于天造，□□□台、峨眉亦不多让。二公历历观之，予独坐无聊，适孤鹤立□向亭而长唳，若□□者，□谓之曰："予□山灵之索文者耶。"染笔构思，而二公忽至。陈公曰："如啖蔗然，渐入佳境也。"予不见尔，予乃出此视之。二公曰："尽之矣，何从而知之？"予曰："予胸中亦自有灵岩也。"乃一笑，登车而去。

大明正德庚辰正月，巡按监察御史瑞人台峰熊相书

山东按察司佥事黄昭道立石

此碑今立于长清区灵岩寺千佛殿前。碑高204厘米，宽97.5厘米，厚17厘米。碑刻圭首，额篆题2行、行3字，刻"游灵岩寺之记"六字。碑文楷书阴刻14行，满行33字。文中"大明正德庚辰"为1520年。

弘庵次王都宪前韵诗碑

放情物外云间卧，怪石巉岩如虎坐。四面层峦列翠屏，双双鹤鹿目前过。
晚烟漠漠罩梵宫，岚光冉冉穿碧珑。琉璃宝殿知几许，古洞傍侧有怪松。
西来无限菩提树，山僧住在云深处。绿竹猗猗绕方丈，携手又向东堂去。
来到卧佛甘露泉，僧房户户紧相连。禅门寂静无尘染，光风霁月莹心田。
一区活水灌山竹，源头环抱僧居屋。身在净土上方界，闲观野鸟鸣幽谷。
顿觉超俗话新茶，再整衣冠拜佛牙。拜罢佛牙听经咒，老僧又着锦袈裟。
更有铁袈裟出尘，幻尽人间多少春。纵目四壁留题处，尽是当年今古人。
兴来举盏共宾客，装点名刹一篇说。舒情胜览浑忘倦，四绝灵岩今玩绝。
徘徊吟遍古轩楹，又见红日山色晴。骚人墨客题难尽，无声画里有诗声。
观来观去堪图画，几多吟咏应无价。风和日暖称眺临，试看天光昭上下。

时正德辛巳仲春拾有伍日

皇明鲁藩弘庵次王都宪前韵

弘庵次王都宪前韵诗碑

此碑今在长清区灵岩寺般舟殿遗址西侧碑林内。碑刻为横碑，长87厘米，高70厘米，厚17厘米。碑文楷书阴刻20行，满行14字。文中“正德辛巳”为1521年。

方豪访灵岩寺碑

……大明嘉靖元年三月五日，刑部员外郎衢人方豪被命审录山东刑狱，将之泰安，道经灵岩，回访铁袈裟、石龟、甘露、锡杖、双鹤、黄龙诸泉，天门、朗公、蹲狮、卧象、明孔、鸡鸣诸峰，宋、金、元人诸石刻，得啖椿芽竹笋，浴椒柳桃叶汤，宿方丈，夜起赋诗二首，偶睹宋碣虚其太半，若有待者。略记踪迹，俾后之游者知此岩不欠，方思道云。

首僧悟矿今刊

方豪访灵岩寺碑

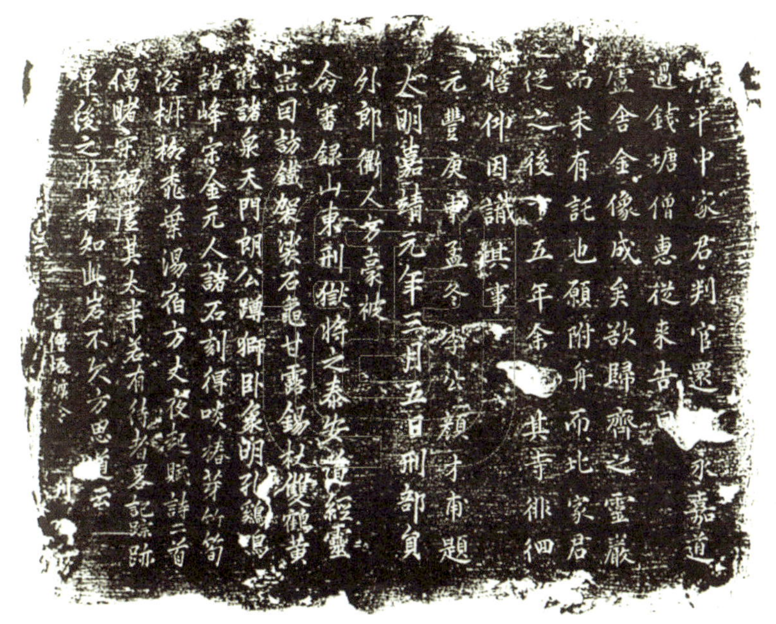
治平中家君判官還[illegible]永嘉道
過錢塘僧惠從來告曰
盧舍金像成矣欲歸齊之靈巖
而來有託也願附舟而北家君
從之後[illegible]五年余[?]其寺徘徊
瞻仰因識其事
元豐庚申孟冬李公顏才甫題
大明嘉靖元年三月五日刑部員
外郎衢人方豪被
命審録山東刑獄將之泰安道經靈
巖因訪鐵袈裟石龜甘露錫杖雙鶴黄
龍諸泉天門朗公蹲獅卧象明孔雞鳴
諸峰宋金元人諸石刻得啖椿芽竹笋
浴排粉飛葉湯宿方丈夜起賦詩二首
偶睹宋碣覆其太半若有待者畧記踪跡
俾後之游者知此岩不欠方思道云

方豪访灵岩寺碑拓片

此碑今嵌在长清区灵岩寺御书阁下门洞内的西墙上。碑长62.5厘米，高49厘米。碑文行书阴刻16行，满行15字，字径2厘米。其中前7行为宋人李公颜金像题记（与泉无关，故略）。因碑面尚余大半，明方豪借所余碑面补刻124字。借前代人所立之碑刻辞多见于明代，此为典型事例，《山左金石志》有载。文中“大明嘉靖元年”为1522年。

方豪（1482—1530），字思道，号棠陵，浙江开化人。明正德三年（1508）进士及第，历任昆山知县、沙河知县、刑部主事。正德十四年（1519），因谏阻武宗南巡，受杖罢官。嘉靖元年，方豪被召回京，复任刑部主事。后奉命赴山东处理积案，到任后阅案卷，兴调查，酌刑罚，昭冤狱，夙兴夜寐，数月积案尽清。灵岩寺内有多处题记出自方豪，均为其赴山东办案时期所题记。

李国纪灵岩寺诗碑

游灵岩寺，次苏颖滨韵，时长清令邹君作主

云岑层叠堆，泉窦深沉底。坐觉烦襟凉，忽令尘虑洗。
静窥鬓若苍，窃喜颡无泚。仰止寸心虚，俯惭双手稽。
仙郎□□游，胜境自谁启。猿鹤声相随，虎龙势欲抵。
饥来食石英，渴甚饮天醴。偶尔访丹丘，恍如登玉陛。
颇能却火烟，不计乏薪□。宦隐固殊情，化生均一体。
引援孰是兄，怂恿我为弟。世味混真元，当忘荼与荠。

铁袈裟

未闻真行者，空见铁袈裟。遗是应非怪，群言未敢夸。
山中飞锡杖，海上泛茅艖。面壁了尘业，传灯读《法华》。

甘泉

活水源头远，灵腴滋味长。甘芳醇若醴，莹洁□于浆。
雪沁单衣薄，风生两腋凉。孤游携短榻，幽赏酌流觞。

双鹤泉

老僧怀石乳，双鹤认云根。导引凭神力，传闻祖俗言。
澄渟清彻底，觱□远分源。流出红尘境，回头半欲浑。

黄龙泉

白鹤泉尤异，黄龙井独幽。出云长日暝，零澍四时秋。

岩穴凉如洗，林峦□欲流。僧房分半榻，岂必觅封侯。

太仆寺寺丞宁都云山子李国纪

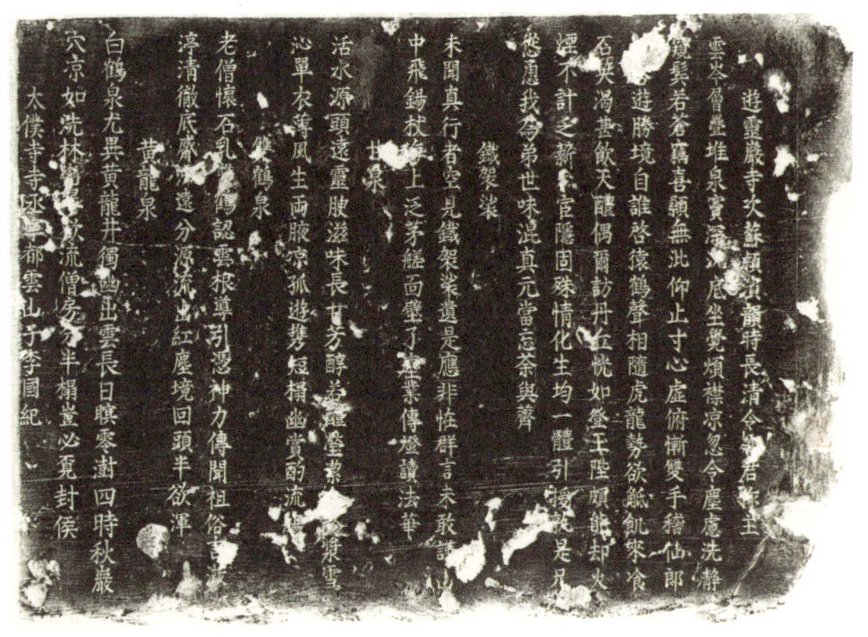

李国纪灵岩寺诗碑

此碑今在长清区灵岩寺方丈院内墙壁之上。碑长100厘米，高64厘米。诗文及落款楷书阴刻20行，满行21字。

李国纪，生卒年不详，字正之，号云山，江西宁都人。明嘉靖元年（1522）经乡荐任顺天府通判，不久升为太仆寺丞、工部员外郎。后来因工作失误而被降为松江府通判。

王应鹏灵岩寺诗碑

将游灵岩，闻圣母南至，雨夜趋长清，宿故山馆。

信息相将动朗公，岂知临发又回骢。秋风绝顶何人据，宵雨长清且道穷。
双节也应随地止，一尊聊与故山同。太平天子慈恩重，敢叹浮踪类转蓬。

游灵岩寺

落日青天迥，登楼面碧峰。片云翻绝壁，疏雨过深松。
塔自空中突，泉于树杪重。吾师如惠远，脱屐即相从。

次鲜于公韵书感

东方使者乘朱毂，使事不理胡碌碌。忆昔青山卧已坚，谁遣鸣驺出空谷。
封书曾达九重天，巨浸满盻无秋田。假令诛求犹未已，不如短壑还清烟。
灵岩老僧诉且揖，云游法子俱无迹。自言生长八十年，今年饥馑允非前。

王应鹏灵岩寺诗碑

椒田千亩亦不熟，唯饮一味甘露泉。闻之惨怅双泪下，古人惠政谁其亚？
悠然独上两高峰，但敞岩扉坐清夜。兹游本欲恬苦辛，宁知逸乐乃闲身。
峰头白鹤有高志，不肯来依岩下人。

别灵岩寺

木叶萧萧下，钟声发翠微。公车从此逝，野鹤向谁依。
风草开山径，霜花拂绣衣。独怜今夜月，犹照竹间扉。

四明王应鹏

备注

此碑今嵌在长清区灵岩寺千佛殿西侧墙内。碑刻为横碑，长138厘米，高48厘米。碑文草书阴刻33行，满行12字。此碑概为王应鹏在山东任职时所题刻。

吴拭题灵岩道场诗碑

灵岩道场

济南郡守吴拭

飞锡道人知几年，青蛇白兔亦茫然。焚香且上五花殿，煮茗更临双鹤泉。
今日别栽庭下柏，当时曾种社中莲。证明佛事真何事，聊策藤枝结胜缘。

明嘉靖戊子春正月望　浙江布政使司左参政天水胡缵宗
户部郎中邑人高奎同登

吴拭题灵岩道场诗碑

此碑今嵌在长清区灵岩寺千佛殿外西侧墙内。碑长76.5厘米，高75厘米。诗刻正文楷书阴刻7行，满行9字，字径6厘米。正文后有跋语1行，计33字。文中“明嘉靖戊子”为1528年。

吴拭，生卒年不详，字去尘，号逋道人，徽州府休宁（今安徽休宁）人。好读书鼓琴，性豪纵，轻财结客，好游名山水，曾从曹学佺自楚至黔。晚年落魄，卒于常熟。为诗清古澹隽，工书画，制墨及漆器精妙，人争宝之。

李收灵岩寺诗碑

尘世驰驱七日回，冲寒冒雨觅蓬莱。岩头古寺穿云出，山下澄泉逐殿开。客至不妨飞锡乌，龙归惯识讲经台。诸天胜概多文藻，惭愧疏愚句漫裁。谒监司回□过灵岩，时阴雨霏霏，策马而□，聊赋此以识岁月云。

嘉靖八年夏六月念（廿）八日　知泰安州事任丘石庵李收书

付了常刊

此碑今嵌在长清区灵岩寺千佛殿后墙内。碑长62厘米，高50厘米。诗文行书阴刻7行，满行8字。诗文后有题跋3行，满行16字。文中“嘉靖八年”为1529年。

李收灵岩寺诗碑

张邦教灵岩寺诗碑

双鹤泉

双鹤何年翥，双池只宛然。僧斟瓢底月，龙□镜中天。
澄彻心无翳，渊流法有传。老禅浑解此，结屋傍漪涟。

甘露泉

山下出寒泉，甃池不记年。澌澌分缕细，□□溅珠圆。
清派供斋爨，余波被野田。佳名良不误，入口宿痾痊。

明嘉靖十五年岁在丙申秋八月之吉
赐进士山东按察司整饬临清兵备副使河中张邦教书

张邦教灵岩寺诗碑

备注

此碑今嵌于长清区灵岩寺柏事如意树台基下。碑长95厘米，高50厘米，厚11厘米。碑刻为横碑，诗文行书阴刻23行，满行18字。原碑共有五言律诗6首，《灵岩寺二首》《铁袈裟》《石龟》诗略。文中“明嘉靖十五年”为1536年。

刘焘宿灵岩寺诗碑

宿灵岩寺

梵宫经岱野，塔盖拂空林。栋宇丹青古，松杉岁月深。
一径通岩曲，三泉涌地阴。法轮空想像，抚影不成吟。
……

嘉靖辛丑夏六月八日识

此碑今嵌在长清区灵岩寺千佛殿后墙内。碑长123厘米，高64厘米。诗文行草书阴刻21行，满行10字。全碑共镌诗4首，今录其一。文中“嘉靖辛丑”为1541年。

刘焘宿灵岩寺诗碑

郑芸灵岩寺和苏韵诗碑

登灵岩寺，和苏韵

灵境迥通天，禅心清彻底。法经蛇虎驯，身世云霞洗。
双鹤锡随飞，万古泉自泚。驱召自晋唐，远近时拜稽。
香阁藏御书，神龙护珍启。狮子横空眠，石羊如群抵。
列代蠲税租，祷祀足斋醴。金灯照日岩，铁袈镇山陛。
六月余雪冰，四时有菰米。僧颂梵王经，座坦梵王体。
记尽张尉君，诗称苏兄弟。安得从斯游，采药辩荼荠。

嘉靖甲辰至前巡按御史郑芸

此碑今嵌在长清区灵岩寺北墙外约40米的石壁上。碑长200厘米，高100厘米。诗文楷书阴刻16行，满行9字，字径8厘米。文中“嘉靖甲辰”为1544年。

郑芸灵岩寺和苏韵诗碑

“活水源头”石刻

活水源头

嘉靖戊申季春朔

山东巡抚彭黯书

“活水源头”石刻

此题刻在长清区灵岩寺东北约500米甘露泉稍西石壁上。石刻高98厘米，长226厘米。“活水源头”四字横列一行，字径45厘米，楷书。文中“嘉靖戊申”为1548年。

彭黯，生卒年不详，字道显，江西安福县人。明嘉靖二年（1523）进士，授礼部主事，历任兵部右侍郎，巡抚应天，总理江南税粮等职。嘉靖二十六年（1547）始任山东巡抚。

王文翰游灵岩寺诗碑

癸丑冬日游灵岩寺三首

山门曲曲进还幽，灵处全生岩下头。
双鹤去时泉涌出，一松回向记刊留。
隋唐表刹惟惟胜，造化元盟许我游。
笑饮椒清宿兰若，无生试问远公求。

兴来乘夜欲看山，前许僧行旋引攀。
登处只知从此上，归时不识自渠还。
翠微方丈传灯见，古洞双门对石关。
树杪楼岑星汉合，忽荒疑已出人间。

寥落寒冬趣有余，物华春夏更何如。
凌霜老柏山鸦度，映日残椒野牧除。
水过祇园浴佛了，钟鸣阿阁饭僧初。
万缘顿觉归空寂，启藏寻看古译书。

赐进士第、承德郎、南京刑部浙江清吏司主事蒙茌山人王文翰书

该碑今在长清区灵岩寺千佛殿前西侧。碑高186厘米，宽82厘米，厚23厘米。碑文行草阴刻12行，满行21字。题诗之人或为嘉靖二十九年（1550）进士王文翰，嘉靖癸丑年（1553）曾任寿光知县。但此王文翰为山西汾州人，与诗碑中所刻“蒙茌山人王文翰”不合。姑录此碑，留待方家来日再考。

王文翰游灵岩寺诗碑

徐中行、王之纲游灵岩寺诗碑

游灵岩寺二首

息驾逢初地，挥毫及早春。铁围藏委折，银壁削嶙峋。
秀自分东岱，开应得化人。莲奇仍类岳，松古似经秦。
壑悟移舟异，泉知卓锡神。笑参金粟佛，敢谓是前身。
其一

列岫围丹壑，诸天出翠微。云霞明客路，薜荔暗禅扉。
御墨金为榜，神僧铁作衣。塔窥清汉上，钟袅白云飞。

徐中行、王之纲游灵岩寺诗碑

挥尘深玄理，忘筌子息机。乍如逢慧远，日暮憺忘归。

其二

万历改元春正月十有三日，吴兴徐中行书

长清县知县刘启汉立石

碑阴：

游灵岩寺二首

每依岱岳瞻灵扃，今日冲风始纵颜。虬干几年巢二鹤，琼浆此处透三关。

碑传颉籀蜗文旧，洞锁烟霞石鼎寒。漫向老僧询出处，夜深一榻白云间。

其一

宝刹名山万户开，五花飞阁耸崔嵬。铁衣应有神僧护，石井空劳野鹤回。

紫气蒸腾分岱岳，白云翔绕自蓬莱。几从仙客凭虚赏，谁拾崖椒泛玉杯。

其二

万历癸酉□日内史……

此碑今在长清区灵岩寺天王殿东侧碑林中。碑高246厘米，宽100厘米，厚33厘米。碑刻圆首方趺，诗文行书阴刻10行，满行18字，字径10厘米。文中“万历改元”“万历癸酉”均为1573年。

徐中行（1517—1578），字子舆，亦作子与，号龙湾、天目山人，湖州长兴人。明嘉靖二十九年（1550）进士，曾任山东按察司副使。与李攀龙、王世贞、谢榛、宗臣、梁有誉、吴国伦并称明“后七子”。碑阴诗刻乃明万历间翰林学士王之纲《游灵岩寺二首》。

陈文烛灵岩寺诗碑

游灵岩寺　有序

寺盖在泰岳西北云，群山拥翼，栋宇连云，掣空干霄，莫可名状。唐人纂《十道图》，乃比于栖霞、国青、玉泉，为宇内四绝。余得游焉，真一适也。次王元美十二韵。

名刹高岩里，遗碑古道傍。岱宗看未了，宝塔见还藏。
白兔惊神异，青蛇事渺茫。朗公曾过鲁，初祖盛于唐。
锡杖泉留月，袈裟铁自霜。潜龙应解脱，幽鹤任飞扬。
取水真甘露，寻溪得异香。茶椒供佛座，梧竹满僧房。
海日悬精舍，慈云护法堂。鹊巢千树顶，鹤绕五花廊。
牵木游偏好，披衣卧不妨。偶来依净土，倏尔又河梁。

万历戊寅冬日五岳山人沔阳陈文烛撰

……

该碑今立于长清区灵岩寺般舟殿西侧碑林内。碑长137厘米，高76.5厘米，厚17厘米。诗文行草书阴刻15行，满行15字。文中“万历戊寅”为1578年。陈文烛诗后有万历辛卯（1591）四月蜀人杨芳题跋一则，文略。

陈文烛（1525—？），字玉叔，湖北沔阳人。明嘉靖四十五年（1566）进士，授大理寺评事，后历官淮安知府、四川提学副使、山东左参政、南京大理寺卿。著有《二酉园诗集》。

陈文烛灵岩寺诗碑

淮南彭梦祖诗碑

游灵岩寺二首

四面岧峣锁上方，飘来黄叶绕衣裳。空山击鼓鹤飞去，惟有泉声到竹房。

其一

野草西风石路幽，半岩红树与云浮。偶来系马招提境，花裹经声何处楼。

其二

丙戌初冬日淮南彭梦祖书

淮南彭梦祖诗碑

此碑今立于长清区灵岩寺般舟殿西侧碑林内。碑刻为横碑，长65.5厘米，高34.5厘米，厚15厘米。碑文行书阴刻10行，满行7字。文中“丙戌”为1586年。

彭梦祖，生卒年不详，字应寿，号岐阳，安徽全椒人。明万历八年（1580）进士，授户部主事，累迁浙江台绍副使。

徐琳等游灵岩寺诗碑

游灵岩寺

朗公飞锡处，双鹤尚回还。十里松声远，三生塔影圆。
檐牙攒碧嶂，洞口泻寒泉。手泽灵碑古，相看涕泗涟。

华亭徐琳

不识灵岩胜，今来大刹游。泉空双鹤杳，洞古风云浮。
问此清阴合，攀萝积翠收。朗公虽去久，吾辈且淹留。

吴会周衢南

何年古刹傍层台，握手来游亦壮哉。僧定禅林修竹里，钟残梵宇白云隈。
千寻石室孤峰合，一井寒泉双鹤回。慢道朗公今在否，西风落日且傍杯。

华亭朱明时

徐琳等游灵岩寺诗碑

杖履逢花落，招提已暮春。王孙来避俗，芳草自怜人。
飞雪泉光白，斜阳山色新。远公吾所好，结社顾相亲。

济南光庐
万历庚寅春三月既望
周道南书
吴门杨仁刻
万历乙未清源汪大年游

此碑今嵌于长清区灵岩寺柏事如意树台基下。碑刻为横碑，长107厘米，高36厘米。诗文行书阴刻22行，满行10字。碑末所题“万历乙未清源汪大年游”，当为后镌。文中“万历庚寅”为1590年，“万历乙未”为1595年。

张鹤鸣探虎泉诗碑

灵岩探虎泉

翠霭灵岩壑，怜幽独虎泉。石盘青玉磴，壁破紫霞烟。
喧鸽落云窦，盘松自宋年。前峰月上好，欲就锦苔眠。

同马诚所夜寻泉岩

灵岩相约去，并马乱山行。岚气蒸春变，烧痕半绿生。
云涌前涧没，炬起幽峰明。攀跻忧乘兴，讵贪吏隐名。

平舆张鹤鸣书

此碑今在长清区灵岩寺般舟殿遗址西碑林内。碑长62厘米，高35厘米，厚16厘米。诗文行书阴刻13行，满行9字。

张鹤鸣（1551—1635），字元平，号凤皋，南直隶颍州（今安徽阜南县）人。明万历二十年（1592）进士，授官历城知县，历任南京兵部主事、陕西右布政使、贵州巡抚、兵部尚书等职。此诗当是他任历城知县时所题。

张鹤鸣探虎泉诗碑

张鹤鸣灵岩寺诗碑

灵岩过公严面壁斋，公严遣人供酒，壁挂素琴，为一再鼓，爰赋二律寄兴。

面壁斋头山色好，山中卜宅足逍遥。丹禽自绕千株树，碧涧回分几石桥。
洞里清泉堪煮茗，松间明月待吹箫。主人不到空乘兴，一曲潇湘酒一瓢。

又

壁上瑶琴床上书，刘郎真个爱山居。纸窗迸竹云初碎，石屋鸣泉玉不如。
为羡灵岩增胜地，愿分甘露结吾庐。随君也着登临屐，千树梅花手自锄。

张鹤鸣灵岩寺诗碑

备注

该碑今嵌于长清区灵岩寺御书阁前石墙内。碑刻为横碑，长76.5厘米，高35厘米。诗文前有题记一则，行书阴刻4行，满行8字。诗刻正文行书15行，满行9字。因碑刻残缺，落款及年代不详。

张五典灵岩山景诗碑

不到灵岩处，那知鹤引泉。山□□真僧，苍松不记年。
青竹映□榻，佛像傍人间。池□□昼夜，登甑说灵岩。

□□□□六年四月孟夏吉日立
见任江西副使张五典题灵岩山景

张五典灵岩山景诗碑

此碑今嵌于长清区灵岩寺大雄宝殿东墙。

张五典（1555—1626），字和衷，号海虹，山西沁水县人。明万历二十年（1592）进士，与张鹤鸣为同年。万历三十三年（1605）任山东布政司参议分巡济南道。在此期间，张五典利用政务闲暇，设计了一种测量仪，实地勘察泰山高度。万历三十九年（1611），张五典通过对4300多个测量点进行测量，成功地测量出“泰山的坡距里程为十四里又八十余步，泰山的垂直高度为368.34丈”。张五典圆满完成测量后，撰有《泰山道里记》，该书传世至今。据《明神宗实录》记载，万历四十七年（1619）升江西副使张五典为四川参政，故碑中“□□□□六年”，当为万历四十六年（1618）。

张五典诗刻前后，还镌有天启元年（1621）大明国山东兖州府济宁州、河南彰德府安阳县善人题名，当是后刻，且与泉无关，故略。

王元翰题诗碑

明万历已酉夏日，仝山人王九陵僧雅□□岱岳之游，因过灵岩寺一宿。

益信兹山果不俦，巨灵分劈自春秋。云归绝壁岩飞动，鹤去双泉水咽流。草木浑无尘俗气，碣碑多自晋唐留。朗公说法千年后，怪石嵯峨尚点头。

未了居士王元翰书

王元翰题诗碑

备注

此碑位于长清区灵岩寺方丈院内。碑长120厘米，高70厘米。诗文行书阴刻13行，满行8字，字径6厘米。文中“明万历己酉”为1609年。

王元翰（1565—1633），字伯举，号聚洲，世为南直凤阳人。明万历二十九年（1601）进士，选庶吉士。万历三十四年（1606）改吏科给事中。以敢言闻名，当时奸宦魏忠贤专权，遂遭罢免。

吕维祺游灵岩寺诗碑

游灵岩寺

参天玉笋两三峰，山寺客来敲晚钟。云渡法泉飞白鹤，松蟠古洞啸青龙。僧房半锁寒岩月，塔影斜悬锡杖踪。铁铸袈裟穿不得，始知无色是真宗。

登绝顶眺望

胜游诗酒兴初饶，临睡还疑倚玉霄。古碣诗文半唐汉，老松蝉雀杂笙箫。泉溶石液如甘露，径接苔岩有断桥。涤尽烦嚣闲此日，望中归路白云遥。

……

吕维祺游灵岩寺诗碑

同长清傅明府游甘露泉

尚方飞锡处，石乳细无声。佛座来甘露，仙风落玉茎。
老龙时漱雨，寒茗不因烹。亭畔流觞罢，一瓯尘肺清。

又

峰头僧样瘦，泉液露般清。石孔流山髓，松根涌地精。
此间无世味，何处着尘情。坐吸疑食月，行吟欲濯缨。
……

万历甲寅夏季新安吕维祺元介父题

此碑今在长清区灵岩寺般舟殿遗址西侧碑林内。碑刻为横碑，长123.5厘米，高65.5厘米，厚16厘米。碑文行书阴刻34行，满行14字。共镌诗7首，今录其4首，余略。文中“万历甲寅”为1614年。

吕维祺题甘露泉诗碑

同长清傅明府饮甘露泉二首

上方飞锡处，寒峭郁泉声。法座源头迴，芳游世味轻。
雨余岭气爽，亭畔树烟横。徙倚流觞罢，一瓯尘肺清。
……

万历甲寅季夏新安吕维祺元介父题

该碑今在长清区灵岩寺般舟殿遗址西侧碑林内。碑刻为横碑，长126厘米，高60厘米，厚20厘米。碑文行书阴刻16行，满行11字。共镌诗3首，其中一首题郎公石（略），一首题甘露泉诗，与上碑相同（略）。文中“万历甲寅”为1614年。

吕维祺题甘露泉诗碑

张应徵灵岩寺诗碑

灵岩开辟几经秋，六祖西来荆棘收。鹤引甘泉飞锡住，虎驼法藏钵衣留。
争传面壁云生笠，却忆谈经石点头。谁道空门空一切，袈裟片铁涌山□。

怅别灵山廿七年，重来扪葛破苍烟。岩如著意增新翠，□若含情谱旧弦。
桧老倚云巢野鹤，崖空绝壁挂寒泉。跻攀竟日分僧榻，竹韵松涛落枕边。

予万历庚戌岁从先君任平阴时，曾习静寺中，迄今已廿七年。□崇祯甲戌一官□麓，感念日游□□山□皆□未□登，丙子仲夏始□学传□□□绪□□□□宿重□□□之胜□穷岩壑之美□□□□□□□俚言，以□不忘。

淮南张应徵书于□□亭

张应徵灵岩寺诗碑

备注

此碑今嵌于长清区灵岩寺大雄宝殿东山墙外。碑长123厘米，高48厘米。除诗刻外，碑刻空白处还镌有清顺治、康熙年间朝山进香善人题名两则。文中“万历庚戌”为1610年，“崇祯甲戌”为1634年，“丙子”为1636年。

重修灵岩寺卧佛殿碑

粤以佛法东来，始自汉明。迄□唐宋以来，梵刹星罗，名蓝列布，寰中□胜境净居佛地。其教也劝善惩恶，贤愚皆识依归。其宗也净虑摄心，贫□尽知信向。□谓“至道无为而化，永翊皇猷”者也。兹东齐泰岱西北之麓有灵岩寺，翠微环抱，甘露渟流，诚海内之奇观也。寺有卧佛殿，建立年久，圮坏不堪，金像浅澹，瞻依无光。今蒙亲藩德国主驾幸山场，大展仁慈，施资重建，令遣信官萧忠督管修理。工已告成，焕然一新，金像巍巍，愈增炽盛。其功其德行于千千秋，荫洪福于万世，庶生民有赖，利益□穷。谨此勒珉，传所未闻。是为记。

重修灵岩寺卧佛殿碑

时崇祯七年岁次癸酉仲秋中旬吉日

备注

此碑今在长清区灵岩寺墓塔林北墙外50米卧佛殿遗址内。碑高141厘米，宽74厘米。碑额楷书题“令旨”二字，字径7.5厘米。碑刻正文楷书阴刻12行，满行23字，字径3厘米。文中“崇祯七年”为1634年。

沈正宗登灵岩山诗碑

护德藩登灵岩山一首

奉驾来游绝胜缘，如屏苍壁隐诸天。模糊驯虎驮经谷，寂寞开山雨法筵。剩有鹤泉随杖锡，空余班洞锁云烟。朗公石在头应点，为问袈裟铁何穿。

山东……道按察司佥事沈正宗……

崇祯拾壹年……季春吉旦

沈正宗登灵岩山诗碑

备注

此碑今嵌于长清区灵岩寺柏事如意树台基下。碑为横碑，长71.5厘米，高51厘米。碑文为草书书写，漫漶严重，几乎无法辨认。诗文据旧志补齐。文中“崇祯拾壹年”为1638年。

沈正宗，生卒年不详，字因仲，江苏吴江人。明万历三十五年（1607）进士，授工部主事，转员外郎。万历三十九年（1611）京察，以浮躁降调。后补浙江布政司理问，未赴。转兵部主事。天启忤党削籍。崇祯初，配补故官，历山东按察司佥事，河南大梁道参议。后任清军道佥事。

李士久灵岩寺诗碑

灵岩寺

大梁李士久

鹫岭千盘上，龙宫百代传。藤萝开福地，楼阁耸诸天。
巉凿神功大，幽栖异境偏。法云流曲洞，花雨散层巅。
塔影群峰落，钟声万壑连。莹心浮海月，摩顶结松烟。
白鹤旋空界，黄龙绕梵筵。钟灵元有窟，启圣已非年。
藓蚀袈裟铁，云飞锡杖泉。林香含白露，竹色映青莲。
玉镜霞同照，金灯日并悬。精蓝邻岱岳，虚白射齐川。
绝域超三障，尘笼破十缠。登高惭作赋，习静稍通缘。
彼岸元无极，吾生自有全。玄关今不印，明解有先禅。

李士久灵岩寺诗碑

该碑今在长清区灵岩寺般舟殿遗址东侧石堰内。碑长94.5厘米，高50.5厘米。诗文行草书阴刻19行，满行8至10字不等。

乾隆卓锡泉诗碑

杖锡原从天竺来，适然小驻此崔嵬。六通得谓神奇矣，四句金刚可识哉？

甲辰仲春月上浣御题

乾隆卓锡泉诗碑之一

泉临卓锡一亭幽，万壑千岩景毕收。最喜东南缥缈处，澄公常共朗公游。

丁丑春题卓锡泉御笔

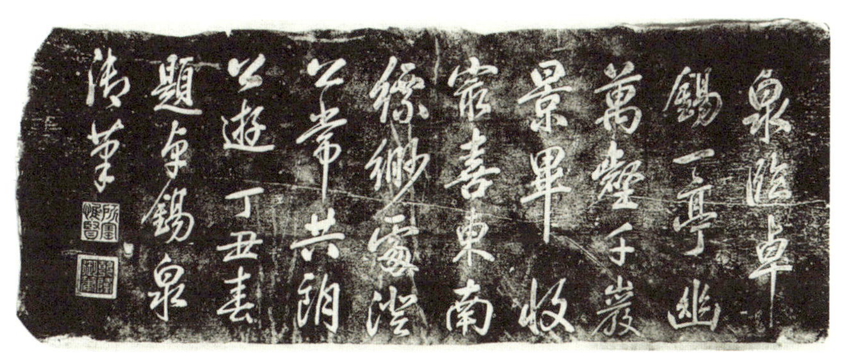

乾隆卓锡泉诗碑之二

卓锡犹传经佛图，六神通越世间无。虽然更有欲咨者，四句金刚亦识乎？

庚子新正下浣御题

乾隆卓锡泉诗碑之三

古寺礼灵岩，春泉憩卓锡。泉上自有亭，左倚千寻壁。
松盖密密张，乳窦淙淙滴。眉目于焉朗，心神一以涤。
志乘谁所作，咄咄夸妙迹。锡如能昭昭，泉即所历历。
便实有其事，临济与棒吃。

壬午新正泉上作御笔

乾隆卓锡泉诗碑之四

卓锡休论今有无，实边名在两非孤。试观树石丹青者，尽是雪溪礼佛图。

丙申暮春月中浣御题

乾隆卓锡泉诗碑之五

乾隆帝题卓锡泉的诗刻石共5方，嵌于长清区灵岩寺千佛殿东侧卓锡泉上方岩壁上，自东向西依次为上述5首诗。文中“甲辰”为1784年，“丁丑”为1757年，“庚子”为1780年，“壬午”为1762年，“丙申”为1726年。

此外，在卓锡泉旁石壁上，有篆书“卓锡泉”泉名题刻，三字横列一行，字径25厘米，书者不详。石刻长80厘米，高40厘米。除“卓锡泉”泉名题刻外，今灵岩寺饮虎池、上方泉等名泉旁崖壁上均有泉名题刻，字迹颇古，刻石年代不详。

乾隆四题灵岩八景碑

甘露亭

四柱虚亭俯石泉，法王甘露法如然。所欣恒在山中住，不向人间诩瑞编。

辛卯仲□下瀚御题

此碑嵌于长清区灵岩寺甘露泉旁的崖壁上，今已残毁为数块，砌于泉池内。此诗乃乾隆皇帝“四题灵岩八景”之一，余略。文中“辛卯”为1771年。

乾隆四题灵岩八景碑

王秉鉴题白鹤泉石刻

乾隆己亥秋日

白鹤泉

河间王秉鉴书

王秉鉴题白鹤泉石刻

备注

此石刻镌于长清区灵岩寺院内东侧白鹤泉旁石壁上。石刻长81厘米，高42厘米。“白鹤泉”三字横列一行，字径25厘米，行书。文中“乾隆己亥”为1779年。

乾隆题甘露泉碑

甘露泉

乾隆御笔（方印）

乾隆题甘露泉碑

备注

此碑嵌在长清区灵岩寺甘露泉水池旁石壁上。碑长130厘米，高56厘米。“甘露泉”三字阴刻横一行，字径36厘米，行书。据考，此碑刻于乾隆四十五年（1780）。

乾隆题甘露亭诗碑

（碑阳一首）

甘露泉头甘露亭，瀹泉洗钵茁莲青。
无端津逮阇黎口，说法犹当字字馨。

（碑侧一首）

小亭泉上俯石窦，甘露为名乐泌洋。
不涉世间称瑞事，皇山应笑米襄阳。

庚子新正下浣御题

乾隆题甘露亭诗碑

备注

该碑原立于长清区灵岩寺甘露泉稍下水池旁，今废为石料，砌在水池东沿上。碑高80厘米，宽约60厘米，厚24厘米。此诗乃乾隆皇帝“六题灵岩八景”诗中的一首。《泰山道里记》记载，碑阳、碑阴及两侧各刻诗一首，共刻诗4首，今仅存碑阳一首的首行和碑侧一首，其余全埋入墙内。碑阳原刻诗文6行，满行6字，字径9厘米，行书，今仅存首行6字；碑侧诗文4行，满行12字，字行4厘米，行书。文中“庚子”为1780年。

重修龙泉观碑

重修龙泉观记

重修龙泉观碑

齐省之离，许而百里，有一避谷之岚，乃德藩贡新之场，地名曰“凰开之峪”。其境千峰耸翠，万派潺湲，松乔古木，异芝苍藤，东连岱岳，西拒灵岩，南接长城之岭，北依黑山之寨，中有一塌，堪为慕道之处。有□祖李道德遨游至此忽朝，龙腾东岩，随涌其泉；凤鸣西岭，万禽来宾。前有鹿□，后有鹤鸣。水滩崖畔，露一石碣，号曰“龙泉观”也。李公见而欣然，随（遂）营一殿，感乃神功协力，□善相持。殿宇巍峨，内塑昊天上帝，左右真人，四圣天君，金碧晃耀，王相俨然。而校（较）之于昔，卑者以崇，狭者以广，则而高明舒畅，灵妥神安，此观增重而矣。李公道备果圆羽化者也。比有二徒，曰“□崇屸”“张崇云”，况石公归隐于终南，遗徒子之数人，坚操焚修，历久殿倾，萧条而然。惟崇云复葺较新，蒙十方施财之功，而未镌于万载。且玄徒杨教和思之，恐废于前功也，将勒石以题贤用，扬名于永代，如地削芙蓉，托仙风而炫彩；若海现珠而逢化日，是为盈耀光辉者也。值与五岳同灵，四渎同润，三元同照，万化同归。恭惟昊天至尊，生乎无极之先统乎？万圣之尊也，神□安矣。善恶昭彰，则神奠永安，人获永锡。俾重建之功而不泯灭焉，可书万载不息也，此之岁月云耳。

德府管山场官：李良、杨茂

管山场旗校：康文奎、袁隆、刘聪、赵江

杨教和立石

玄门后学：陈永□书丹

铁笔：刘祯、贺章、王得成

时嘉靖贰拾伍年岁次丙午十月初十日立

该碑今在长清区万德街道黄豆峪村东合龙寺大雄宝殿西侧山根石堰下。碑高149厘米，宽74厘米，厚15厘米。碑刻圆首，碑额双钩刻竖题两行“重修龙泉观记”六字。碑文楷书阴刻13行，满行32字。黄豆峪中今有新修建的合龙寺，古时为龙泉观。文中“嘉靖贰拾伍年”为1546年。

宋家园石庙碑

石庙碑记

龙王神，司天下之水权也。雨泽之施，莫不赖焉。崇其庙貌，肃其烝尝，谁谓不宜？且□后有一湾，求而必应。但名传奕祀，不知始于何代。遥想当日庙貌整齐，四方□观。日前墙垣损坏，规模泯于无迹，睹之者莫不曰：“此堂也，有名而无实也。”所□□庄常习周发一善念，妆修石像；杨门孙氏宋有才等募化，合庄创制石庙，虽非庀材鸠□大观，而堂之名庶几其不虚矣，龙王神庶几其有归矣，风调雨顺□庶几□。特立石以志之。

宋家园石庙碑

阳邱邑庠生王称才撰书

铁笔：常习周

乾隆十八年岁次癸酉三月吉

此碑今嵌于长清区万德街道裴家园村宋家园龙王庙旁的小石屋北墙内。碑刻下端没入土中，碑刻地上部分高127厘米，宽59厘米。碑额篆书竖题两行“永传不朽”四字。碑文行书阴刻6行，满行字数不详。碑文中所载“后有一湾”应即后来的龙潭。龙潭为《济南市名泉名录》所收录之泉。文中“乾隆十八年”为1753年。

光绪重修龙王庙碑

重修龙王庙碑记

山不在高，有仙则名；水不在深，有龙则灵。山水精英之气，未有不效其灵者也。如吾乡石都庄西，旧有龙王庙一座，前有龙山，后有龙潭。山虽不高，而以龙名；潭虽不深，而以龙称。如遇岁旱，祈祷□于影响，自古及今，莫不应焉。庙东有□杨树一株，被烈风所拔，辨价若干。合庄公议，皆欲植松柏于山上，以为庇□；修墙壁于庙前，以壮观瞻也。树价虽无余，而鸠工亦告竣矣。至□□于树之数目、山之四至，亦皆开列于后，以示后世，永垂不休云尔。

柏树三百株，均栽龙山北面，下至□□孙长禄，柏树许在不许坏。

领袖人（题名略）

介宾王子芳书丹

王九峰施瓦片

石工王昌荣

大清光绪叁拾一年岁次乙巳己卯月初八日合庄公立

此碑今嵌于长清区万德街道裴家园村宋家园龙王庙院墙内。碑高93.5厘米，宽45厘米。碑刻圭首，额横题“万古流芳”四字。碑文楷书阴刻7行，满行30字。石都庄西北山峪中有龙王小庙一座，前为龙山，庙后为龙潭。文中“大清光绪叁拾一年”为1905年。

光绪重修龙王庙碑

宣统重修龙王庙碑

间尝举步郊外，其庄西诸山，望之蔚然而深秀者，龙山也。山之隆，松柏苍苍，临于溪北者，龙王庙也。庙虽微而固，然无墙以蔽风尘，游者惜之。幸宋君鸿汉等卖庙树一株，积钱若干，修立四壁，业已严然，犹恐有失，又将社中余钱伍十千四佰，鸠工治石，以为墙帽，非壮观瞻，敬神明也。工竣，求予为文，遂不辞濡笔而为之记。

儒士王春第撰书

善人（题名略）

石工：王昌荣

宣统四年桃月初四日穀旦立

宣统重修龙王庙碑

该碑今嵌于长清区万德街道裴家园村龙王庙院墙内。碑刻为横碑，长61.5厘米，高42厘米。碑文楷书阴刻11行，满行12字。立碑之时，清宣统帝已退位，估计此处因地处偏远，村民尚不知晓，故仍沿用宣统纪年。文中“宣统四年”为1913年。

重修晓露泉碑

重修晓露泉记

是年囊云岭栽柏树若干株

岱阴名山，惟灵岩为最著。灵岩之北，两逾岭有季家峪焉。是峪也，奇峰环拱，屏开千仞，屋宇在隐现中。其自东而绵亘于北者，曰“囊云岭”，林峦苍秀，鸟语花香。岭之足曲遥通幽，其潺湲而泻出于石窦之间者，晓露泉也。不意代远年湮，补缀阙如，土人因而葺之，一以壮来往之观瞻，一以便乡邻之汲取也。爰镌琳琅，以告后之有志者。

镐亭有繁武撰

次侯杨寿亭书

领袖（题名略）

大清同治贰年岁次癸亥季春上浣穀旦立

备注

该碑今立于晓露泉古柏树下洞口南侧。碑高111厘米，宽49厘米，厚24.5厘米。碑刻圭首，碑文楷书阴刻6行，满行23字。碑额镌有篆书“万古流芳”四字。文中“大清同治贰年”为1863年。

晓露泉位于长清区张夏街道积家峪村东北山崖下，相传因泉水由晨露凝聚而成得名。晓露泉是当代济南“新七十二名泉”之一。泉水从洞内石缝中汇入洞内一井中，洞上方依傍悬崖。晓露泉是从山脚下一大石棚的石缝流出的，泉水常年不竭。过去，全村人就吃这晓露泉的水。古人在泉洞之外修砌石拱门，拱门之上有千年古柏一株。

重修晓露泉碑

东程官庄重修井碑

重修井记

天下事，作之者难，继之者亦不易。吾乡有井，固吾乡所赖以生活者也，亦不知始于何年，创于何人，但考碑文所载，康熙拾陆年被水冲坏，十七年重修。泉水甚旺，取之不尽，吾乡以为万世永赖矣。不料，道光二十年六月二十二日，大水滔天，墙垣屋宇，多被漂荡，而吾乡所赖以生活之区陷为坑坎。乡人于此甚难堪矣，不修而取汲不便，欲修而财用不给，况人心难齐，众口不已，孰能当此任哉？有李大勇，虽无学识，而敢于有为，目激时事，奋然毅然，遍约乡人，共议修井。于是捐资准乎地亩，出夫论乎人口。富者粜卖粟米，贫者典当衣衾，鸠工运石，甃井无咎。是可知继者之不易，无殊于作者之难也。故勒碑石，以为后之居是乡者告。

生员李湘撰文并书

首事人（题名略）

铁笔：马作柱、马士平、张守贵

皇清道光贰拾壹年季春上旬立

该碑今立于长清区万德街道程官庄东村东首古井台旁。碑高145厘米，宽64厘米，厚22.5厘米，座高36.5厘米。碑刻平首，额横题“重修井记”四字。碑文楷书阴刻8行，满行34字。文中“皇清道光贰拾壹年”为1841年。

东程官庄重修井碑

重修四禅寺下院双泉碑

重修四禅寺下院双泉记

清邑之张夏，去城五十里。其东有通明山，叠嶂排峰，如凤翥五峙。望之则自岱岳分来，北第一峰，昂岩间有窟，明通朝阳下山腰石眼中，双泉并涌，汇为方池。旧有僧榻在其中，沿以岁久，圮废不□，只见白云锁涧水而已。有四禅一老僧洪亮号彻空者，率其徒深禄、深荣修葺以居，草□之□，即有庠生杜子芝、袁子可继、李子润来读书焉。盖以山之灵异、庵之幽雅，可以藏修玩乐也。迄今师徒渐次芟辟，即山中伐木为材，断石为垒，乃于北台上建佛殿，东泉建佛阁。工成，僧以记请。余观山之泉，其甘足以悦口；山之石，其奇足以娱目；山之林木，其清荫足以伴□悠游，自非巨人高出风尘之上者，鲜□识此为真境也。亮也禅寂，久超物外，以四禅之居杂冗，而择栖于斯，类非凡何比也。是故其修是庵也，精诚方聚于一念，而意气已速于群生；功果缘兴于伊始，而香火已遍于四方。山之下各村男女，或争捐财，或争效力，或结社供岁祀。以至南之泰安、北之禹城，亦无不感其德而愿输

重修四禅寺下院双泉碑

者。由是工之兴也勃然，其成也灵然。殿阁华彩，栋宇翚飞，黝垩丹漆，森严巍焕；而金像之安于其上者，辉辉煌煌，若临无地。则其上护国家，下佑生民，而冥冥之福宁有穷乎哉？虽然僧非为祈福修是功也，盖欲尽洗结习，去迷就觉，期与一真界圆同太虚耳。是故即其所自誓，则泉之清，禅心可照；石之顽，禅法可通；林木之幽深，禅之灭而成非灭而灭者可悟，庶几，无愧于兹庵之居，而大有功于释教也已。噫嘻！后之登是庵者，当知亮之功德为不磨，又当知亮之禅心已般若云。

赐进士、中宪大夫山、西提刑按察司副使泰安岳峰萧大亨撰

郡庠生杜芝书丹

邑庠生李润题额

宋文强、宋文惠铁笔

大明万历六年次戊寅孟冬十月十有七日

守庵住持僧：洪亮，徒：深禄、深荣，徒孙：性莲、性远、性檀、性□同立

此碑原嵌于长清区张夏街道双泉庵旧址（今义净寺）山门后第二层台阶上南侧墙内，今移至前院。碑高204厘米，宽85厘米。碑文楷书15行，满行39字。碑额镌有“重修双泉庵碑”六字。文中“大明万历六年”为1578年。

撰文人萧大亨（1532—1612），字夏卿，号岳峰，泰安州放城（今泰安新泰放城）人。明嘉靖四十一年（1562）进士，历任榆次县令、户部郎中，开府宁宣，总督宣大山西三镇，后又为兵、刑两部尚书，累进少保兼太子太保、柱国等职。

重修通明山双泉庵碑

重修通明山双泉庵碑记

清邑郡东南五十里许皆岱，面华有山曰“通明”，相传父老口碑，至今宛宛如昨。于群峦深秀中，翼然有阁，则□□金身也。阁前有涌泉喷珠，名曰“双泉”，钟山之秀，钟地之灵，尽萃于斯矣。昔贾岛有咏林泉诗辞曰：“山色推窗看，泉声隔殿闻。鸟栖池边树，僧敲月下门。”非即此景也欤！明盛下□之春也，仙子欲效卓吾先生读书山中，于风日晴爽时，曾游至此，下饮清流，登□佛相，凭栏一望，四围山色，啸傲一时，不复知有人间世矣！忽佛子捧茶至，间及唵唎之音，相谭庄严之□，大堪浮白。遂尔□步远眺，见山花呈秀，山鸟呼鸣，林密泉清，江山如画，隐隐七宝林之胜境哉！不意时移物换，双泉则壅闭也，双阁则圮坏也，□相则淡金也，荒榛断梗，见者宁不於邑？至清鼎癸卯，邑侯杨公闻其清雅，偶驻节焉，徘徊顾望，慨然有重新□，遂捐金示乡人曰：“花开者谢，物故者新。当会众营

重修通明山双泉庵碑

资以克此举。”于时有善士齐君讳龙锡等，同心协力，修葺成功。不数旬而庙貌复巍峨矣，金身复炳耀矣。□色与钟磬而共芳，林枫偕泉声以同清。今日之双泉庵，非犹旧日之双泉庵也。猗欤休哉！功竣果成，虽赖一人之施，亦众人相与以有成也。因祈予笔墨，镌石以志不朽。予不敏，薰沐数行以录众善，其亦不嘱，予昔日之游也，敢稽首□应 。

历庠王泰来撰

清庠梁永岱书丹

赵兴□、郑云国……

历庠谢廷简书额

清庠朱培生、王进全

会主：长清县正堂杨弘业，儒学教谕：王士奇，典史：王朝栋

大清康熙四年岁次乙巳季春吉日

此碑立于长清区张夏街道双泉庵旧址（今义净寺）通明阁前。碑高182厘米，宽67厘米，厚15厘米。碑文楷书阴刻12行，满行40字。碑额镌有“佛阁鼎新”四字。碑文记载了清代长清知县杨弘业在游览了双泉庵之后，借唐代诗人贾岛的诗来赞美双泉庵的美景。文中“大清康熙四年”为1665年。

双泉庵重修佛殿泉台碑

重修佛殿泉台记

时维九月，序属三秋，值重阳之佳节，偕诸子以山游。缘蹊径而索纡登陟，触胜境而徘徊□□。□观通明，孤光溢目；俯察激澜，双辉盈眸。巍巍乎高峰，遥根泰岱又峙；混混兮甘醴，迩源灵岩鹤流。神爽恍似蓬莱，心洗讵□流□。正幽赏之靡已，转惊疑而难收。平台几层，胡为整圮迥异？危阁数所，奚尔新旧不侔？意欲悉其何故，爰延山僧而询由。山僧历历告余曰："山通明而泉双，天地设也，邈焉莫稽矣。仙阁巅峙，佛殿腰磐，同年并创，碑载班班。既而吕祖阁重修、诸神祠续建，亦各有铭石，奚烦予告？至佛□焕然，泉台维新，则惟张夏镇任希孔为首善，请安然和尚捐资并募。方谓□成可计日待，顾台甫理而岁已歉，庙未修而□已匮焉，滞数载终未底绩。□公长男名国□，奋成亲志，更募四方，雕木佛而金身，作□庙而丹楹。泉台水池数旬并整，尚未有碑记故详实。"僧告毕矣，揖而退矣。日暮兴尽，余命二三子寻菊，特归矣。蚁缘而降，约近里许，偶停回望，霞光上下，石之清，水之秀，殿阁台池，□□若见，飘飘然浮入霄汉云霭中。低徊道左，流连嗟叹，夕阳晚照光景，身已及斋，犹恍惚在余心目间。不逾月，众欲勒石，□余为文，不揣□□□□俚句，乃述僧语为序。

茌山庠生张榜撰并书

首善：任希孔

□漕院把总□□

住持僧慧德

大清国乾隆三十五年岁次庚寅阳月中浣穀旦立

双泉庵重修佛殿泉台碑

备注

该碑今在长清区张夏街道双泉庵旧址（今义净寺）大雄宝殿南侧。碑高204厘米，宽75厘米，厚24厘米。此碑原倒卧于双泉庵正殿前，被当作几案使用。碑刻圆首，立于方趺之上，额横题“永垂不朽”四字。碑文楷书阴刻9行，满行46至52字不等。文中“乾隆三十五年”为1770年。

莲台山娄敬洞东口摩崖石刻

济南府长清县天花南管陇山。其山有洞，名曰“白鹤灵芝”。洞下有灵泉，上有三峰之景。天汉年间，娄景先生字云，外号草衣子。仙（先）生住洞，先有古塑三清上帝之像及张子房、范蠡之像。至于皇统九年，有住洞道人徐真道及禹城县人氏张彦□□□，虔心保塑……各人二贯□□丘七□、□大男王郎、丘二公、齐一郎、冯氏、赵八郎、刘姑、张小二郎、戴婆、孙遇、刘五郎、朱寅各施钱一贯；文成洞郎，一贯五百；孙李郎、徐浩、范一郎、刘大郎、高六郎、高三百、聂二公、张五郎、张昌、徐保、李氏、高郎、贾寅、张弁、魏郎、小魏郎、贾五公共施□八贯六百；宋大叔、刘大勇、王大伯、赵二郎、王明法、聂郎、孟三奇共施钱二贯；石洞杨氏、范氏、刘氏、李氏、各施钱五百；齐氏施钱□□文；李七叔钱五百；石洞方圆上下，信士化一十五贯。

今具所修功德善利，上祝皇帝万岁，以佑千秋。福愿功德施主早生清信之心，同继仙踪之果。

皇统九年十月日记

泰安军丁孟真施钱三贯，李元真施钱三贯

李屠、高二公各施钱五百訾成刊

此摩崖石刻今在长清区张夏街道莲台山景区娄敬洞东口南侧崖壁之上。碑长80厘米，高65厘米，行文顺序自左至右。“皇统”，为金熙宗年号，“皇统九年”为1149年。此碑乃今莲台山最古之石刻，2013年被重新发现（详见2013年10月9日《生活日报·市民发现莲台山金代题记》一文）。据记载，莲台山娄敬洞内原有石雕神龛，龛前供桌石台上镌有“大金国泰和四年造”八字，惜该石刻于20世纪60年代被毁。

莲台山娄敬洞东口摩崖石刻

重修莲台山王母洞碑

重修莲台山王母洞碑记

群峰环抱，状类莲壶，雅秀可爱者，莲台山也。古洞最多，风景绝幽，世人锡以“三十六小洞天”之名，洵非溢美。东山下有龙泉，清流溃溢，终年不涸。由泉转南，有洞曰“王母”，位于东山峭壁之上。洞口有石罗汉一尊，矗然特立，尤为伟观。仰视内洞高耸，滑险异常，俨如云梯之难登也。以故，游人至此，往往蹙额裹足，莫敢造顶。丁巳春，钦寻胜到此，振衣直上，历尽两阶，始臻绝顶。东西约长百余步，内有王母等神像，摧残剥落，心为惋惜者久之。庚申重九，适值新建张仙祠落成，钦与同邑李稚泉、艾誉章暨津门周少荣、浙江史泽波、刘葆初诸君同来参谒，因得复至是洞。旧地重游，益增感慨，咸谓诸洞皆修，独此□□□洞反遭废弃，有负名山多矣。

□航子普渡道人周连钦敬撰

□□子清修居士刘廷干书丹

铁笔：周宝□

……巧月上□□□□□

备注

此碑今嵌在长清区张夏街道莲台山景区王母洞石壁，碑已残，但部分字迹清晰。碑文所载龙泉的位置、状况，是研究该泉历史变迁的重要文献。此碑字迹及行文风格，如晚清或民国时期。文中所载人名，或为来日考证此碑纪年提供佐证，故录之，以待方家考证。

周连钦生于清光绪八年（1882），长清县人。上碑记为民国六年（1917）所作。

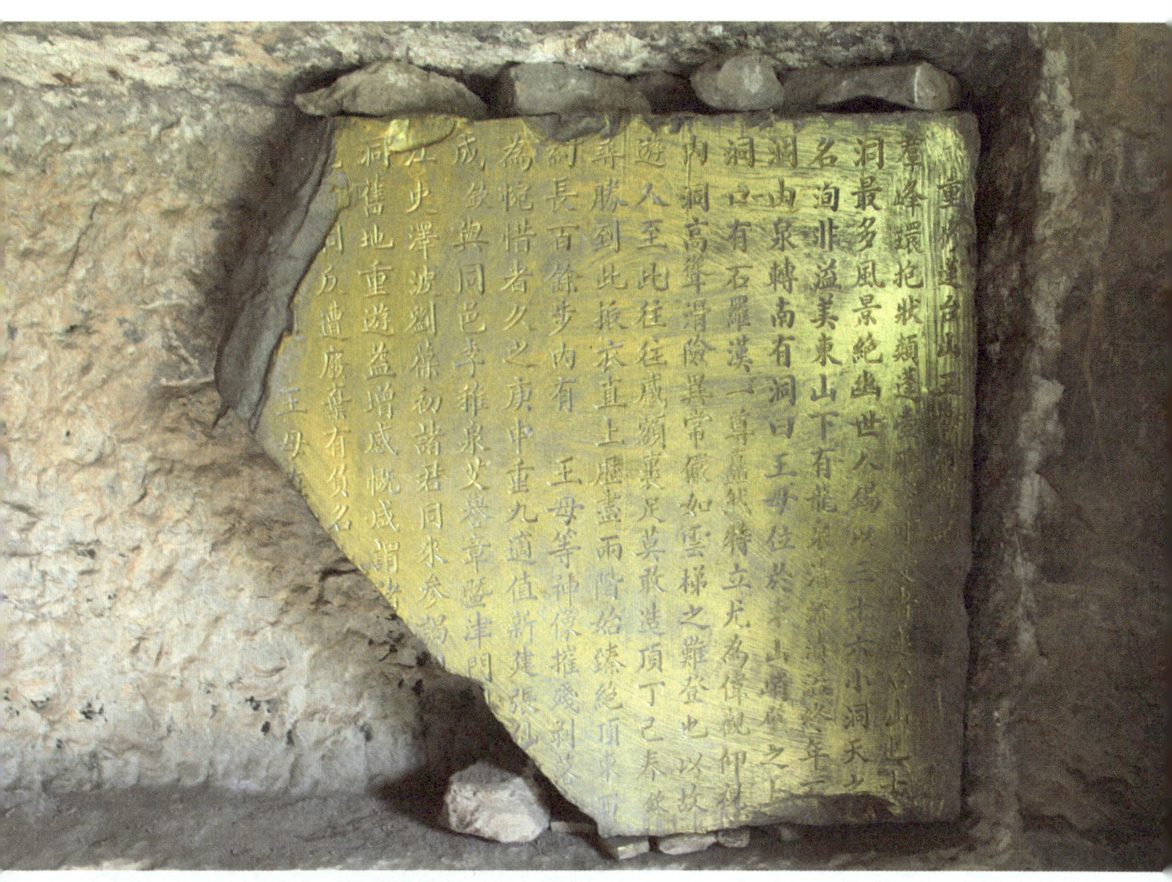

重修蓮台山王
羣峰環抱狀類蓮
洞最多風景絕幽世人錫以二十六小洞天
名洵非溢美東山下有龍泉
洞內泉轉南有洞曰王母位於半山
洞口有石羅漢一尊矗然特立尤為偉觀仰
內洞高聳滑險異常儼如雲梯之難登也以故
遊人至此往往咸瀕裹足莫敢造頂丁己春
尋勝到此振衣直上歷盡兩階始臻絕頂
約長百餘步內有 王母等神像摧殘剝落
為悵惜者久之庚申重九適值新建張
成欽與同邑李雅泉艾碧章醫聿門
江史澤波劉森初諸君同來參
祠舊地重遊益增感慨咸謂
乃遭廢棄有負名
王母

重修莲台山王母洞碑

红石岭重修泰山行宫碑

重修泰山行宫碑记

盖闻山不在高，有仙则名；水不在深，有龙则灵。山名三唐，大抵创自唐也。西与青崖崮对峙，望之蔚然。其山虽小，而其名□著，岂非以神之灵欤！此山旧有泰山行宫并水母神像，惜日久年远，庙宇倾圮。今有孙延贵者，为其祖病许愿修庙，不日病愈，遂即将庙修讫。庙下有泉，泉下有池，染病者取水作茶饮而即愈，祝祷者时刻不断，灵验更倍于昔矣。但苦无房舍，进香者倘逢阴雨，何处存身？附近庄村，不忍坐视，竭力捐资，并赖四方亲友捐助，因此，影壁、火池、盘路、钟楼、房舍五间，指日告竣功成。问序于余，欲赞则惧亵，欲□则恐赘。或曰："鬼神杳

红石岭重修泰山行宫碑

冥，其不眷恋于荒山明矣。”余曰：“不然。神之在天下，如水之□中，无所往而不在也。信之深者思之，至焄蒿凄怆，若或见之。譬如凿井得泉，而曰泉专在，是岂理也哉？”不揣固陋，聊序以记事云。

邑庠生王潍撰文，王九我书丹

刘家庄首事、孙家庄首事、金家庄（题名略）

泥作：王松岭、孙嘉祥

石作：井春田

住持僧人：净仑暨侄海旺

木作：党存魁

大清同治四年岁次乙丑季冬上浣榖旦立

此碑嵌于长清区张夏街道红石岭村泰山行宫大殿遗址前的石堰下。碑高171厘米，宽73厘米，厚14厘米。碑文楷书阴刻9行，满行32字。文中“大清同治四年”为1865年。今该泰山行宫建筑已不存，仅余此碑和遗址东侧山崖上的一龛造像。

红石岭修井碑

此处旧有王云庆土桶（筒）泥井一眼，于光绪十五年阴雨坍陷，不能汲水。与合庄公议，修甃穿凿，言明凡汲水者，业主永不阻挡。推其始，盖自王祝三老先生所看也。自公中甃砌之后，又累年用石工穿凿，穿至三丈余，费工若干，未及大泉。至民国五年，时值大旱，庄中情愿捐资，按地附敛，又凿丈余，始得真泉，取之不竭，用之有余。功既告竣，命余赘文。余忘固陋，遂述始终，以志长久云尔。

红石岭修井碑

前倡首人（题名略）

后倡首人（题名略）

（捐资善人题名及捐资额略）

王登明撰文

王邦英书丹

陆传印铁笔

中华民国十七年岁次戊辰桃月中浣吉旦

备注

该碑今在长清区张夏街道红石岭村井屋外。碑高136厘米，宽60厘米，厚18厘米。碑刻上覆碑帽，碑身顶端横题“永垂不朽”四字。碑文楷书阴刻5行，满行31字。文中“光绪十五年”为1889年，“民国五年”为1917年，“中华民国十七年”为1928年。

绿豆囤庄井碑

尝闻伯益作井以垂后世，无非为生民而设也。今有赵门名怀禄者，业已迁居于张夏镇，今将自己宅西井眼地基，南北横科三杆零二尺半，东至路西小岩根为界，南至王振山岩根石界为界，北至赵怀禄石界为界，任凭公论已妥，情愿送于众家公修公用，以取方便。众家感情，愿送京钱伍十吊，交于赵怀禄之手，养老养幼，亦有所资。是即孟子曰“爱人者，人恒爱之”之谓也。再者，井西边系赵为邦之地基，东西横科二尺半，南北长科三杆零二尺半，亦舍施于公中。凡井上化（花）费，他人均摊，与伊无干。意美如是，故勒石以志不朽云尔。

绿豆囤庄井碑

撰文：王丹霄

书丹：王怀邦

铁笔：周近臣

事中人（题名略）

捐钱人（题名略）

宣统元年花月初十日立

备注

该碑今在长清区张夏街道绿豆囤村井屋旁。碑高113厘米，宽53厘米，厚11厘米。碑刻方首，碑额横题“万古流芳”四字。文中“宣统元年”为1909年。

诗庄村重修西佛洞碑

重修西佛洞记

夫长清县东南八十里许，有地名佛洞峪，奇山耸翠，四面林峦。东连杨广寨，南接古灵岩，西通齐川，北达济南。上有连云接雾之峰顶，下有七十二丈之悬崖。路径崎岖，初来者心惊；李密泉、梯子崖，乍到者怕怖。今有齐河沙门悟勤，游湖海，涉名山，到于斯境，见洞中石佛一尊，旁题永初年号，喜不自胜。虽与侍徒了烜、法孙正迈挂锡隐居三载告周，蒙信士□□陈俊、时福聚、师栾等至，故□方止。转请禅流安座长期，房舍不便、勤谒善心□金，折然而诺，勤募众善，同建禅室，闻风而造者百有余人。财工相助，月□而成。又结义社，供给食米。禅期

诗庄村重修西佛洞碑

已满，然后修补圣像一座，金碧皎辉，三□□□请予云记。不愧器材，睹状而言，修树森□，奇峰隐□，石如伏虎，藤□□□，实古佛圣地，真异境禅□。晨□经忏祝齐天圣寿资大地檀那乐……大明无虞之盛世，阐释子一代之宗风。

敕赐少林禅寺晚参比丘□宝山撰……

时嘉靖十三年岁次甲午仲秋望日

了烜、了点立石

该碑今在长清区张夏街道诗庄西南山腰的玉皇庙内。碑高128厘米，宽60.5厘米，厚42厘米。该碑为四棱体式，面西一侧刻碑文，其余三面刻施财善人姓名。碑刻上有碑帽，碑文楷书10行，满行31字。文中“嘉靖十三年”为1534年。

诗庄村重修玉皇殿碑

重修玉皇殿记

诗庄村重修玉皇殿碑

山东长清石保里诗家庄，遐想我庄西有名山佛洞之地，上至峰顶，起云接雾；下有悬崖，西佛峪也。东面老虎洞，西面李宓泉，南接方山顶，北连五佛山。苍松怪石，青山绿水，径路崎岖，胜境非凡。此处古有玉皇大殿，彼此年深日远，风雨浸坏。古者创之，今者修之。今有本庄善人段良庆，不忍坐视，命男方彦、孙得金同心协力，不惜资财，重修殿宇、彩画、神像，以备一方之观瞻也云。

石保里里董段凤翔撰

乡董李云溪监工

居士段凤河书

石工王继文笔

民国二十一年五月中浣立

该碑今嵌于长清区张夏街道诗庄玉皇庙内东配殿墙内。碑长86.5厘米，高39厘米。该碑为横碑，长方形碑石中间又打磨出小框，于其中镌刻碑文。碑文楷书阴刻13行，满行12字。文中“民国二十一年”为1932年。

诗庄村重修方山玉皇殿碑

重修方山玉皇殿碑记

谈山荏林泉之胜者，往往不曰灵岩，则曰五峰。而东南万山中，更有古迹甚多如方山者乎？是山也，南通灵岩古寺，北连五老神峰，西有李宓泉，东有西佛洞。泉属于唐，洞修于汉，皆迹之最古者。自洞口北数武，有玉皇殿，实借山洞所为，内有石神三尊：一玉皇，一镇武，一玄武，系清代时创造，殿虽不大，而神像魁伟，至今已数百年。山水下冲，石土淤积，几乎湮埋于地中。而师家庄有杨明声者，道人也，曾得书于此，即有重修之意。但民国成立，神道不昌，而此地有屡发应验，旱时求雨而雨降，病者未医而病愈，彼重修之意愈切矣。然庙在山腰，工不易举。于是倡率一乡领袖，远而募资极东数省，修玉皇殿一座、道房三间；近而募财附近庄村，修山门、影壁、垣墙数丈。历数月而工方竣，虽云重修，不啻创设，可见工至巨、工至艰也。虽不同方壶、圆峤，足供无量数之休养；而此庙已成，上出青云，下临无地，亦即汉武之蜚廉观柱、通天茎台也。神其居之于斯，以保佑斯乡之民欤！谨将施财善士开列于后，以祈永垂不朽云。

中华民国二十三年桐月上浣立

该碑今立于长清区张夏街道诗庄玉皇庙内东配殿前。二碑并立，高189厘米，总宽128厘米，厚22厘米。碑刻为双联碑，右碑为记事碑，左碑为善人题名碑。碑文楷书阴刻7行，满行57字。文中“中华民国二十三年”为1934年。

诗庄村重修方山玉皇殿碑

梨枣峪庄修泉掘井碑

梨枣峪庄修泉掘井碑

尝思民非水火不生活，是人必赖水火以生也。而吾谓：人之有资于水，更甚于火。火则取诸宫中而有余，水则汲诸他方而不足。若夫梨枣峪庄，庄南山下有泉，赖以为生，无如迭被岁旱，泉时干涸，汲水他庄，艰苦异常。遂合庄公议，各输资财，立志掘井。本里红石岭庄有地师王公名丰者，相井如神，无一不验。遂邀请相度，寻及庄北，得其地焉，许至三仞有余即可得水。掘至两丈五尺，尚未及泉，众皆游疑，将欲弃井，惟王公传珂与伊侄如（岭）、芝岭坚志穿凿，务求及泉。掘有尺许，涌泉突出，取之不尽，用之不竭，不第有资于一时，而且利济于万世。为此功成以序云。

邑庠生王凌云撰文

邑庠生王凌霄书丹

首事（题名略）

捐钱（题名略）

铁笔：董殿安

大清同治九年岁次庚午菊月上浣榖旦立

该碑今在长清区张夏街道梨枣峪村古井旁。碑高128厘米，宽65厘米，厚19厘米。碑刻上覆碑帽，两侧有护碑石。碑文楷书阴刻6行，满行38字。正文左右竖镌大字对联：“相阴阳，观流泉，灵通神术奥妙；济一方，利万载，业融儒道精□。”文中“大清同治九年”为1870年。

尹庄村镌井碑

镌井碑记

尝思人赖水火以生也，然火取诸宫中而有余，而水取于他方则不足矣。但水更甚火之必需□。长清东南乡距县五十里青里阳山麓下，以姓遂锡尹庄，距今二百余载，即无井泉之便，饮用取于邻村，往返三四里，遥尚其小焉，偶遇霪雨旱年，艰辛万状，不可胜述。众人议论不一，其中尹公序来与侄祚堂欲图久远便利之计，免后世万代之苦，邀请本里红石岭王翁海新者看验□次庄东南族侄祚江之地，果有甘泉之基，四仞及泉。众议凿井之基，万世之便。地基约有壹厘贰毫，于众不忍按基作价，时值壹百缗整，当时交清，以作地基之资。恐后世有扰，择日兴工，凿至三丈许，只有湮泉微湮。又至三四尺，湮泉亦无，仍然如故。大有失望，即欲弃井而他为焉，惟尹公序庠、（序）宝，而东庄王公希有等邀同各家助工。遂振起众人，坚志不见甘泉，永不工休。又至八九尺深，甘泉涌现，取之不尽，用之不竭，千载之秘，一旦轩露，而开千万世之伟便者欤！穿井、甃井人工资财，均按地亩人数摊凑。爰垂石以志不朽云。

阳山下居士王希有撰文，初级教员王鸿庆书丹

周宝善、周宝原铁笔

发起人、督工、领袖、监工、业井人员（题名略）

民国贰拾玖年岁次庚辰腊月上浣穀旦立

该碑今在长清区张夏街道尹庄村东南。碑高125厘米，宽53厘米，厚13厘米。碑文楷书阴刻10行，满行37字。碑身顶端横题“永垂不朽”四字。文中“民国贰拾玖年”为1940年。

尹庄村镌井碑

井字庄前井碑

井字庄前井碑记

井字庄前井碑

尝思民非水火不生活，是知水火之功大矣。吾庄自古后井一面，百年来人口繁众，水恒短需，怅然为患。至民国六年，大旱不雨，人畜俱困，甚患矣。合庄议定，请安保石都庄王君子贵字介臣先生，相此地有水。首事提倡合庄人等同心协力，即时开掘几仞，果得渊泉。众皆欣然，运石修砌，半月告成。此处原姬氏地址，姬公凤来族孙生田情愿送于公中，以为公井。四至井台为界，台外仍是业主。伊言："既送，永世不悔。"立碑以志不朽云尔。

卢希正允中书

首事：宋存谱、赵连昌、卢希铭

铁笔：郭维义

民国九年岁次庚申辰月上浣穀旦

该碑今嵌在长清区张夏街道井字庄村中某村民二层小楼的墙内。碑长79厘米，高63厘米。碑身顶端双钩刻横题"永垂不朽"四字。碑文楷书阴刻11行，满行16字。文中"民国六年"为1917年，"民国九年"为1920年。

麻衣仙师墓祠谢师碑

谢师碑记

山不在高，有仙则名；神不在大，有灵则敬。自然之理也。此地旧有麻衣先生之墓，而先生之高风，碑有明文，已昭昭可考。自昔至今，治病、问事，无不灵验。神灵地亦灵，后有小山围绕，前有诸山朝拱，东有低岭，西有清泉。此地之胜，亦不可胜言。自今年六月初间，久旱不雨，禾稼渐枯，触目惊心，不忍坐视。前庄赵、刘二姓弟子群集墓前，跪祷祈雨。不出三日，沛降大雨。人人欢喜，个个感恩，愿报其德，永远不泯。时至九月，庄中共议，凑积钱七八十千，石涧庄又捐钱四十千，共计一百余千。于是鸠工庀石，立碑以旌表之，祈予作文以记之。予不揣浅陋，援笔直书其事，以永垂不朽云。

前清例贡贾春元拜撰书额

王奉吉书丹

庄中发起人（题名略）

石涧庄乡长（题名略）

中华民国二拾三年岁次甲戌菊月上浣吉旦

此碑今在长清区张夏街道小刘庄西北麻衣仙师墓祠院内。碑高127厘米，宽58.5厘米，厚15厘米。碑刻圭首，碑额横题“流芳百世”四字。碑文楷书阴刻7行，满行32字。文中“中华民国二拾三年”为1934年。

麻衣仙师墓祠谢师碑

五峰山洞真观龙王殿石刻

蓺水泉（左题）

龙王殿

正德十三年三月三朱珣重修

一派水声流不尽（上联）

四围山势欲飞来（下联）

五峰山洞真观龙王殿石刻　陈明超摄

备注

此石刻正文镌于长清区五峰山街道五峰山洞真观龙王殿石券门上，对联镌于拱券下左右石门柱上。殿内之泉，应该即是殿门上所镌的蓺水泉。此外，洞真观大殿后通往青帝宫的门内侧北壁，嵌有“玄武泉”泉名碑一块，无纪年，右署“书亚题”，书丹者生平不详，立碑年代待考。

五峰山迎仙亭碑

长清县建迎仙亭记

文林郎、长清县知县涿鹿张嘉会撰

将仕郎、长清县主簿□州王惠书

长清县典史□庐龙李鎏篆

大凡人惟无欲，则环天壤间莫非乐境也。我观《鲁论》，若智之于水，仁之于山，各有以乐之，是岂有攸择哉！盖其性殊，故其感于情者异尔。乃若长清为邑，求山水之备者，迎仙亭亦厥地也。城之东南有山曰“青崖”，近以德府建陵，更名曰“青龙”。其右冈，陵阿之环抱，风气之郁葱，内设洞真观，羽流栖之。冈畔厥泉涌出，旋流于神虚宫前，汇为一池，桥跨于上。从来有亭曰“迎仙”，创建莫详，攸自宛然一胜境也。然而历年多倾坏，随之仅础存焉。我济南府别驾

五峰山迎仙亭碑

苏公景泉，时总督修东平妃陵，道经厥地，羽客箫管祗迎，税驾往观之。凡旌幢之赍盛、音乐之铿锵，俨若蓬莱安期之迂临，奏法曲以献仙音者，秩如也。乃周览山势之峻崇，俯瞰泉流之清碧，神游于千寻之翠黛，趣适于半亩之芳塘，触目动怀，悠悠乎怀抱潇洒，自不觉其形神之怡旷也。爰顾厥础，谓我幕宾李君銮曰："莫为于前，后将奚传？莫为于后，前将何继？兹亭之建于桥者，废焉久也。我辈无以修之，芳躅□谁续耶？"李幕曰："诺。"归以告之。予曰："噫！兴废补敝，别驾公其夙闲也。况夫方寸之地，偕予工以浚明者，既明且哲，惟康惟惠，别淑慝于洞见，奠茕瘁于数施，智仁咸备，远近莫不敬仰兹亭之修。厥工既竣，时或攸跻，则夫晴岚翠色之徘徊、天光云影之荡，翛然有真乐者在是，岂徒为营构者哉！"予嘱李幕涓营修□。凡材木之所需，均俸给之。攸易而□□，则近村民介□。苏公过而环视曰："亭既底于法，若无言以纪厥事，安知今之新不犹往之颓也？谁其嗣而修之，□永无斁耶？"李幕拜曰："谨如教。"爰具厥由，□来以谂予，方张于健讼勉焉。□记之。

皇明嘉靖十三年甲午夏□月初吉立

此碑今嵌于长清区五峰山街道五峰山洞真观玉皇殿前西东侧围墙内。碑高178厘米，宽84厘米。碑刻圆首，额篆书2行、行4字，题"长清县建迎仙亭记"八字。碑刻正文楷书阴刻15行，满行38字。文中"皇明嘉靖十三年"为1534年。

洞真观重修殿宇碑

闻之五峰发脉于泰岱者也，自东南绵亘百五十里，始结而为此山。峙□高耸于其上，五峰怀抱于其中，东有青崖岭巍巍壁立，岭下有白虎峪、青龙峪，且苍松翠柏间，复有众泉经带□络其内，真所谓“洞天福地”“神灵栖止之区”也。太和间，羽士丘志源始诛茅结庵。贞祐初，始建为洞真观。迨正德时，德府内官张山与居士朱峋、黄□、张教纯辈共谋重修，殿宇层起，内外改观，焕然一新。是以四方名人游士遂有“人间天上”之目，相率而游山玩景者络绎不绝。兼之三官大帝有求必应，有感必通，福善祸淫，如影随行，因而远近男女或祈福，或禳灾，或求嗣，或酬愿，接踵而至者不可胜□。今有山东东昌府濮州范县城南孟家庄□□志、周□先等来游于斯者，□有年矣，览清邑之胜境，为神圣之福□，惓惓于兹，寤寐不忘。于是，众发虔心，施财立碑，一以志游观之盛事，一以垂后世于不朽云尔。是为序。

清邑岁进士焦□鹤叙撰

廪膳生房球书丹

皇清康熙伍拾年岁次辛卯季春穀旦

此碑立于长清区五峰山街道五峰山洞真观三元宫前西侧墙下。碑高168厘米，宽64厘米，厚16.5厘米。碑刻方首，额横题“范县”二字。碑文楷书阴刻7行，满行41字。文中“皇清康熙伍拾年”为1711年。

洞真观重修殿宇碑

五峰山安乐轩碑

安乐轩记

咸丰初年，洪贼倡乱，据有江南；张□□叛，骚及河北。至辛酉，吾清邑两次被扰，所过之处，焚掠不堪，农不耕，士不读，离居废业者相望也。自是无晏岁。予每闻惊，则逃避青崖，前后十余次，约居二三载，虽据险无恙，而取饭甚艰，尝有改卜之意，而未得其所。人之遥见五峰东隅，林密山深之处、悬崖峭壁之间，洞曰“安乐”，意此中必有福地。乃梯而观之，然逼仄。凿之，望其下，东有石穴，高尺许，修之较易。然以量水泉，虽近于崖上，而仍虑其艰也。遂下约十余武，见有水斗余，澄洁可□□，而□之味甘美。以手挟之，则细流涓涓，滃然泉也。遂悦甚，予□□君雪林、张君寿

五峰山安乐轩碑

松及程鹏程为友善，每谈次，辄称之，咸□而往观，欲共输金治之，未决也。复请于吾师柳、张二夫子，吾师曰："此不惟避世，亦可读书，真安居乐业之佳境也。"遂修之。逾年而工竣，名之曰"安乐轩"，遵师意也。去年，贼悉平，益服吾师之□□敢□，但吾四人惟鹏程年及壮，□林道者也。吾□□□□年逾知非，恐不获承命，意将使子弟来学，即吾□□□□之会，□息其间，动观山，静听读，锁遣世虑，颐□□□□□□□安贫乐道之区也。亦无不可。

同治八年……

此碑今在长清区五峰山街道五峰山安乐轩洞下山路旁。碑为横碑，两端有石块夹靠予以稳固。碑文楷书阴刻18行，满行22字。碑文字体尚清晰。文中"同治八年"为1869年。

润玉泉重修碑

重修碑碣记

润玉泉凿池蓄水，乡人便之，已历有年所矣。立有碑碣，今已倾圮。乡人张公风顺目睹心伤，独倾己囊，聘工整理，加以碑帽，重为起立。虽所费不赀，而张公处之淡如也夫。而后巍然翼然，可补一村之气脉，壮一方之观瞻矣，是为记。

张风桐撰文并书丹

铁笔：时继盛等

中华民国十八年旧历十一月下旬吉立石

润玉泉重修碑

备注

该碑今立于长清区五峰山街道润玉泉村润玉泉泉池旁。碑高101厘米，宽67厘米，厚21厘米。碑刻上覆碑帽，碑身正中双钩刻四字“润玉泉庄”。碑文楷书阴刻4行，满行23字。文中“中华民国十八年”为1929年。此外，润玉泉村内另有一处泉井，当地人称之为“古润玉泉”。泉井旁立有“润玉泉”题名碑，该碑无年款，不知立于何时。

石窝村创建真武庙碑

盖闻神之正气能转翊□□干赞化机，□安生□□相□家之□，古今所传，不可诬也。□□□□之神乃正而□□也。□威灵显□□□□□屡□奇□□□所至有感必□，所以巩固□□有不可胜言矣。其□之以金殿林宫□亟□□□□之□然耳。吾清邑东南肆拾里□□石窝名□□，乃古迹名店，当齐鲁之要道也。□□□而面秀峰，东青崖而西驼山，洛泉洋洋可□□□，变苍竦□可□福□。□见山回溪转，景物悠然，清雅秀丽，堪画堪图，可以写一方之胜地，可以快过客之观望，□□□颃□镇店，而非寻常之处矣。本店有王君讳□，表字义□，三泉其别号者，高□□□，无意□□。躬亲稼穑，有时诗酒，岁晚□暇，□□本店，乃□然□曰："本店之南，固有三□庙以镇之矣。本店之北，当回龙峪之口，独不当建庙以镇之乎？"□谋以善人张□讳□仁，字尚德，别号近庵，同心协力，捐□□□，鸠工命匠，大□兴造，盖真武殿三间，并牛马□等□，庙貌森严，栋宇华彩，金□□□，焕然一新，而神人齐悦矣。创始于隆庆五年仲春之望，开光于本年孟冬之月。功完之后，神降其□，□□其□，家□□□，物阜人安，皆达庙之功也。万历十一年，恐事久湮□，□□□乃命工刻石以记，时之岁月。夫如是，则修造盛事也，名同于石而俱坚，□□□□也。□□于石而来传，以俟后之君子或重修，或扩建，绵绵而无穷矣。是……

长清县知县冯有光

县丞□□□

□进士同□李兴益

大明万历十一年孟冬吉旦立

季□子季□顿首……

石窝村创建真武庙碑

此碑今砌于长清区五峰山街道石窝村伏虎泉泉池旁。因年久风化，碑文字迹漫漶。文中“大明万历十一年”为1583年。文中所载“洛泉”，乃石窝村古时名泉，今村东石庙南海堂边尚有石刻《洛泉堂记》，字迹已漫漶。在南海堂南侧崖壁间，还有石刻“五峰山西洛泉”（南海堂正处于五峰山西侧）。据陈明超先生考证，南海堂下的厚石板下，有泠泠作响的泉流之声，当是古洛泉所在之处。今石窝六泉泉流式微，甚至干涸，当与源自洛泉的泉脉被阻断，致使泉水别流他支有关。

石窝村创建永便泉碑

创建永便泉碑记

尝思事无远而不图之里，亦无便而不为之事。匑（饮）水乃生活人命，尤不可一日无者也。五峰右石窝庄北首山下旧有汲水池，未知建自何代。近年水道淤塞，旁出横流，意欲因循以修补，未若不移以便汲。是以合庄公议，倡事醵资，倾公囊以输旧积；计需不给，编门户以捐乡财。营费即备，鸠工经始，砌之瓮池，乐事劝工，不数日而工遂告竣。由是潺湲皎洁，沼滀澄澈。□□有益于□时，取用更利于夙昔。村庄居民庶无远□苦，水有近汲之便也。是为记。

善人：王桐、王祥、王松（其他善人题名略）

王廷栋施小车一辆

孙宪章撰文

赵仲三书丹

铁笔：赵聪、杨宗圣

泥水：张有、李化太、王伟

大清咸丰元年岁次辛亥十日吉旦立

此碑刻立于长清区五峰山街道石窝村中部公路旁，今半埋于土内。碑高120厘米，宽65厘米，厚25厘米。碑文楷书阴刻4行，满行40字。文中“大清咸丰元年”为1851年。永便泉在石窝村北部驯山泉西约30米，旱季常干涸。1966年重修泉池，更名为“伏虎泉”。

石窝村创建永便泉碑

石窝村普济泉泉名碑

普济泉

大清咸丰元年岁次辛卯蒲月立

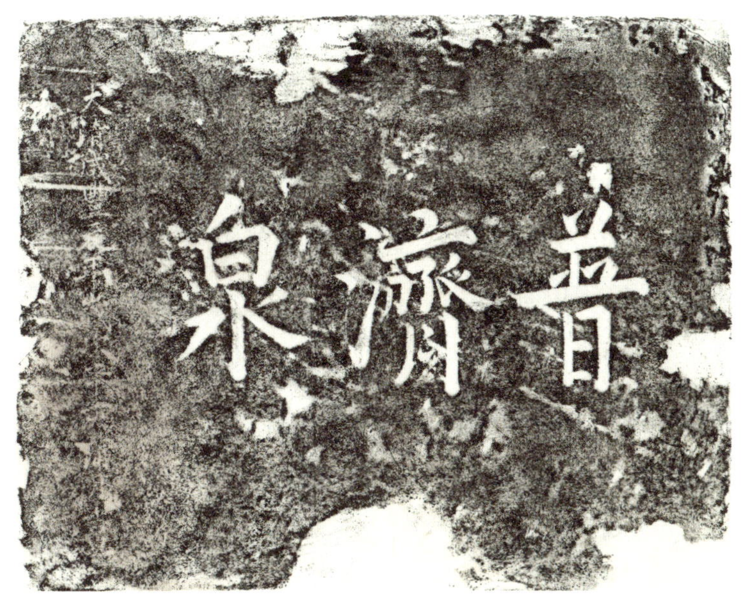

普济泉泉名碑　黄鹏藏拓

该泉碑今立于长清区五峰山街道石窝村缚龙泉池旁。文中“大清咸丰元年”为1851年。普济泉为缚龙泉之旧称，在石窝村东北部，驯山泉东约30米。1965年重修泉池时改为今名，并在池东壁嵌“缚龙泉”刻石。石窝村有黑虎泉、万寿泉、缚龙泉、驯山泉、伏虎泉、胜天池等6泉列入《济南市名泉名录》。在黑虎泉泉址附近有道光二十年（1840）《重修北皋碑记》，碑文漫漶不清，内容是否和黑虎泉有关，不详。

讲书院村义井碑

义井碑记

尝思耕田而食，凿井而饮。余乡自立户以来，有原田之可耕，无井□之堪饮。及乾隆年间，有宋君学有、李君玉出焉，临渊欣羡，卜井孔殷。遂请地师陈良才扦于此地，掘数仞而未及泉，辞世归天。至嘉庆八年，又有学有子和、孙成宗，街居萧自贵，吾祖社南，同心协力，重兴前功，而始告成焉。是可知，前人之鞠躬尽瘁，以佑我后人□深矣。故立石志之。

本庄湾井地基，南边长活九杆二尺四寸，北边长活八杆五尺一寸，东横活□杆六尺六寸，中横活□杆三尺半，西横活□杆二尺二寸。

此井未有以前，余庄往王遇套取水，路修石桥一孔，修井修湾，应夫摊办，不可胜数。卒之，捐京钱九千。土地祠，嘉庆九年重修。

乐山氏□成仁撰

宏奄氏宋克□□

代字宋克吉

管事人：安玉华、孙旺

石工：刘大□

领袖人宋明善（其他题名略）

大清道光贰拾柒年岁在丁未贰月二十六日讲书院立

该碑今在长清区五峰山街道讲书院村清代井屋旧址的北墙内。碑高106厘米，宽53厘米。碑首横题“义井碑记”四字，碑文楷书阴刻5行，满行26字。文中“嘉庆九年”为1804年，“大清道光贰拾柒年”为1847年。

讲书院村义井碑

杨家峪清龙泉碑

清龙泉

三面皆山也，其东南望之而深秀者，五峰也。南行二三里，往来人不绝者，望仙桥也。峪中殿宇辉煌，翼然□于岭下者，清龙泉也。泉涓涓而始流，人穰穰以便求。工鸠鸠告其竣，池永永志不朽。

领袖：杨元爆、王殿元、杨元勋、杨元平

石工：马作富

光绪岁次辛巳暑月上浣穀旦

杨家峪清龙泉碑

备注

该碑今嵌在长清区五峰山街道杨家峪清龙泉池旁的石堰内。石刻长62.5厘米，高36厘米，厚11厘米。石刻正中刻“清龙泉”三字。右侧有碑文，碑文楷书阴刻6行，满行14字。文中“光绪岁次辛巳”为1881年。

炒米店佛公井碑

佛大老爷创始，桑大老爷告成（竖镌）

仙井

炒米店佛公井碑

备注

该碑今倒卧于长清区崮云湖街道炒米店村南泰山行宫院内。碑高295.5厘米，宽120厘米，厚29厘米。该碑碑阴为清康熙三十三年（1694）的《佛公井碑记》，因石碑仆卧在地，无法看到。据村民介绍，碑文记有“井深十六丈六尺，距水面十二丈”。“佛大老爷”即曾任山东巡抚的佛伦，“桑大老爷”是佛伦的继任者桑格。道光《济南金石志》卷四《长清石》记载：康熙三十三年佛公井碑，邑人夏文选等公立。

池子东村重修古井碑

重修古井碑记

从来民非水火不生活，所以依古以烟火村墟，断未有无水以利用者。清邑东南山行十五里许，有村曰“池子”，虽有古井，而水不足用，历年向韩姑井挹耶。载在“县志”，由来久矣。幸于嘉庆八年，各有廷谟杨先生者，独其双眼，看到村内东首路北，询其地基，则德修柴翁也。议以造井，则情愿慨许也。于是掘井六轫（仞），未及涌泉。崖堪小补，聊以资用。业径（经）四载，但土甬不牢，恐不耐久。因而少长咸集，谋及坚确，甃石砌台。及工告竣，嘱余为文。不揣固陋，略叙始末，以志合庄井扱（汲）之福，亦以著明杨翁地理之妙、柴翁施济之德也云尔。

领袖（题名略）

皇清嘉庆拾贰年岁次丁卯桐月念（廿）肆日立

邑庠生井泰吉撰文，居士杨廷□长男永亮书

石工：睡学堂张玉□、眠其禄李克全

该碑今在长清区崮云湖街道池子东村东首路北的井屋西壁内。碑高149厘米，宽68厘米，厚15厘米。碑刻圭首，碑额篆书横题“万古流芳”四字。碑文楷书阴刻6行，满行37字。文中“嘉庆八年”为1803年，“皇清嘉庆拾贰年”为1807年。池子东村村落已被拆迁，此古井因是不可移动文物，故保留。

池子东村重修古井碑

钟庄重修古井碑

重修古井碑记

壬子岁，余馆于钟家庄。庄西头有古井一眼，不详其何自始，乡人赖此井者有年矣。□因地基狭隘，公议托卢兴安复买张元名地一段，上带树株并无除留，言明卖价京钱捌千文。此地无粮可过于外□，使粮钱二十文，□由其舍支钱拾千文，分文不欠。恐后世无凭，即于同治十三年十一月二十日，同乡人立卖契为证。由是以扩其基，又重修之以防其坏，而此井固于金汤矣。石工告竣，而索序于余。余曰："莫为之前，虽美弗彰，此前人所以□□也；莫为之后，虽盛弗传，此后人所以重修也。凡事皆然，而况井之养人又日用所不可缺者乎？吾愿饮斯水者，安给求养□之风弥深，有举莫□之意，而世之修之勿替也，则幸甚。"

钟庄重修古井碑

总计地数：东长科五丈二尺，西长科

五丈五尺半，南横科二丈零半尺二，中横科二丈四尺七十，三横科三丈，北横科三丈一尺半。

姬脉祥书丹

铁笔：王殿安

首事人：郝文灿、钟保荣、杜光文、郑现龙、卢兴安

大清光绪捌年岁次壬午三月上浣榖旦立

备注

该碑今在长清区崮云湖街道钟庄村西首古井旁。碑高95厘米，宽51.5厘米，厚17厘米。碑刻圭首，碑额横题“永垂不朽”四字。碑文楷书阴刻9行，满行28字。文中“同治十三年”为1874年，“大清光绪捌年”为1882年。

范庄善人功德碑

长清县崮里范家庄迤南，旧有甘井一眼，向蒙朱、□二大人睹此地□水之艰，捐资财创造而成，又置井基三分余，此地居民永载不忘矣。又于乾隆四十五年十二月初五日，小崮山庄庠生徐廷梁念此基之狭隘，动好善之真诚，愿将自己地三分施于井□永作井基，大家公用。同小崮山杜纶、任兴，范家庄苑国□、李光族、苑□等□其□□施舍□其高谊无极，恐年深且远，没其盛德，故刊之于石，永垂不朽云。

此地东至路，西至陈宗尧，南至徐廷□，北至孙国栋，外有东西南北路二条。再佛爷殿前坑坎不平，并无边涯，本庄杨禄兴发善怀施舍石块，甃砌庙台。已告竣，整齐成阶。领袖人史涵仁、李万青。此一功，诚不可没也。殿前槐树，七圣堂前杨树二株、槐树一株，系李光族、张槐范、张子经、谟苑昂兴善心、用力栽培，俟□日以壮伟观，不许人毁坏枝叶。此皆盛德事也，故均勒石以志之，俾永不忘云。

篆书：张大成

匠人：张景尧、张景汤

乾隆四十七年五月朔日合庄同立

该碑刻今在长清区崮云湖街道范庄村委会院内。碑高137.5厘米，宽60厘米，厚14厘米。碑刻圆首，额横题“万古流芳”四字。碑文记载了范庄村内善人施井基、修佛爷殿庙台、七圣堂前栽树三件盛德之事。碑文楷书阴刻12行，满行28字。文中“乾隆四十五年”为1780年，“乾隆四十七年”为1782年。

范庄善人功德碑

北凤凰庄重修清流沟勾梭湾井泉碑

重修清流沟勾梭湾井泉记

大凡事无记载，久则传闻失实。是井也，创凿于清光绪八年，费工若干，耗财若干，龙王庙字板石记载甚详，无俟赘述。当清光绪十二年夏，山水暴发，井台冲没。两庄公议重修，台址加高，石罅之间均用石灰勾摸，颇称坚固。至民国三年春，天气亢旱，井泉枯涸。两庄公议，井身挖深，下达水源，惟井底四旁纯□流沙，并于井底按置方架中空之木盘，盘上按放长条石料，由下上甃二丈余高，紧顶井身中间石棚，藉防流沙。旋于是年秋，木盘下蛰，石棚崩塌，全井为之覆没。两庄又公议三次重修，花钱叁千余缗。

北凤凰庄重修清流沟勾梭湾井泉碑

越四阅月，而工始告竣。伏思两庄界居长、肥之交，共凿一井，后世子孙，当念先大人君子，创办既属不易，重修又如此艰巨，其各同心协力，互相亲让，勿因汲水多少而生嫌意，勿因担水先后而起争端，是所厚望焉。惟立碑地点久而不决，因前是井，龙王庙系在井之西□，后□水冲倒，至今无人兴修，若将此碑仍□□□□，恐蹈龙王庙之覆辙。为此，公□□□□□庄国民学校大门之旁，恐受风雨剥蚀、童蒙划刻，筑室保存，并将旧龙王庙字板石附藏于此，以备查考，而垂永远焉。是为记。

凤凰庄、常家庄同立

民国拾年花月上浣穀旦敬立

该碑今在长清区崮云湖街道北凤凰庄村委会旁边的信号塔院内。碑长168厘米，高81厘米，厚18厘米。碑刻为横碑，今断裂为三块，然碑文尚完整。碑文行书阴刻26行，满行15字。文中“清光绪八年”为1882年，“清光绪十二年”为1886年，“民国三年”为1914年，“民国拾年”为1921年。

创修马陵川石盘路碑

创修马陵川石盘路记

己未之春，余游海上，遍览蓬莱三山之属；放于邹峄，祗谒阙里，涉汶泗而登蓬玄，自太清以下，峪岭洞石，亭台观宇，无不纵目。徘徊之际，见峭然而特秀者，为灵岩也；突然而郁嶷者，为陶丘也；森然而耸翠者，为牛丘、为五峰、为云台也。诸不可殚述，大都如拱、如环、如从、如伏，皆岱宗之支余也。不厌劳骚而多登临焉，遇山水可荡，辄浮大白赏之。至于陶山，为范少伯之隐居，夙闻有七十二洞口，私心向往久矣。未遇于海上者，其庶几于此乎。策蹇南来，憩报恩宫，宿洞灵观，得睹圣天子仁孝之盛举，且以识山灵之永有庥光也。于是，每至一洞口，无不徜徉累日，不忍□之而去。纵步势之，必欲穷极无所不至而后为愉快也。由西岭一口迤逦，缘崖转而之北，约五里许，得黄鹿一泉，方广大成，清静可爱，味甘而堪茶焉。东望危岑有三教院，内焚修住持道

创修马陵川石盘路碑

人刘基前而谒曰："长者之□，何□如之？惟时道人创修马陵石盘，将告成，余山僻村落，政苦无辞以为记，盘石须之久矣。愿乞一言，多其叹不可虚也。"因询其马陵之名，道人称为孙、庞故地。余不觉欣然而喜曰："何幸得睹此遗迹也！"遂相与□山叟二三人，历问其功，遐想当年二人行事，其心之崄巇，不啻如此山也。涓之强而愚，膑之弱而智，砍大白去，而使故人授首，固一世之雄也，而今安在哉！乃道人之修此路也，□永永不朽矣。山巅有古泉，冬夏不竭，浚成□孟令行者不苦于暑，非道人之仁乎？路自山之左以达山之右，六里有奇，俱构之垣平，砌之石盘，非向所谓"骑不并行"者矣，又足以征道人之能也。工始于正月上旬，告成于二月下旬，资若干缗，皆出道人之募化，且一尘不染，自身亲帅出其力，又足以征道人之公。而督工善人贾坤、刘大章，其公其正，与道人若出一辙焉，其不深足嘉也欤哉！余喜不自胜，酹酒而为之记，识不忘也。因系之以镌铭曰：

人有善愿，天必从之。谁谓斯民，曾无遗直？

忠信在人，何论十室！□造盛事，福祉□基。

时万历肆拾柒年丁卯月望后又二日

延珍子撰文

书文人张应元

募缘人刘基□

此碑刻今立于长清区双泉镇大张庄西南马陵古道旁。碑高176厘米，宽70厘米，厚56厘米。碑身为四棱柱式，上覆仿歇山顶式碑帽，碑刻上端额篆书题"创修马陵川石盘路记"九字，正文楷书阴刻16行，满行40字，后有铭文1行，计32字。文中"万历肆拾柒年"为1619年。

王庄祖师庙重修碑

王庄祖师庙重修碑记

时大清国山东济南府长清县□南，离城七十里，王家庄迤南，两山夹涧，泉水涌出，则以长流矣。南山旧有祖师庙一座，历年久远，风雨损坏。管首王兴和等愤发诚心，奔走募化，捐金施己财，重修庙宇，妆塑金身，共成善事。此乃众人之功德也。

南至南山头，北至河，东至小山，西至西山头，四至为界。

管首（题名略）

王庄祖师庙重修碑

备注

此碑今倒卧于长清区双泉镇王庄村金星庙正殿前。碑长163厘米，宽65厘米，厚22.5厘米。碑文楷书阴刻3行，满行39字。碑文残缺无款，具体纪年不详，从正文可知镌刻朝代为清代。

五眼井村合庄重修官井碑

合庄重修官井建立碑记

井东王成德有地基树株，情愿施于庙中为业。

领袖（题名略）

大清嘉庆二十四年岁次己卯仲春吉立

五眼井村合庄重修官井碑

备注

该碑立于长清区双泉镇五眼井最西首井口旁。碑高98厘米，宽55厘米。碑刻上覆碑帽，碑额横题“垂名不朽”四字。文中“大清嘉庆二十四年”为1819年。五眼井村东山坡下有古井，因一井开五口，故名“五眼井”。

肥邑感化社五眼井四供社建醮碑

肥邑感化社五眼井庄建醮立碑

环庄皆山也，其东南诸峰丘壑尤美，望之蔚然而深秀者，神楼山也。山之下有水声潺潺，触石而泻者，五泉也。泉之北有瓦缝参差、巍然于台上者，天齐庙也。余遨游于此，见其人，佛号钟声，粢盛供奉，询所从来，则曰："四供社也。"问所倡率，则曰："王仲祥等也。"吾想天齐之为神昭昭也，呵人民之灾厉，保一方之康宁，故一乡之人捧匜荐盘，四季供献，此固好善之美意，而亦合庄之盛举也。迄今三年，供社圆满，嘱予作文以志之。余岂□□能文者，特志其向善之心，勒之贞珉，以永垂于不朽云尔。

四供社下□岁重修

肥邑感化社五眼井四供社建醮碑

备注

该碑横嵌于长清区双泉镇天齐庙北道房墙基下。碑长165厘米，宽75厘米。碑文楷书阴刻6行，满行34字。因碑刻下部被土掩埋，故不得其落款年代。

五眼井高家庄重修天齐庙碑

五眼井高家庄重修天齐庙立碑记

粤稽云峰渊源，古今称为胜地；缘知名山真水，居处原难两全。念此乡村，东临神仙楼，西对柳树泉，南临安台山，北向鸡魁顶。四山之下有水声涣涣，望之树木荫郁，瓦缝参差，巍然而深秀者，天齐庙也。左有玄天上帝，又（右）有白衣大士。盖已多历年所矣，风雨摧残，栋宇倾圮，非加修葺，不能□□。会首宋学伦等慨然抱黄州之志，公议重修，独力难成，凡我同心，出资补葺，墙壁颓败，施以黝垩，□□我乎。瞻视亦触目而辉煌。以今视昔，□多让□□举也。继志而述事，守先而待后，可忍其□□□乎？□□谨述原委，勒石告竣，敢竭鄙诚，恭疏□□□□□神之正正堂堂、磊磊落落，以及庇□保障，□禱禳灾，不敢赞一词焉，惧亵也。

领袖王仲祥四供社钱拾千入庙

长清县庠生李丹楹撰文，长清县后学宋林书丹

领袖（题名略）

铁笔：王重□

石匠：商曰珂

大清嘉庆二十五年岁次庚辰仲夏下浣吉旦

住持贾位成

备注

该碑今嵌在长清区双泉镇天齐庙北侧房屋的墙基下。碑长174厘米，宽68厘米。碑文楷书阴刻7行，满行40字。文中“大清嘉庆二十五年”为1820年。

五眼井高家庄重修天齐庙碑

重修鹂泉书院碑

重修鹂泉书院碑记

山阴有黄鹂泉者，云树苍茫，本由天造；峰峦耸翠，非出人工。而名泉即出于其间，此实肥邑名胜地也。上有古庙四座，我孙氏于国朝累世重修，至十世祖逢年公又重修庙宇，就西偏创建书院，并捐学田八亩，为后人读书之所。余祖建正公承十世祖志，意欲阔其旧基，另为重修，奈志未遂而寿终矣。余伯培谦公欲承先人志，而余等苦无余力者，学田生息又累年葺补墙屋，绝无余资。然置而不理，又恐日久渐废，使后人失读书所，亦先人之遗憾也。是以，余等公议，暂当学田四亩，做重修资。后族中或有捐项者，或俟学田生息足，皆可为回赎资，亦不得已之权道耳。非敢谓承先志也，聊以全先人启后之意云尔。后有捐余项修书院而增学田者，更余之厚望也夫。

十七世孙孙昌贻拜撰

刘价臣书丹

大清光绪二十三年月上浣穀旦立

创修孙氏谱碑记（碑阴）

尝闻：水有源也，木有本。本本源源，在物犹然，而况人居三才之中，世系固可不重乎？明初我孙氏始祖自淮来肥，居于邑南孙家庄焉。至十世祖舜公复卜居于此。舜公昆季四人，迄今丁口颇称蕃盛。惜无力建祠，无以妥先灵；而支谱未修，历久失序者，更属难免。是以余等公议，先为立碑于此，以清支序。迨后建祠有所，而同宗谱牒再期重修云。十三世孙培谦谨序。

光绪二十二年岁次丁酉瓜月上浣穀旦

重修鹂泉书院碑

备注

该碑今在长清区双泉镇黄立泉村（古称黄鹂泉村）南黄鹂书院旧址内。碑刻立于碑座上，长146厘米，高133厘米，厚14厘米。碑阳刻《重修鹂泉书院碑记》，楷书阴刻12行，满行22字。文末“大清光绪二十三年”为1897年。碑阴刻《创修孙氏谱碑记》，楷书阴刻5行，满行28字。文末“光绪二十二年”为1896年。碑后山崖下的自然洞窟内即是黄鹂泉。

李庄圣仙泉石刻

圣仙泉

光绪廿五年七月重休（修）

圣仙泉位于长清区双泉镇李庄村东安台山西坡，为《济南市名泉名录》收录之泉。此石刻镌于泉旁卧牛石上。文中“光绪廿五年”为1899年。1996年版《济南市长清县地名志》记载，明万历年间，李氏由大清河（今黄河）西李家隫迁居该村，该村遂名为李家庄。

李庄圣仙泉石刻　左庆摄

大张庄上水庵石刻

康熙二十四年孟冬（右题）

上水庵（大字正书阳刻）

大张庄上水庵石刻　陈明超摄

备注

此碑位于长清区双泉镇大张庄东九顶莲柱山西麓的上水庵。上水庵因东侧的上水泉而得名，该泉于2005年被列入《济南市名泉名录》。文中“康熙二十四年”为1685年。

大张庄刘家私井碑

修泉井碑记

张家庄公立，同治九年四月

禁止妇女洗衣，损坏树株。

不遵者罚钱二千……

大张庄刘家私井碑

备注

长清区双泉镇大张庄村东安台山下有刘家私井，此碑即嵌于井旁石堰下。碑高75厘米，宽56厘米。碑刻为当地黄色石料雕刻，字迹风化严重，模糊不清。文中“同治九年”为1870年。

大峰山三教堂重修碑

古有大峰山，之西三教堂由来旧矣。凡登临者莫不憩息于斯，乃肥邑之胜境也。近来风雨损坏、瓦崩椽折之患，孰不目击而心伤乎？□□□□善人等募化四方，斜起而更新。又有岚峪庄协心同力，共捐资财，庙貌重整，焕然改观，欣然乐悦，无一人不快乎。今工竣之后，□善士共议，庙前之水惟岚峪庄所治，是以特许此庄日用，不许外庄搅挠。今勒碑志名流于千古不朽矣。

铁笔：王□□住□（题名略）

大清乾隆三十一年岁次丙戌季秋榖旦……

大峰山三教堂重修碑

该碑倒卧于长清区孝里街道大峰山三教堂西南的树林中。碑高162厘米，宽67厘米，厚16.5厘米。碑文楷书阴刻5行，满行34字。碑文所载“庙前之水”当指大泉之水。大泉位于大峰山主峰西北侧三教堂与山崖间，南侧山下为岚峪村，旧为岚峪村人的日常饮用水源，当代已列入《济南市名泉名录》。三教堂旧为大峰山五景之一，1937年《重修三教堂碑序》记载：“此山有五景，前有簸箕掌，后有天麻峪，左有璇玑洞、云峰庵，右有三教堂。” 文中“大清乾隆三十一年”为1766年。

大峰山青龙潭石匾

甲子年（右题）

青龙潭

三月立（左署）

大峰山青龙潭石匾　陈明超摄

备注

青龙潭为2005年《济南市名泉名录》收录之泉，位于长清区孝里街道大峰山峰云观内。此碑嵌于青龙潭拱券泉洞上方。据峰云观的相关记载，碑面所镌“甲子年”当为民国甲子年，即1924年。此外，峰云观内还有“待月泉”泉名篆字刻石，书者及纪年不详。

大峰山“云根”石匾

甲子榴月吉日（右题）

云根（大字正书）

清邑祝萱题（左署）

大峰山“云根”石匾　陈明超摄

备注

此匾嵌于长清区孝里镇岚峪村大峰山风景区峰云观二山门上，有“云根”石匾。二山门旁即圣水池，拱券泉洞上嵌有“圣水池”碑，篆书，无款识，镌刻年代不详。

水泉峪村修井碑

康熙五十七年，浚井一丈三尺，使钱三十一千……

石匠：郝成宁、黄一玉

石匠：李克□

长清县□□水泉峪庄

修井工夫：工百六十，使钱一百

备注

该碑今在长清区水泉峪村东首古井旁。碑高145厘米，宽59.5厘米，厚14.5厘米。碑刻圭首，碑身风化严重，漫漶不清。文中“康熙五十七年”为1718年。

水泉峪村修井碑

平阴篇

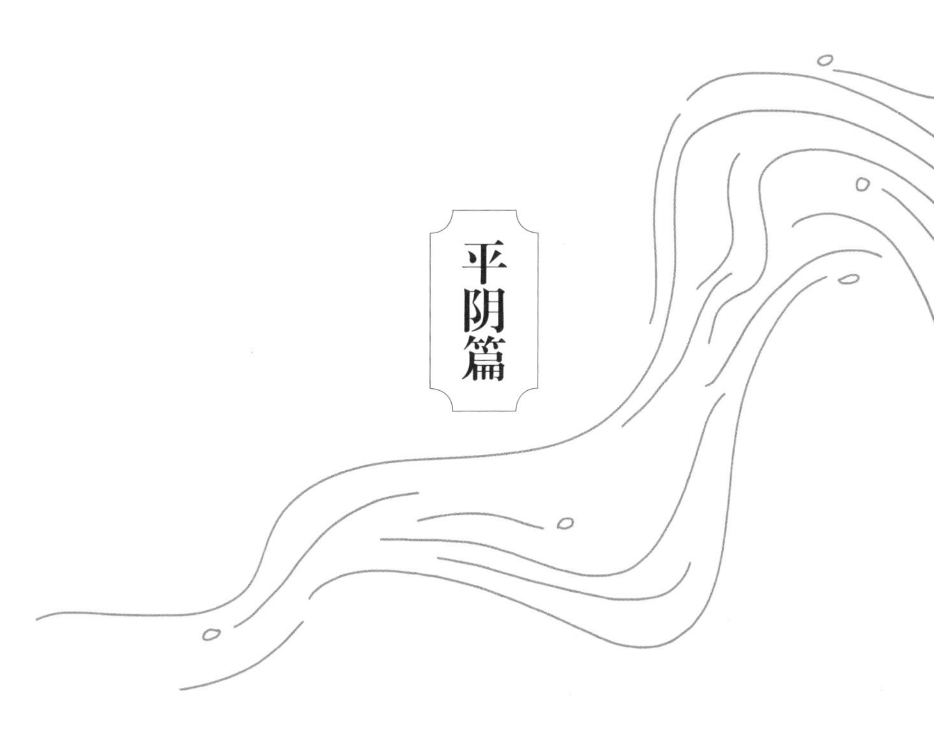

杨士元洪范池诗碑

名泉看不厌，揽辔再过洪。水活偏宜茗，涡旋恰傍松。
飞云漫雨露，浸远跃鱼龙。对此淙淙者，忘听别寺钟。
四围山色远，突地起飞泉。因水鱼虾壮，依崖藻荇牵。
汲来烹白石，引去种青莲。羽士黄精饭，啖之我欲仙。

康熙辛亥夏题洪范池，阿令秣陵杨士元

杨士元洪范池诗碑

备注

此诗碑立于平阴县洪范池镇洪范池景区的洪范池前小池旁。碑高130厘米，宽65厘米。诗文行书5行，满行16字。文中“康熙辛亥”为1671年。杨士元，江苏秣陵（今江苏江宁）人，清康熙年间以进士授东阿县令。

康熙重修洪范池碑

重修洪范池碑记

邑东南十五里许洪范池，阿邑之巨观也，丙子年重修……旦酌彼流泉，食彼溪□，尤不可默然无言以对焉。考阿邑……其清冽远异他地，其间修人伟士、名臣巨儒，代不乏人。说藻……千岩竞秀、万壑争奇者，非耶？然而泉之更奇，□则以洪范……□其藻荇□交加，翠碧殷红，鱼龙吐沫，常生□□，士人祷……初，邑令朱公重修之。自兹以往，三百年来，无复有修之者……之□一官走天涯，一官匏系，徒令山灵笑我辈为俗吏也。……□□闻彼多素心人，所堪乐与共晨夕者乎。于是携二三……□□异界昔人云“别有天地非人间”者，得勿是耶？遂访邑之……□□觞以醉自举，人世之乐将无以□此者。特以池渐倾圮……南鹅山村秦得禄等游其地，不胜恻然。遂捐金首倡，欲为重修……莹澈，可鉴毛发。池北建石桥一座，以便□□□围石渠仿曲水……复治庙田十七亩，奉侍香火，使住持者有百世不迁之意焉。是……邑之气脉所攸关也，从此人文蔚起，甲第蝉联，□科鼎望，不减成……

进士第、中宪大夫、知陕西延安府……

邑庠生张长发书

康熙四十五年十一月吉旦

□首（题名略）

该碑刻今在平阴县洪范池镇洪范池景区内。现为残碑，下半部分缺失，故碑刻尺寸不详，碑文不完整。文中“康熙四十五年”为1706年。

康熙重修洪范池碑

洪范池碑

洪范池碑记

洪范池碑

俗吏不宜说山水，说山水便成痴话。年来登临一峦一泓之间，都期期不成一语，盖有鉴于斯。故令长于太华山阴，庐距黄渭湄数咫，岳色河声，左右与耳目迴，听涉不少佳趣迩，则窍塞而瞳涩矣。卯岁移宰阿邑，公隙阅志，知城之东南隅嵫山称奇，而所云“洪范池”涌其溪，思涤俗态，驰山无足，艳泉漾于一亩凸中，湛渟甘碧，如玻璃色，沁人心脾。乃址基秽难，值趾西偏葺茅屋为童子诵读所，以逼仄无能者。爰呼泉傍之士耆，俾供嘉理，均怡然如命，缭之以垣，构书室三楹，增置小亭于其西，杂植竹卉松柳。告令阙焉，且佥指岩畔石，乞令言其事，镌之。令曰：“是殆欲疥此一片谷城石也。”固争之。夫令为诸生时，尝徙华巅，眺咏于二十八潭之侧；振衣雁翎，濯缨逑洋，意气差强；兀坐家园二岑崒，九曲从灏，举牧诸几砚前，兴亦不浅。迨一行作吏，无复故我。睹兹之山围列嶂，而泉流喷珠，怦怦有动机，忘为风尘道上客，则今此修治匪为泉标胜，而为令医俗也。然令不俗，而令疗矣，试质之于士耆，其然与否?

乾隆二十九年，阿令李汝臻

此碑今立于平阴县洪范池镇洪范池景区院内东南角。文中“乾隆二十九年”为1764年。

洪范池

洪范池义学碑

洪范池义学碑记

环阿皆山，而东南泉岩尤胜。距邑十五里，洪□□□□□，史传无可考，顾阿邑之山大率以石为骨，即泉多穿石罅，而是池独涌出土阜上。阜可五六亩，四围削下□□□□□自下仰吐，澄澈甘洌，一鉴乎开，盖灵秀之所会也。居人以砌为方池，绕以石栏，穴其旁引水以出，雪浪喷飞，泠□□□□右，而于西畔复结小亭，架数椽于亭北，以为憩泉之区。望火髻山簪□横翠，扑人眉宇。东里许为天池□□□泉，□□□□边溢，东流书院之故址在焉。庄北铧山晚照，金碧交辉，变幻万状。其南则印峰、笔峰双峙于前，尤奕奕左□□□□□，当聚生徒读书其中。池僻而幽，无车马喧阗之骇。山泉野鸟，时与弦诵之声响答，阿邑胜迹，逾于此□□□□□阅邑志，知此池为名胜地。及询访东流遗迹，则四壁俱废，残碣尚存，急欲恢复旧制，而惭未达也。适诸君子前□□□□来赐请于池上建义塾，并愿醵金以资膏火，延师授徒，为久远计。余嘉其向善之诚，实于地方风俗□□□□□□□请□为复其徭役，用以坚其至成其美。望笃之君子继继承承，始终勿替，行见人文蔚起，次第增学□□□□□□红苑与青砖紫袖辉映欤！喷珠漱玉之旁，则洪范之增美，不俨然东流之遗泽□？役既成，因为记其大……

乾隆三十六年五□□日□，阿令周世玉记

备注

此碑今在平阴县洪范池镇洪范池龙神祠后。文中“乾隆三十六年”为1771年。

洪范池义学碑

道光重修洪范池碑

重修洪范池碑记

吾邑山水之胜多在东南，而其尤推龙池首。龙池者，洪范池也，距柯亭十五里，左临狼溪，溪东为东流池。洪范池与东流共汇狼溪，入大清河，以济艖舟。余尚溉田数十亩，匪直胜区，水利系焉。命名莫寻所自，始《尚书大传》：箕子本禹之治洪水，以陈范池。盖取规模洪大，范水，使不滥也。览其形势，方、广各丈余，深倍之，四周皆巨甃，池水去地积数尺，澄澈清莹，冬夏无消长。论者谓济水之见云。金完颜时，村人因祷雨辄应，建龙祠于池北，故又号“龙池”。道光癸巳，池东南隅忽陷，水即由地中行，不复自龙口出，而池减色矣。甲午，余馆于池之西偏雨化堂，每出游，意辄索然。谋于众，商重修者久之。众鉴前修者累溃弗成，多异词，议遂寝。会邑侯政暇游于此，具以白侯，曰：“何伤哉！请成，众等任其功；不成，吾任咎。”遂引村中父老举董事者。侯即因所举首三人，访以策。方逊谢让，

道光重修洪范池碑

众坚举之，侯复怂恿之。不得已，应曰："治水之道，疏浚塞而已。拟从陷处挑河泄其水，次出淤泥于池，见其底，以油灰抹其罅隙，以寸石版垫其托石，然后以小石闸涂灰合其龙门。挑河两岸，积三合土以俟填沟中，横垒三石坝以蔽土。如是，防不溃，水不溢，功庶可就焉。"侯曰："善。"工兴于道光十四年三月十二日，四月十八日告竣。及侯再至，皆如其言而效，池澄澈如初，而复潭影空人心矣。侯，黄姓，湖南人，讳维翰。所访三人：一镇南熊君思衡，一德肃李君恭，一冠群万英，余兄也。因窃有感焉：凡工有所创于前者，必有所继于后，乃可永存，而人受其利。否则，有废而不举耳。池之修，去今五阅岁。兹因池前门落成，欲勒石。余因见之切，故不敢为文饰之词以诩其景之美盛，而惟著修池实迹，使后人知此时首事等谋事之豫、襄事之力、用心之苦，异日其有征焉。是为记。

廪贡生于万俊撰文

廪膳生秦维翰书丹

首事（题名略）

道光十八年岁次戊戌九月望日立石

此碑立于平阴县洪范池镇洪范池前。碑长150厘米，高140厘米。文中"道光癸巳"为1833年，"道光十四年"为1834年，"道光十八年"为1838年。

秦维翰（1794—1865），字景君，平阴县东阿镇人。清咸丰乙卯年（1855）恩贡生。赋性刚介，品端学粹，尤善书法，其用笔以欧柳为宗，小楷为泰安七署之首。山东省院前街石坊上"齐鲁总制"四个大字就是他的手笔。

龙池碑

戊戌九月（右题）

龙池

秦维翰书（左署）

龙池碑

此碑嵌于平阴县洪范池镇洪范池出水龙首之上。“戊戌”当为道光戊戌，即1838年。

重修姜女池万善碑

重修姜女池，并建亭一座、瓦房三间、草房五间、中门围墙，各村捐资姓名万善碑。

纠首（题名略）

乾隆二十九年岁次甲申仲秋吉日立

该碑今在平阴县洪范池镇洪范池景区后院内。碑高149厘米，宽57.5厘米。碑刻方首，碑身中间大字竖题，其两侧均为善人题名。文中“乾隆二十九年”为1764年。

重修姜女池万善碑

朱维京东流泉诗碑

东流泉

院傍三家市，屏开十里岑。石床云作幔，丹壑水成音。
转树林飞玉，冲波月散金。不知行役苦，但觉空人心。

万历辛巳夏六月，庐陵朱维京书

此碑今在平阴县洪范池镇书院村东流泉旁。碑高205厘米，宽87厘米。文中“万历辛巳”为1581年。

朱维京（1549—1595），字可大，别号讷斋，江西万安人。明万历五年（1577）进士，历官大理评事、右寺副、光禄丞。万历二十一年（1593）上疏谏三王并封，帝震怒，斥为民。

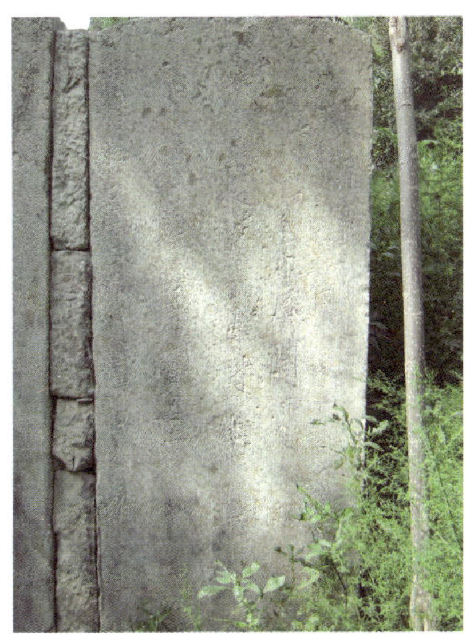

朱维京东流泉诗碑

朱应毂东流泉诗碑

东流泉，和朱可大韵

清流环曲径，翠色映遥岑。山静少人迹，林深多鸟音。
雨余云破练，月上酒浮金。千里来知己，同游惬素心。

黎阳朱应毂书

朱应毂东流泉诗碑（左）

此碑今在平阴县洪范池镇书院村东流泉旁，与其右侧的朱维京东流泉诗碑并列。碑高205厘米，宽87厘米。据了解，此处古碑原为三连碑，今只剩两方。原作应为三首，遗缺的一首应为于慎行所作《雨中东流泉上同可大赋》："风雨鸣丹谷，林亭倚翠岑。一樽今日酒，千里故人心。树动三秋色，泉飞万壑音。夜凉横吹起，欲听水龙吟。"

朱应毂（？—1587），字德载，号槐石，河南浚县人。明嘉靖二十六年（1547）进士，历官户部主事、郎中、东阿县知县、山东按察司佥事、山西布政司参议、按察司副使。

“扈泉涌碧”及题记石刻

扈泉涌碧

万历辛巳午日，今承柱史孟连洙、太史于谷峰邀饮于此。是日偕旧交高湲、张据庵、吴乐轩春庵、马涵吾茂、朱到子一表、于子慎思，尽兴言归。因大书四字，以纪胜游之。

黎阳朱应毂

此石刻镌于平阴县洪范池镇云翠山北端扈山山坳中的扈泉泉池南壁。有文章称“扈泉涌碧”乃于慎行所书，盖因未留意大字之下的小字题记。扈泉西壁原镌有当时诸人的诗赋，惜已难以辨识。文中“万历辛巳”为1581年。

“扈泉涌碧”及题记石刻

重修丁泉池碑

重修丁泉池碑记

此池不知浚自何代，大元至正年间已经重修，碑文俱在，不必再赘。但前此皆荒石所砌，非惟规模狭隘，难容涌发湍急之势，且历年久远，多有破坏渗漏之处，览者每不惬意焉。今稍扩其规模，既足容其湍急，更补其罅隙，又何有于渗漏。以今视昔，不诚焕然维新，有改观之致乎？要亦犹是，因其旧迹而重加修治也云尔。是为记。

池北公买地贰亩

皇清乾隆七年岁次壬戌二月吉日立

重修丁泉池碑

该碑今嵌于平阴县洪范池镇丁泉泉池护栏之内。碑刻为横碑，长139厘米，高98厘米，厚21厘米。丁泉村东首有古名泉丁泉，村以泉名。今丁泉为四方泉池，四周有石砌护栏。碑文楷书阴刻7行，满行20字。文中“皇清乾隆七年”为1742年。

天平观碑

天平观碑记

柯亭者，即天平郡之属邑也。其地膏腴，民物繁多，水陆两地，崇儒重道者众，琳宫玄馆，在在有之。邑之东南相去一舍许，有山曰“龙头”，有泉曰“白雁”，一泓澄澈，四时不涸。父老相传，汉王征楚，道经其东，见白雁惊起，王曰：“其地有泉。”令士卒往视之，果然，故泉得是名也。今道之左有汉王庙，马跑泉在焉。曩岁鲁国武惠严公闻其地山水奇秀，偕玄通惠和真人、范尊师联辔而游，土人指其东曰：“此山盘踞如蜗牛之状，南望峭山，势若拱揖；西则虚旷，曰‘孟册之川’，有昔名将之台、烈女之冢；北列平翠蔚然者，龙首山也。”武惠公四顾山川相缪，徘徊久之，称以仙境。师曰：“善哉！公之言。可以为栖隐修真之地。”时侍行者尊师之门人守一大师匡志纯也，默识师之说，后告行台千户穆公，欲购其地，构筑观宇，阐玄风。公知志纯介行清高，博通玄学，儒者之书，亦颇涉猎，闻有志于斯，深以为喜，慨然立券，施地一区，永为一方祝厘祈福之所。志纯率其徒张志古、范志元、张道素等，能以节俭勤苦，芟除荆榛，平治基址，结庵以居，日积月累，经营数年，谋为改观，创建殿堂。凡乡闾乐善之家，闻风企敬，运材植资，力之助者，不可胜数。穆公又为功德之主有所未逮，力出私帑，愿成其美，中创正殿三楹，以奉玄元道祖之像。灵官有堂，武安王有祠，斋厨云馆，靡所不具。纠工于戊申之夏，告成于是岁之秋。丹雘彩绘，悉以毕工，始请额于范尊师，蒙以“天平”扁其观，盖取郡名之也。志纯羽化，超然大师张道素嗣主其观，开山创始，勤绩亦多。道素寻顺世，嗣知观事冲妙大师权本县威荐杨道易，仁慈文雅，于众和同，节食撙衣，略蒿积视，观之当务，皆撤旧而新之，益隘而广者，饰以金碧，轮奂美哉。又置粟田疏圃若干亩，以赡道流。焚修祝颂之心，夙夜匪懈，能宏其教以成前人之所未成。遐迩闻之，莫不称美。（余略）

白雁泉 雍坚摄

备注

此碑原立于平阴县洪范池镇白雁泉村白雁泉池东，后被毁，今仅存残碑。此文采自《洪范池镇志》，撰书人为詹维高。有记载称，此碑为元皇庆元年（1312）所立。碑文中所载“鲁国武惠严公”应为严实（1182—1240），他生活于金末和蒙元时期，天平观于戊申之秋告成，而与严实生平最接近的戊申年为1248年。此番出入，有待方家考证。

云翠山天观碑

云翠山天观记

前翰林学士、承旨中奉大夫、知制诰兼修国史李谦记

邹邑峄山仙人、万寿宫提点洞微静照□□大师杨道远篆

□东阿南东行四十里许，岿然一峰矗立云表，曰“云翠山”。其阴由扈峪山峪南向盘石蹬而上者三里所，始即夷路。峭壁折而西，得其门以入，松柏列植，花竹交映，是谓“天观”。其南二山，曰“大髻”，曰“小髻”，皆倚一山之卧屏，□土人名丘子屏，不知所然。其东则大崓山，狼水出其下，西北流经谷城，合西河泉，泓渟澄澈，遂入于清济。前此六十年，岁在戊申，道者牛志淳、郭志仙修全真之道，游方□□募修。乡耆孙友以居久之，友见其气质古□、志节坚苦，真遁世辟俗之士，乃指云翠语之曰：“是中□有□□，盖畴昔□人栖隐之地，今其遗址存焉，且若可居。诚欲一往，予请前导。”乃摄衣登陟，二人者从之，攀援乃上，□至心境□□不留之□忍去。于是夷险芟荒，相收□□□，亦愿□其□，规狭为□，益卑而崇，裁正方隅，略定基址，曰：“某所可殿，某所可祠。”于以至云堂斋厨皆定置。方宜会同侪周志方、赵志古继至，執耑垦辟，身服劳苦，殆无虚日。仍蓄医药以疗疾，至诚感孚，远迩信□，富者乐输所有，贫者争尽其

云翠山天观碑

力。岁积月累，功用告成。殿堂祠宇，不衡不素，云□客次，观所宜有，无一不具。水泉足以充用，菜蔬足以供茹，□生粗给，而宁神有藏。志古拟具石志兴建攸始，志方以为自山川奠位，不知几年几时安□□□其上，遂寝。至是，其嗣业高弟赵道完、赵道昌复以志古，初介儒士姬侃来□□□四老师经启此山，迨今甲子一周，勤亦至矣，而吾辈坐享其成，且功成不居。在吾先师，则可今羽化久矣，使其迹湮灭无闻，吾辈康乐安逸乎？邑人也幸为记之。予惟昔之隐处之士，入山唯恐不深，盖所以厌嚣尘、远声利、惧外物，吾浼也。矧方外之士，澹（淡）然无欲，萧然绝累，烟霞泉石，过出物美，可得留之哉！云翠山北庵后耳，石田硗确，岁入无几，道侣三数人，冲虚以自受，柔弱以自持，虽其寡欲无求，啬用易能，安于所寓，修真养浩，终老于其间。乡之善士，又能效其资力以庀佑之宜其成此伟观，垂示永久，为成其志可也。四师皆□乱入道，师长春高弟冲虚大师王志演，居州桑峤镇之长春宫，志方号圆融子。志古号淳和子，四人皆寿逾八十，无疾而终，人以道行青普多之。

元至大四年二月二十九日，本观住持知观寿真大师赵道完、副观和逸大师赵道昌同立石

备注

此碑立于平阴县洪范池镇云翠山南天观西小门台阶西侧。碑高274厘米，宽104厘米，厚33厘米。碑刻立于龟趺之上，上覆高浮雕二龙戏珠图案的碑帽。碑帽正中云板篆书阴刻“云翠山天观记”六字。碑文楷书阴刻14行，满行53字。此碑为南天观内最早的碑刻，碑阴为《全真教宗派之图》，用图示形式描述了南天观全真教徒流派脉系。

李谦，字受益，号野斋，山东东阿堂子村人。元初经东平路行军万户严实推荐入朝为官，后官至集贤殿大学士、荣禄大夫。至大四年（1311）三月间，已致仕的李谦受刚即位的仁宗诏旨，再次回朝为臣。此碑立于至大四年二月，应为李谦临行前所撰。

云翠山天柱观新建玉皇阁碑

云翠山天柱观新建玉皇阁记

赐进士出身、资政大夫、礼部尚书兼翰林院学士、前经筵日讲、会典副总裁、知起居注官邑人于慎行撰文

赐进士第、奉政大夫、南京通政司参议邑人孟一脉篆额

赐进士第、中宪大夫、知直隶庐州府事、前工部营缮司郎中邑人乔学诗书丹

环吾邑之东南，千岩万壑，罗列如屏，而其突兀耸拔者为云翠之巅。其状削成四方，壁立万仞，诸峰莫敢望焉。所谓天柱峰也，以其形似，亦谓之印峰。峰之北坳，故元时有祖师殿四楹、稻池一区，学士李公谦尝为之记，谓之南天观。南天观者，以白雁池上有天平观，此在其南也。观之北址有平峰如几，谓之丘子坪。丘子坪者，炼师丘长春也。峰之东南有岩如坛，谓之子陵台，盖曰严光隐此云。长春仙于东海之上，其徒择胜而居，称丘子之派，固无定所；而汉史著子陵隐于齐国，邑在齐之南境，足迹及此，理亦有之，然皆无所考据。而其峰峦秀异，甲于齐鲁之交，即不必有仙人隐士之迹，而已为一方之名胜矣。

云翠山天柱观新建玉皇阁碑

元末既经兵燹，台观颓圮，化为仙禽野鹿之宫。即有探奇纵观之士，多以无所栖止，望而不能至，而峰之秀异若有所郁而不彰者，盖予少时所常慨叹，而力不能为也。嘉靖丙寅，悟庵许公道先始从濮阳来游，盘桓顾望，若有神启，遂诛茅结庐，隐于其上。许公者，磊落有气，黄冠之侠也。大司马舜泽苏公、符卿北山李公重其道术，相与捐资助之。许公亦以施药拯济，能得人和。四方士女东祠岱岳者，道出山下，往来谒礼，蚁附蝯缘，米谷布帛之属，辇负云集，禁不可止。许公一无所私，皆以庀徒鸠工，规恢观宇。其所营造，日以宏侈，游者益多。鲁王闻其贤，亦赐金若干，玉皇阁遂建焉。工既落成，许公因观故，名徼重于峰，榜曰“天柱”，遣其徒通安谒予为记。予自登仕以来，前后请告家居或六七载，以此山为外舍，即微许公之请，固乐为山灵载笔，不敢辞也。

盖今所修观在故祖师殿之西，有门北向，堿数十级，略如盘道，谓之天门。门之内有阁，南向，谓之凭虚阁。其高三成，许公坐卧处也。又内有阁，北向，谓之长春阁。其高三成，貌丘公而事之。四方客至者，下几榻焉。阁之后筑岩而窍之，如二楹屋，谓之回阳洞。洞之中坎地而泉，曰“天一泉”。泉出洞而汇为池，池上为小坞，别种花卉。由洞右缘堿数十级上，垣而宫之，谓之蓬莱道院。院之中凿山而窍之，谓之许公洞。洞之上即所谓“玉皇阁”也。阁负离向坎，其高三成而峻，壮丽巍峨，焕若钧天之居矣。阁之左有殿，以奉玄帝；其右有殿，以奉三元。而岩之上下左右，种杏千余，杂以杨柳。春二三月，花树纷郁，山鸟多音，俨然玄圃石室中游也。由观而上行可二三里，乃得天柱峰云。而自有观以来，探奇纵观之士始有所栖止，以至于峰之下。此峰之胜，若因观而有者，许公之功德于山灵顾不大哉！盖天孙日观之岳负海西向，以受北纪群山之朝，盘薄河、济之间，周回号三千里。其北一支尽于历下，而结为华不注；其南一支尽于邹滕之间，而结为峄；其西一支尽于吾邑，而结为云翠、大崦二山。其嵚崟造天，苍翠万状，皆若岱宗之华表然，可谓奇观矣。然峄以秦皇片石遗迹千古，且在南北孔道，车马往来，游轩相属；华不注以齐晋之战载在《左史》，又当东省会城、冠盖人文之都，故其名迹易著，纪述□广。而此山亭亭孤立，峙于蓑尔之邑，车辙马迹之所不及，冠盖人文之所不至，故自元以来，历二百余年以至于今，而始知有游之者，则许公之功德于此山，盖若挟而置之大道会府。然而山之显晦与游者之遇与否，亦皆有时，不可强也。夫山岳之体万古不亏，而宫室楼观与夫金石纪载之文，其不能与山共永，可知也。无论学士一碑在藤萝烟雨之间，漫漶磨灭，已不可读；即所谓"严陵""丘子"者，固仙人隐士之雄，乃其遗踪，惚恍若存若亡，此亦足以睹矣。而许公犹欲假予区区之言以永其胜，不亦左哉？虽然，远而要其有尽，则山亦旦暮也；近而观其无尽，则宫室楼观与夫金石纪载之文，其成与毁亦已悬于耳目之所不及，而孰知其尾哉？是言也，吾闻之鸿蒙，鸿蒙闻之太始，太始闻之无为谓，因而为之记。

万历癸巳仲夏望日

文林郎、知东阿县事、乡进士颍川王以旌

县丞瓯宁吴滋

主簿兰县刘烜

典史南昌吴华

儒学署教谕事、乡进士漳浦林有初

训导考城李讲

训导新城崔□

旧县驿驿丞张应宿

备注

该碑立于平阴县洪范池镇云翠山南天观蓬莱仙院东侧。碑高241厘米，宽98厘米，厚28厘米。碑刻龟趺龙首，碑文楷书阴刻19行，满行70字。文中"万历癸巳"为1593年。因撰书人于慎行、书丹人乔学诗、篆额人孟一脉均为明代进士，故此碑又称"三进士碑"。该碑刻详细记述了明代重修天柱观的经过和山间胜景，碑文所载"天一泉"，即被列入济南当代七十二名泉的日月泉。

云翠山重修帝君庙碑

阿邑之南有云翠焉，陟彼其巅，纵目而遐瞩，东有大岘，西有狼溪；北有洪范滔滔，南有天柱巍巍。环视其内，有日月泉，有回阳洞，□其景不胜数焉，此间吾之巨观也。近而环居，远而邻封，罔不休息游玩于其上□。自悟庵而后，住持讵曰之人，类皆奢侈无度，未有目击心惊、起而补葺之者。以故□阁颓敝，东华尤倾，群□茅庵，悉属惨目，不几成荒凉之区，等于他山之鄙，观无可望其复兴也哉！幸有戒衲李朴庵者，昔居梁山西峪间。其为人厌厚味而可淡泊，恶华丽而安朴素，且修真养性，恪守□戒。请之再三，迎以入庙。来此云翠未至半载，而南阁改□，帝君未修，意实弗慊也□□。矧此帝君之德，浩浩荡荡，履育万物，庇乎民生，尤其宜修之者乎！于是日夜焦思，寝食弗安，谋诸禄人，欣然协力，而两之人亦皆踊跃□□□□，各输资财，爰命工匠举目前之颓然敝坏者，一□旦补葺□而修整之，而庙貌神像无不焕然以新矣；而且石□以筑，茅庵以修，非复前□□此荒凉之致，即拟诸始盛之日，亦有加焉。最能于云翠□□息之余，而使有复兴之机，不至泯灭者，悟庵之后，厥惟朴庵其人乎！自是□而游观其上者，莫不曰“此迨帝君之灵欤，云翠之□运□□欤”。而吾则曰“□朴庵之德、□□之功也”。功德若此，洵不可没也，理宜敬修数语，刻之于石，以垂不朽云。

文林郎、知东阿县事周靖邦

梁山营右司厅东日增

军粮厅邱峻德

捕务厅程明桂

天仙宗派七代弟子裴杨春，徒知观戒道李在诚字朴庵、徒曹乾山、李乾森，徒侄周乾禄

乾隆八年岁次癸亥梅月中浣之吉日

云翠山重修帝君庙碑

此碑立于平阴县洪范池镇云翠山南天观新建玉皇阁院内。碑高187厘米，宽69厘米，厚25厘米。碑刻上覆碑帽，碑身下端五分之一处断裂。碑文楷书阴刻9行，满行53至57字不等。文中“乾隆八年”为1743年。

重修南天观碑

阿邑多山也，其东南诸峰，林壑尤美。□之□□□□者，为云翠之巅。是山也，印峰峙于南，大嵫列于东，浪溪环于西，扈泉流于□。此固天造地设，不假人为，乃可□之名□□人□客所□游而纵观处也□。若邱子坪、子陵寨、回阳洞、凭虚阁，其峰回路转、映带左右者，前人之说也备概，何必□□□□□□□伊始，其观宇不知肇基何许，相传为邱长春之徒曾卜居于此，然亦无可考。迨元末，既经兵燹，□观□榭，悉化为山舍野鹿之□。及嘉靖年间，有悟庵许道先从濮阳来游，见此地千岩万壑，可以避俗，可以炼性，遂诛茅结庐，隐于其上。有北山李公重其道术，捐资助之，庀徒鸠工，始而茅檐，继而观宇，其营造日以宏侈焉。□知□过境，遂□盛难□递。及至清初，尚未咸宁，以贤人隐逸之所，以为盗寇潜踪之区，游此者感慨系之矣。有法师张公仍其旧址，增而修之，将有复初之势，一旦羽化登仙，半途而废。暂后有□观戒道朴庵李公自梁山而来，为此山住持，承法师未了之志，既积储之有□，爰募化之维殷，凡观一所，从无者创建之，已有而圮颓者补葺之。即起法师于今日，应亦不过如是。朴庵可为承先待后者欤。一旦朴庵去亡，其徒居之数年，风吹雨浸，庙宇而崩颓矣，神像而暗淡矣，楼阁而渗漏矣。附近居民或游览于斯，或牧樵于斯者，咸相谓曰："若有朴庵诸公在，当不至此。倘不及时修补，其不流为荒烟蔓草者几希。"于是蚁集公议，其好善之心有不约而□者，遂各输囊资，毫无吝惜；又赖四方君子仗义疏财，共襄厥成。不两月而告竣焉，将见庙宇更新，神像焕采，楼阁改观，较之朴庵，襄宁有异哉！此皆诸君子之善也，胡可没也？爰叙大概，以志不朽云。

儒学庠生任兆辰撰文并书丹

天仙宗派九代弟子住持道人张英、刘静等

皇清乾隆肆拾陆年岁次辛丑暑月上浣穀旦

重修南天观碑

此碑刻位于平阴县洪范池镇云翠山南天观外山坡之上。碑高220厘米，宽95.5厘米，厚29厘米。碑刻上覆碑帽，帽高102厘米，刻如意云纹，额篆书题“皇清”二字。碑文行楷阴刻12行，满行48字。文中“皇清乾隆肆拾陆年”为1781年。

虎豹川修庙穿井碑

流芳（碑额）

虎豹川修庙穿井，立石记名。

各庄捐助善人（题名略）

乾隆叁拾玖年三月望立

虎豹川修庙穿井碑

备注

该碑今立于平阴县安城镇虎豹川村路旁小庙内的正殿抱厦下。碑高84厘米，宽57厘米，厚16厘米。碑文中提到的古井亦名虎豹泉，泉呈井型，井口留存有历年磨损而成的沟痕十余道。碑刻所在的小庙就在虎豹泉井东侧不远。文中“乾隆叁拾玖年”为1774年。

灵醴泉泉名碑

灵醴泉

乾隆二十三年

邑人张翊鸿书

备注

该石匾嵌于灵醴泉石洞前石砌券门上。匾长88厘米，高40厘米。灵醴泉在平阴县城西南隅青龙山金斗峪西南坡。清光绪《平阴县志》中有载，称之为“金斗峪泉”。今泉在人工砌垒的石洞中，洞高3米，水从洞壁滴下，叮咚作响，汇为自然圆池，直径2.5米，深约1米。洞门之上题“灵醴泉”三字，为乾隆二十三年（1758）邑人张翊鸿书。石洞之上，原为奉祀泰山元君的古祠，现仅存残墙断壁。因泉水甘美，附近居民多来此汲水。

灵醴泉泉名碑

狮耳山虎窟洞诗碑

游□虎窟洞中

避暑投山寺，山高寺更深。寒云护幽洞，阴木荫禅堂。
石窦流泉细，松庞过雨香。清飙吹宿酒，恍忽入羲皇。

赐进士第贵州道监察御史前东阿县令黎阳朱应毂题

狮耳山虎窟洞诗碑

备注

此摩崖诗碑在平阴县东阿镇狮耳山虎窟洞内石壁上。刻石长75厘米，高39厘米。诗文行草书阴刻7行，满行6字。之前曾有资料认为此诗刻为清末翰林朱名炤所题，实乃有误。朱应毂生平详见“朱应毂东流泉诗碑”。

“泉石清赏”石刻

泉石清赏

朱应毂书

此石刻位于平阴县洪范池镇纸坊村东河滩上，乃一块三角形巨石，当地俗称“挡浪石”。纸坊村村东有石滩，盛水期时，水流过石，声音淙淙，故名“石淙”。元代东平路行军万户严实曾书“石淙”二字，刻于其侧。明嘉靖年间，于慎行的二兄于慎思在河畔建别墅一所，号称“石淙别业”。旧时房旁巨石上有朱维京所题“石淙漱玉”四字，今无存。

“泉石清赏”石刻

沈钟翠屏山诗石刻

□迴山麓陟山巅，头上分明只是天。
圣水有池苏大旱，仙龙无恙信高悬。
行缘枳棘衣都破，立傍碻磝足已穿。
会被烟霞招引住，便超尘网竟登仙。

大明弘治庚戌冬十月初八日
赐庚辰进士出身、山东按察司副使、奉敕提学、姑苏沈钟书

沈钟翠屏山诗石刻

备注

此诗刻于平阴县玫瑰镇翠屏山宝峰寺后石佛洞的崖壁上。碑刻近乎方形，边长52厘米。诗刻正文楷书阴刻10行，满行12字；落款楷书3行。共刻七言律诗两首，今录其一。文中“大明弘治庚戌”为1490年。

袁思忠游水山寺诗石刻

暮秋游水山寺

久慕层峦古刹名，浮屠绝顶壮山峥。
乔花香自岩垠递，柏树根宜石缝生。
盘蹬横斜诚险峻，方渠清浅未亏盈。
飞来一骑传消息，游兴从教不尽情。

万历五年闰八月望日
东平州同知、署平阴事、京口七山袁思忠题，以记浮踪云书

袁思忠游水山寺诗石刻

此石刻今在平阴县玫瑰镇翠屏山宝峰寺造像石窟外有本泉旁的崖壁上。刻面长131厘米，高57厘米。诗文楷书阴刻14行，满行7字。文中“万历五年”为1577年。

“浸润泉”石刻

浸润泉

京口七山书

“浸润泉”石刻

该石刻今在平阴县玫瑰镇翠屏山宝峰寺造像石窟西北山坡上的崖壁上。石刻长88厘米，高41厘米。“浸润泉”三字双钩刻。“京口七山”即曾任平阴县事的袁思忠，宝峰寺有其万历五年（1577）诗作石刻。

王自谨水山寺诗石刻

水山寺浅渠吟前韵

层峦古寺久知名，翠绕云环空岭峥。
野花香递扑佛面，柏林丛密涧石生。
峡径峣峫真险度，源头活水自常盈。
但得身闲无俗虑，游人到处有余情。

万历丁亥春二月吉又廿朔
平阴县知洧川心吾王自谨题

王自谨水山寺诗石刻

此石刻在平阴县玫瑰镇翠屏山宝峰寺石佛洞窟内造像的后石壁上。刻面长90厘米，高53厘米。诗文行书阴刻10行，满行8字。明万历十五年（丁亥，1587），王自谨任平阴知县。

翠屏山重修梵宇碑

翠屏山重修梵宇记

孔颜曾孟四氏教授司教授、登仕郎兼洙泗尼、山两书院事玄阳刘敬业撰文

贡士复吾孔成颜书丹

庠生幞岗张教篆额

吾邑峰峦林壑，西南□最。距城廓廿又伍里，跃然而突起，苍然而深秀，翘然上耸，势欲凌霄者，曰“翠屏山”。巑岏巉嵘，献枝呈奇，草木蓊郁，而深苍浅翠，嫩碧轻青，布满岩□，桧柏生于石窦中者，亦尔合抱。巅则浮图孤挺，直插云中。岩际两泉，飞琼泻玉，雅堪洗尘，于六根现月之一轮，故谚呼水山云。旧有梵宇岿然，名宝峰寺。下瞰人寰，恍然异境。岁历既深，日就倾圮。卜居山下左玭者捐资结社，积有岁时，篮日佣劳，□林展力，衲子性瓘董视厥役，出纳靡爽，撤而新□，像饰崇严，彩绘鲜丽，阅月而告成。既休功，佥谓宜勒石垂后，乃□孔君复吾，请愚为记。顾儒与释氏道不相符，

翠屏山重修梵宇碑

其何以为言？然释氏以慈悲为枢□，近于吾儒之仁；诱人皈依，迁善远戾，亦足为世教助。矧渠用意勤虔，征恳湍笃，又安可以无言？乃为述其颠末，且语之曰："入彼空门，宜遵厥道。兴□补坠，焕然晰新。绩用可嘉，抑末尔矣。尚本求之，拂尘昏辟，灵照洗心，褆躬。体其慈悲之教，诸释氏子诵佛之言，行佛之行，戒而贪嗔，守尔定静，□形绝念，悟万法之皆空；行洁道圆，俾一尘之弗染，则法轮常转，而道可成佛。斯与之，藉令本之则无，即暮鼓晨钟，崇奉维谨，只文具焉尔，罔得其□门，亦□所贵，尚勖之哉！兹举也，有壮大观，瞻礼用肃，不可无纪，于是乎书。

万历二十二年次甲午岁九月吉日

文林郎、知平阴县事余姚钱应乐

署掌儒学教谕事陈允恭

训导于汝谐

典史张本

庠生孔鲁成、孔志

高嵩夏东郡

乡耆左玭

释子性璀

此碑今在平阴县玫瑰镇翠屏山宝峰寺山门旁小碑林内。碑高241厘米，宽94.5厘米，厚22厘米。碑身顶端横刻"重修佛像记"五字，碑阴顶端横刻"协赞题名"四字。碑文楷书阴刻13行，满行56字。

杨枝泉说石刻

杨枝泉说

管子曰，五沃之土，宜柳柽、河旄，泽杨之恒也。支离叔观于宜（冥）伯之丘、昆仑之墟，俄而柳生其左肘，观化化及杨之变也。夫鲁国泰山、汶水边路纯生柳，抑亦地道然耳。奈何与偃蹇老柏争诧于礌砢之上，且南北两泉若异蒂而连理者，亦物之至不可测者焉。不有枯杨，何以著象于生荑；未经飞絮，岂其移植于西门？生长大士之净土，奚甘露洒心之具乎？命曰“杨枝泉”也，亦宜。

顺治癸巳秋杪，倒景庵主人介丘甫张宗旭书识

杨枝泉说石刻

备注

此碑刻位于平阴县玫瑰镇翠屏山石佛洞内西壁上。碑长74厘米，高40厘米。碑文分前后两部分，前半部分为楷书镌刻善人施主题名，后半部分为行草题刻张宗旭的《杨枝泉说》一文。碑文行书阴刻8行，满行22字。文中“顺治癸巳”为1653年。

水山石壁醉中歌石刻

水山石壁醉中歌

名胜人争羡水山，翠屏共指费跻攀。□二临□螺子黛，胡为立马醉荪间？
南幅无翠不成叠，北幅有叠皆是翠。石势狞狰稍似转，柏根赑屃石如坠。
请君杖藜细登临，猿挂蛇行奔幽险。危峦高下平如掌，坐快冥枝蒙外心。
亦有山中久住叟，此处从前得至否。寻此乍见一惊意，探来互唤齐抬手。
古洞流泉隔尘世，瞥逢樵子拟仙人。草丛一孔可苑药，花若长开避世春。
何处苔痕不尘迹，何处罢歌不金碧。片岩堪对千卷袖，峰岫能销数两屐。
况复山态度明昏，冬夏险暗难具临。不是经年高卧者，暨时那得讨具源。
余适矫诏甘不调，日与刘郎寄啸傲。桥得山空翠接遥，出庵结住留夕照。
长揖廛市住林馆，宿食烟雨都共涉。求领全山真趣味，何妨但向翠屏游。

旎檀阁落成日醉中歌

倒景庵主人

此诗刻于平阴县玫瑰镇翠屏山白衣阁之下、叠翠石之上的巨大石壁上。刻面高125厘米，宽260厘米。刻文行草书阴刻21行，满行12至14字不等，字径如拳，字体俊秀飘逸，但由于石质较差，多有漫漶。据考证应为清顺治贡生张宗旭所题，“倒景庵主人”为其自号。

水山石壁醉中歌石刻

有本泉石刻

有本泉

清康熙二十有五年中秋

石匠：高罡、尹克民

该摩崖题刻在平阴县玫瑰镇翠屏山宝峰寺石佛洞附近山崖上。文中“清康熙二十有五年”为1686年。

有本泉石刻

贤子峪创建观音堂碑

平阴县贤子峪创建观音堂记

锦川四围皆山也，迤东南山头壑口带芳吐翠，为一隅独秀者，贤子峪也。在水山之阳，路经邀同涧，南转半里许，傍东有一土岩，登之遥见水光清莹，泻出两山之间者，曰“甘泉”也。有堂婉（宛）然临于泉上者，观音堂也。创堂者谁？山之道德长也。德长世本茌平县人，俗姓安，于正德初年云游诣此，爱山泉土木，遂决意与石工孙忠辈开荒山，凿礫石，填沟渠，而筑堂基。既就，乃募仗义施主赵富字晋卿者，倡率十方，辏集材木、食米、□料之数各足，昉鸠工人，陶甓削木，由合而完。但见飞鱼走兽，金碧交辉，轮奂鲜美矣。堂内塑像，正面观音三尊，环列二十四诸天，俨然如在也。计正德丙寅至庚辰，一十五载。又于东岩上盖平楼一座，西□草廊六七间也。以言其堂之南、北、东、西：南溯南山之巅而下，北沿北山而上，跨乎东西。山境桃杏周布，椒杨成列也。时乎佳木向荣，生香不断，树树交花也。巧声上下，乐意相关，禽禽对诰也。兼以清泉溢流于雨后，嫩柳影静于风前，观者不觉心旷而神怡也。及乎六出乘时缤纷，一瑞华夷共沾，启柴扉视之，玉树连云，向阳而垂甘露；瑶峰倚空，映日而润枯核。对纵目，尤奇观也。若乃苍颊白发，庐乎其间，采山之美而茹，摘木之鲜而食，坐石临流，逍遥徜徉，德长乐其乐也。因而遐思：兹隅胜概得斯人添修以壮观之，则兹隅山木独秀之名始隆也；兹胜概述为文以永识之，则斯人首尾作成之怀始慰也。谓余为德长作记者谁？锦川诗礼传家邵聪字天赋也。

时正德岁次庚辰仲冬，平阴县庠生胡振纲孔子村中人撰

嘉靖拾捌年重修观音堂道人万循栾　茌平县（此石刻为后人补刻）

贤子峪创建观音堂碑

此碑刻立于平阴县榆山街道东蛮子村贤子峪观音堂正殿东侧。残碑高214厘米，宽91厘米，厚26厘米。碑刻上半部残缺，碑文楷书阴刻13行，满行39字。文中“正德丙寅”为1506年，“正德岁次庚辰”为1520年，“嘉靖拾捌年”为1539年。

宋庄修井碑

修井碑记

西宋家庄其北半偏为东王庄，曩以远汲为苦。同治末年，王公英文于金钢山下桥西创凿一井，甓治已竣，不意时逢雨集，沟浍皆盈，而被水冲坏，遂成弃井。今已五十余年矣，其井汲俱仰赖于剪子沟。而每逢岁旱，水□不足于此。又有王君志汉继成先志，纠合乡众，重修弃井，聚材鸠工，下搬砌石，不数月而告竣。自此，倾者得托，圮者复固，信足见王君志汉之急公好义，尤幸得其兄志道之年高记远，有以险而预防也。是为记。

宋庄修井碑

前清增生董振峰撰文

法政毕业王志瀛书丹

首事（善人题名及捐资数额略）

中华民国拾五年丙寅桐中浣吉日同立

备注

此碑立于平阴县安城镇宋庄村西首金岗桥西侧沟底。碑高170厘米，宽66厘米，厚18厘米。碑刻上有碑帽，碑文楷书阴刻4行，满行43字。文中“中华民国拾五年”为1926年。

南官庄官井碑

南官庄官井碑记

廪膳生员李梃生撰文

且夫天生五行，民并用之，雨水其尤亟也。故井之大，《象》曰“改邑不改”，又曰“养而不穷”，诚以民之质矣。日用饮食，则井之时义大矣哉。岁己卯，予假馆南官庄，而适有因井构讼一事，问其控之始，则截断汲路也，继则伯种井基也，三则遗粮被累也，四则暗中谋唆也。逾月累年，由县抵府，盖养人而几以害人，有孚而等于空孚矣。幸而□天摄篆，积案□清，大票立传，当庭□□。有地保王枚供禀井系官造，碑记可查；而所控井基遗粮无可影附，遂尽委□廷拔何公。噫嘻！此所谓“天夺之魄”也哉！廷拔与余为童稚交，海晏大人之余裔、汉卿翁次子也，醇儒世族，□□名家，年方少壮，而志虑忠淳，百为不苟，毫不可干以私，洵（徇）乎翩翩浊世之佳公子焉。一经出首，公□而阶祸□遁迹。再经据理排解，而原告者灰心，情愿认诬服罪，具结存案。盖廷拔之公正所感，而非□碑之彰著、邑侯之神明，亦无以穷其情而厌其心也。案既结，邑侯庭谕恩赐告示，永为南官庄之官井。惜解任□□，里人恐后世之再有反覆，而欲刊诸石以昭来兹也，因丐序于余。余曰：“官井扬前徽也，碑志刊后秀也。”载纪□师之芳声，记何廷拔之公义，四美备具，余虽不文，乐附骥尾矣。因□其始末而为之序。

井基东西共十杆正（整），南五尺，北至路。

言是地凡饮牛羊、汲水，大路一条，树株

太学生邵协昇书丹

立碑（题名略）

大清嘉庆二十四年岁次己卯孟秋七始日公立

铁笔赵富贵刊石

南官庄官井碑

该碑今在平阴县孔村镇蒋沟村东南官庄古井旁。碑高160厘米，宽62厘米，厚19厘米。碑刻圭首，碑额楷书横题“食旧德”三字。碑文楷书阴刻11行，满行41字。文中“大清嘉庆二十四年”为1819年。

石板台村重修井碑

重修井碑记

且谓耕田而食，凿井而饮，耕凿固免饥渴之害也。石板台庄自古有此井一座，深数五丈二，不知创修何时，但日久年远，水潆坍塌，石坏土坠，将湮灭而无踪矣。倘坐视不修，犹为弃井也。时有常明董善士约会里巷，挨户出夫，量力捐钱，雇工觅农，如蝼穿穴，似燕衔巢，未掘九仞而及泉乎。于是凿之深而筑之碣，土衬石垒，遂不日成之矣。暂剩余资，一乡之善士欲功表诸石，问序于余，余故润笔以志之。

石板台村重修井碑

邑童李文秀撰文书丹

首事（题名及捐款数额略）

大清光绪二十二年岁次丙申五月之吉

该碑今在平阴县孔村镇石板台村中古井旁。碑高138厘米，宽67.5厘米，厚15厘米。碑刻圭首，额横题“千古不朽”四字。碑文楷书阴刻5行，满行32字。文中“大清光绪二十二年”为1896年。

章丘篇

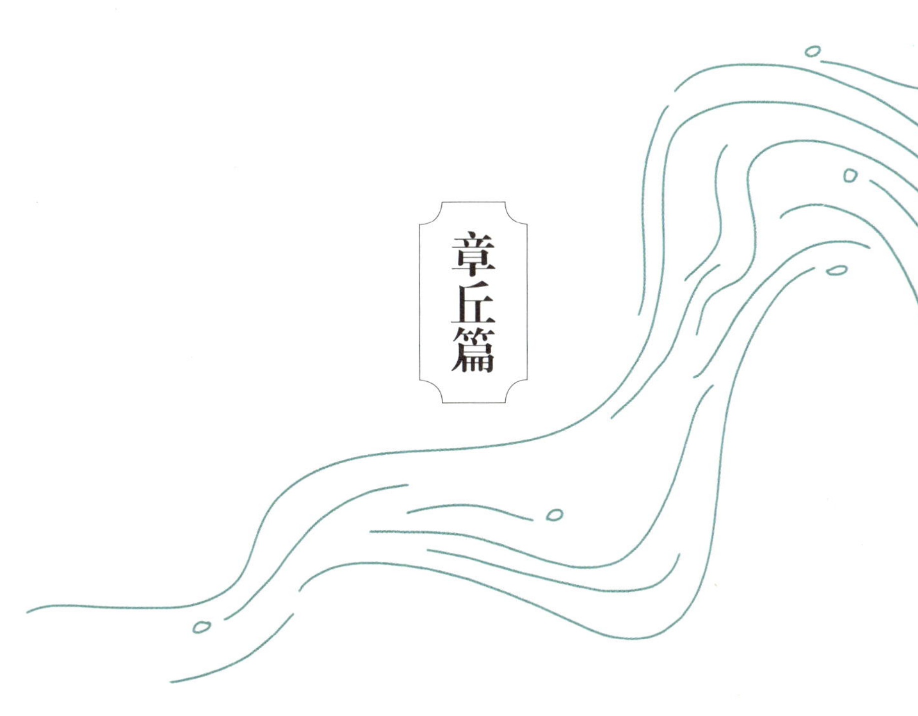

沈钟明水寺诗碑

明水寺，章丘山南最佳处。山横寺面吐烟霞，寺坐山腰栖草树。山兮寺兮真有趣，而我才闻辄思去。仓皇跃马出城闉，行度石桥暂延伫。桥下河流流不住，喷礴潆回雪花乳。沿流行复十里余，直到寺门马方驻。入门步移两三屦，小池石围栏与柱。泥沙不扬澈底清，百孔千窍泉都注。取尝一勺美可茹，寒沁头皮发齐竖。更涤万斛胸尘空，憧憧往来复何虑。噫吁嘻！济南泉多不胜记，曷若此泉尤有味！虎跑豹突俱下风，谁复我讶徒虚誉！奈何白日西飞半空若匏系，题诗将成欲成成尚未。尔泉有灵知不知，大率潦草握笔不停欠佳句。

弘治四年辛亥冬十一月长至日

钦差提督山东学校、按察司副使金陵沈钟仲律书

此碑今嵌在章丘区明水街道百脉泉景区龙泉寺大殿东山墙内。碑刻为横碑，长93厘米，高54厘米。碑文及落款楷书阴刻32行，满行11字。文中“弘治四年”为1491年。

沈钟（1436—1518），字仲律，晚号休斋，南直上元（今江苏南京）人。明天顺四年（1460）进士，弘治年间曾任山东按察司副使、山东提学使等职。

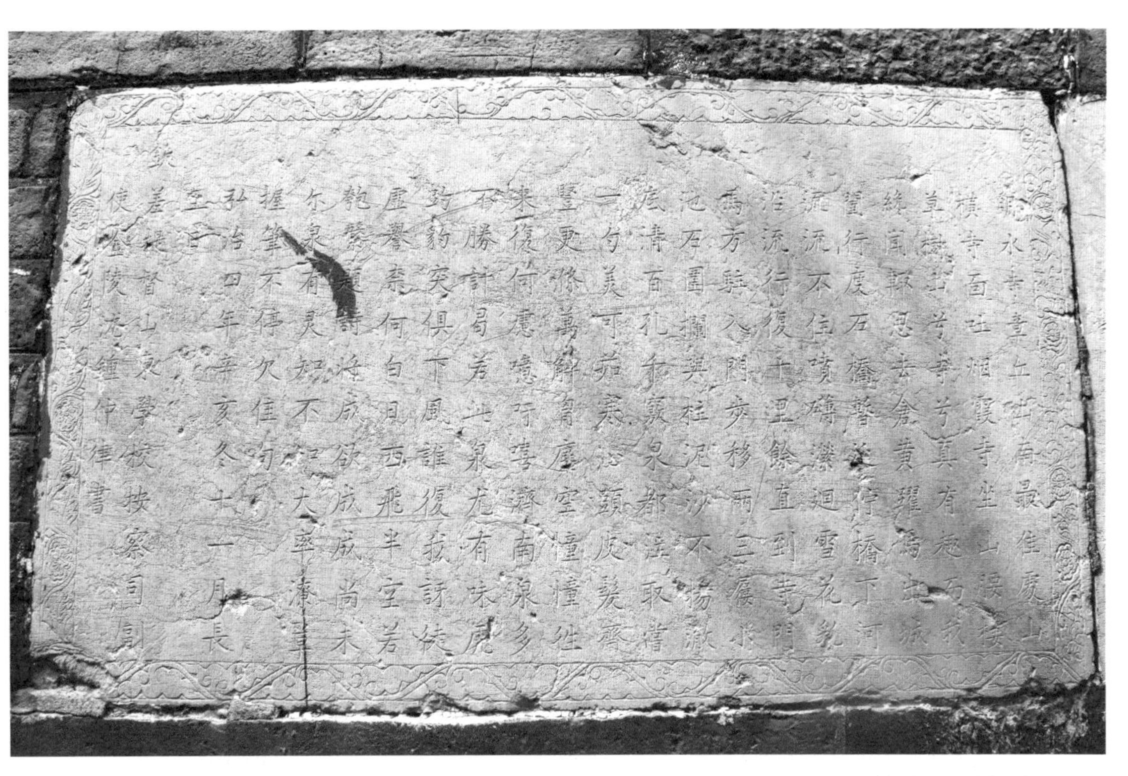

沈钟明水寺诗碑

赵鹤龄明水寺观泉诗碑

暂憩明水寺，观泉

三湾川上停骖久，百脉泉头见道真。马埠奔腾无昼夜，龙潭喷吐尽珠珍。汪洋乳沛三齐泽，涓滴能消万斛尘。安得重逢沧水使，启予凿向玉河滨。

大明弘治六年夏六月吉日，山东臬司副使郃阳赵鹤龄识

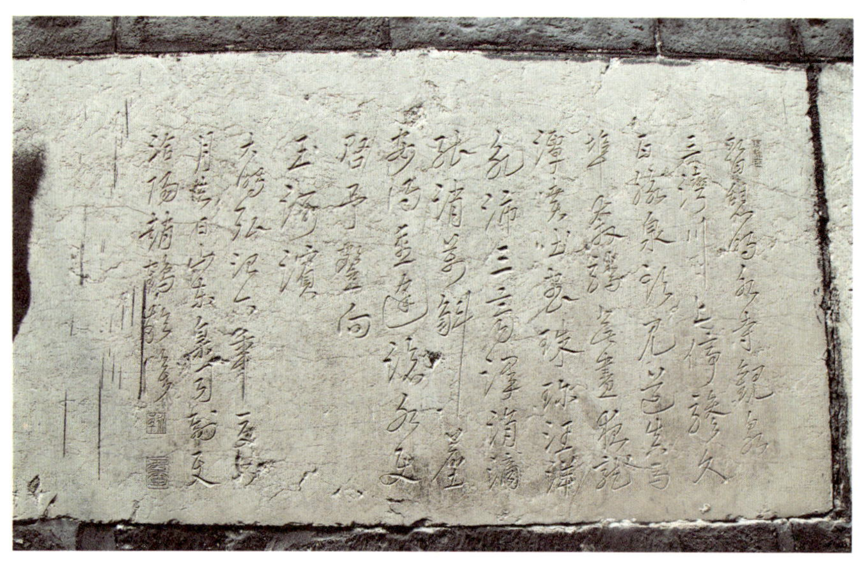

赵鹤龄明水寺观泉诗碑

此碑今嵌在章丘区明水街道百脉泉景区龙泉寺大殿东山墙内。碑刻为横碑，长111厘米，高53.5厘米。诗文及落款草书阴刻13行。文中“大明弘治六年”为1493年。

赵鹤龄，陕西郃阳人。明代进士，曾任山东按察司副使等职。

高达题明水寺诗碑

题明水寺诗

地名明水有名泉，胜概山东孰与肩？百窍射人迷正脉，一湾鉴我愧衰颜。珠玑汹涌呈功用，造化流通泻自然。欲去复来难遽去，诗怀赓和写千篇。

弘治丙辰菊月既望

赐进士及第知阳丘事、中州扶亭高达书

高达题明水寺诗碑

此碑今嵌在章丘区明水街道百脉泉景区龙泉寺大殿东山墙内。碑长89厘米，高54厘米。碑刻为横碑，诗文及跋文落款楷书阴刻11行，满行8字。文中“弘治丙辰”为1496年。

高达（1454—？），字上达，河南扶沟人。明弘治六年（1493）进士出身，弘治六年（1493）任章丘县令。

陈凤梧题百脉泉诗碑

命驾将游百脉泉，薰风吹雨洒平川。绣江弭节才三日，枯麦回春岂二天！甘澍旧亭思再建，白云新水欲相连。泉灵故有相迎意，先遣清凉洗道边。

明水楼台自一乡，泉声偏逐雨声长。光浮镜面骊珠吐，澄透潭心藻荇香。阵阵黄云翻秀麦，田田绿沼浸新秧。淯河如带环村郭，游赏还须一苇航。

予将游百脉泉，风雨大作，遂乘凉而往观焉。雨纹沾洒，泉脉尤奇。及暮，兴尽乃归，口占二律，以志其胜云时。

嘉靖癸未闰四月望日，庐陵静斋陈凤梧题

陈凤梧题百脉泉诗碑

备注

此碑今嵌在章丘区明水街道百脉泉景区龙泉寺大殿东山墙内。碑刻为横碑，长107.5厘米，高54厘米。诗文及跋文落款楷书阴刻14行，满行15字。文中“嘉靖癸未”为1523年。写此诗时，陈凤梧时任山东巡抚。

张鲲百脉泉诗碑

百脉泉上作

三月著王闰，二月惜居诸。婉婉迟日丽，盈盈城柳舒。
邀宾适郊野，昧爽辞簿书。芳飙披花薄，斐云冒翠渠。
结赏拟回壑，际泉乃罗蔬。仰玩翔空鸿，俯睇戏波鱼。
临觞忽不欢，日昃怀吾庐。

甲午春，崧少张鲲

张鲲百脉泉诗碑

备注

此碑今嵌于章丘区明水街道百脉泉景区龙泉寺梵王宫大殿西山墙外。碑刻为横碑，长112.5厘米，高41厘米。诗文隶书阴刻11行，满行7字。

张鲲，生卒年不详，字子鱼，钧州（今河南禹州）人。明正德十一年（1516）中举，连捷进士。初任吏部稽勋司主事，出任湖广右参议。不久，改任四川提学。刊印《二业通学古编》《四礼图》诸书传世。官终山西右布政使。后上书辞官归里，在稠山（玲珑山）书院讲学，受教人甚多。能诗善文，当时与三原马理等人共称“八俊”，著有《东山集》《崧少漫稿》等书。据作者生平，碑文所署的“甲午”当为“嘉靖甲午”，即1534年。

刘凤池、乔岱百脉泉诗碑

辛丑季春，观百脉泉，憩饮

黄鸟初鸣柳絮飞，兴来骑马望春畿。泉声乍讶笙歌拥，山色遥看绮绣围。
万里烟霄双鹤鹤，千秋胜地一渔矶。时逢圣世适游燕，宾从夕阳尽醉归。

关中刘凤池

次韵

沧浪歌歇彩云飞，脉脉寒流下远畿。酒醉不妨呼令甲，诗成真欲犯重围。
青春共喜留僧榻，白发惟堪比钓矶。乘兴杳然忘去住，石门斜日唤催归。

龙溪乔岱

备注

此碑今嵌于章丘区明水街道百脉泉景区龙泉寺梵王宫大殿西山墙外。碑刻为横碑，长102厘米，高45厘米。碑文行书阴刻20行，满行8字。文中“辛丑”为嘉靖二十年（1541）。碑文中“万里烟霄双鹤鹤”句，康熙《章丘县志》卷十一作“万里烟霄双鹤唳”。

刘凤池，字文书，陕西渭南人。明嘉靖十四年（1535）进士，授高平县知县。嘉靖十九年（1540）任章丘知县。乔岱（1478—1542），字希申，号龙溪，祖籍栖霞，后迁章丘明水。明弘治十五年（1502）进士，曾任四川道御史、监察御史、山西按察史佥事。致仕后返乡，与李开先为文友。

刘凤池、乔岱百脉泉诗碑

洪汉题明水寺诗碑

到处名泉看欲尽，孰如此地泄天真。麻湾净泻千寻练，石甃平喷万串珍。
山月冷涵秋共碧，荷风乱飐镜无尘。乾坤一段奇观处，疑是渊源接泗滨。

广西参政、邑人洪汉次韵

洪汉题明水寺诗碑

此碑今嵌于章丘区明水街道百脉泉景区龙泉寺梵王宫大殿西山墙外。碑刻为横碑，碑长79.5厘米，高39.5厘米。碑文楷书阴刻13行，满行5字。

洪汉（1441—1510），字天章，章丘人。明成化四年（1472）进士，累官广西参政、陕西左布政使、右副都御史。

李开先游百脉泉诗碑

游百脉泉一韵五首

水劲无过济，脉泉更著名。不霜清见底，漱石寂无声。
颗颗如珠碎，沄沄比镜平。不能容小艇，但可濯长缨。

景物东南胜，泉佳不可名。池清能照影，风激始闻声。
绕寺流还细，过桥势与平。卜居无定所，此可解尘缨。

四渎同归海，伏流济擅名。隐沦宜此地，经济愧虚声。
阅世风斯下，令人气不平。如闻邻里翻，救亦不冠缨。

高名何足贵，渔父可逃名。池上垂钓影，滩头撒网声。
一轮山月小，千顷暮云平。蓑衣虽是草，不欲换簪缨。

一丘新隐姓，百脉旧嘉名。时有山獐下，长闻水鸟声。
村居有足乐，世事不能平。北虏南倭寇，何人为请缨。

嘉靖二十七年仲秋望日，中麓山人李开先书

石工：张礼

此碑今嵌于章丘区明水街道百脉泉景区龙泉寺梵王宫大殿西山墙外。碑刻为横碑，长106厘米，高45厘米。诗文楷书阴刻20行，满行10字。文中“嘉靖二十七年”为1548年。

李开先（1502—1568），字伯华，号中麓，章丘人。嘉靖八年（1529）进士，授户部主事，官至太常寺少卿。明中叶著名文学家、戏剧家，“嘉靖八才子”之一。

李开先游百脉泉诗碑

明水镇保泉告示碑

调署济南府章丘县正堂加十级、随带加二级、记录十次全

为出示严禁事，照得县境明水镇之西山，古号龙盘，载在邑志。南接泰岱，北连女郎，盘回秀郁，风脉攸关。前因无知之辈私行开凿地洞，觊取矿物，据生员高振逵等呈，经前县示禁在案。乃近有无知之徒，罔知法纪，胆敢勾引匪人，违禁开采，以致有损风脉，殊甚痛恨。兹据监生康承诰等呈请示禁前来，今再出示严禁，为此示仰附近居民人等知悉：自示之后，如有不法之徒胆敢故违，仍在西山开采煤井及凿挖地洞者，许该地保指名禀究，决不姑宽。其各凛遵毋违，特示！右仰通知。

（题名略）

大清同治十一年三月□□日示　明水镇

明水镇保泉告示碑

此碑今立于章丘区明水街道百脉泉景区龙泉寺梵王宫前。碑刻有残缺，现用玻璃罩对其进行保护。碑文及落款楷书阴刻10行，满行26字。文中“大清同治十一年”为1872年。

全士锜，生卒年不详，河北涿州人。清同治二年（1863）进士，同治十年（1871）署章丘县令。

王海嶘百脉泉诗碑

百脉名泉一鉴开，禅关掩映起楼台。何当风雨潇湘竹，卷入涛声匝地来。

王海嶘

谁辟洪濛万窍通，泉源涌出梵王宫。眼前无限生生意，只在空明佛照中。

乙亥秋八月　海嶘

此碑共两块，每块镌诗一首，嵌于百脉泉池北壁上。碑高60厘米，长80厘米。诗末“乙亥”为清光绪乙亥，即光绪元年（1875）。

王海嶘，章丘彩石（今属济南历城）人。清末举人，曾参与编修《章丘县志》《续修平原县志》。

王海嶘百脉泉诗碑

砚池村重修砚池碑

重修砚池记

盖闻有其名者，必有其实。是以名因实著，实固名得也。至砚池之名，其来已久。当立名之初，池水荡漾，泉源不竭，深资□□，□名为砚池。□日久年远，石□□□□□□□□□名，尚存其实。□□□于□□□□修其旧制，凿而深之，筑而长之。自是其水清池，渐积渐充，□踵愈灵，气脉所及，自可与泮池相贯、天池相通，使后之人有闻此名而见此池者，则知砚池之名不虚也已。工既告竣，故勒诸石以志不朽云尔。

首事王守策、王克亮，介宾王振凤，介宾王克信，介宾孟昭龙、王臣……

砚池村重修砚池碑

备 注

该碑今在章丘区明水街道砚池村内。碑刻已残，仅余部分，正文尚完整。碑文楷书阴刻12行，满行14字。砚池乃村中自然形成的泉池，后来淤塞。该碑是村民公议重修泉池的记事碑刻。

东鸠坞村青云山游碑

青云山游记

得山之趣，卷石皆奇；识水之情，盆池亦妙。古来佳境胜概，何地蔑有？不遇高人韵士为之阐扬剔抉，则芜没于空山，无复有过而问焉者。如兰亭之激湍修竹、永州之西山钴鉧潭，非山水之奇，而右军、子厚之奇之也。章丘城南酒坞有青云山，高不过数十仞，周围不过数里，而景物攒簇，极岩壑林木之胜。清泉出山之阴，汇为池，甘冽澄深，赡足大众，旧名玉龙泉。山上有石划“东南”二字，非镌非写，传为仙迹，亦不能究其由来也。山之东有大石作卧虎状，传为落星之精。石傍（旁）桃花园有茅屋十数间。春夏之交，落英缤纷，林树蓊蔚，流泉潺潺其中，宛然武陵异境也。本坞有周生瑞庵，靳生子周俱能文章，好风雅，朝夕觞咏其地。地有阁，有桥，有石

东鸠坞村青云山游碑

寨，俱颜以“连云”二字，合之山水石园，得景凡有八焉。乾隆己巳之立夏日，太学生周子钧衡邀余登眺赏览，其同游者韩缙云司马，胡赤城廪生，彭亮采、周作楫、周清庵三上舍，相与临流坐石，饮酒赋诗，虽曾氏子沂水春风之乐不是过也。诸公曰：“是不可不书，以贻后之君子。”乃为文以记之。

乾隆十四年三月十九日

雪山李慎修题并书

东鸠坞村为章丘区双山街道旭升村下辖的自然村。此碑原在东鸠坞村旁的青云山之上，后由山下某村民收藏。碑刻为横碑，长88厘米，高49厘米，厚10厘米。碑文楷书阴刻20行，满行17至19字不等。文中“乾隆己巳”即为乾隆十四年（1749）。

李慎修（1685—1754），字思永，号雪山，山东章丘人。清康熙五十一年（1712）进士，授内阁中书，迁主事，出为浙江杭州知府。雍正五年（1727）入为刑部郎中，历十余年，治狱多所平反。雍正十二年（1732）告病归乡。韩缙云，即韩尚夏，生卒年不详，章丘明水绣水村人。清康熙五十六年（1717）举人，雍正五年（1727）以明通榜任临淄县学教谕，雍正五年进士，官河南汝州同知。著名学者，有《小峨嵋集》传世。曾任乾隆《章丘县志》主笔。

池子头村翰墨池泉名碑

大清咸丰九年孟夏重浚

翰墨池

合庄公立，高允执铁笔，高具桢题

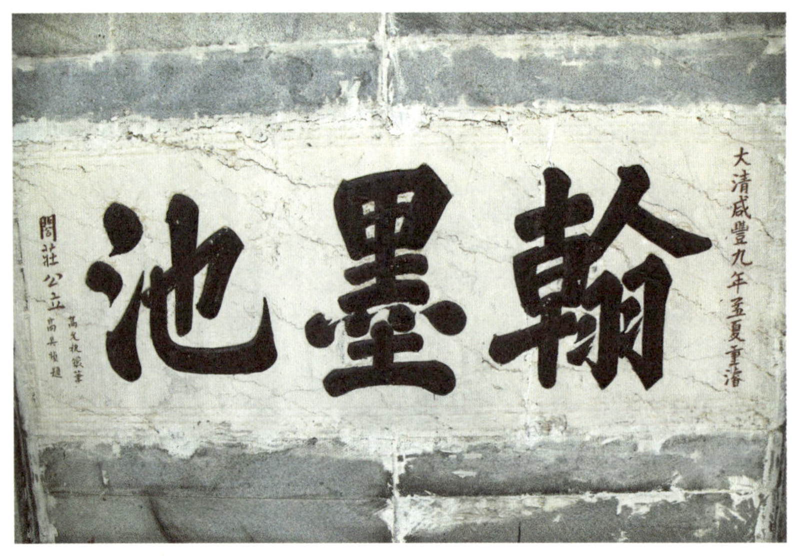

池子头村翰墨池泉名碑

此碑今嵌于章丘区普集街道池子头村翰墨池西壁。翰墨池位于村中高家祠堂西侧。清顺治十八年（1661），高氏族人高云考中进士。传说高云曾在泉边洗砚，翰墨飘香，故道光《济南府志》称此泉为“砚池泉”，道光《章丘县志》则称其为“砚池”。2005年，该泉被列入《济南市名泉名录》。文中“大清咸丰九年”为1859年。

杨官庄重修龙泉寺碑

重修龙泉寺记

章邑东锦乡杨郭庄之南，有古寺曰“龙泉”者，寺内关帝、白衣、龙王殿各一□□居民于豸铸钟上，志文有追载。嘉靖九年，领袖善人杨广、杨还、郑爽、吴让者，或即其□。至皇清康熙六年，庙宇颓坏几尽，村内有郡庠生袭公讳宾王、杨公讳殿枫并居士□福等谋重修之，病旧殿位置无序，因移关帝殿由东而北去数武，改为南向，前增□基，上设长檐。寺侧有古潭，泉水涌出，势如趵突，寺名“龙泉”，盖取诸此也。因地势偏狭，□方池，其四壁非石砌不可。寺内有钟楼遗基，在池之东北隅，与关帝旧殿相接。□□百顷，锦鳞游泳，逐波上下，观者往往徘徊不忍去，诚□观也。然靡盛弗衰，物久斯□，□就圮矣。居士有杨□、袭有恒、郑岩、杨交龙，目击心伤，慨然矢重修之愿，谋之寺僧□□信及附近居人，各捐资财，共成善果，易白衣殿为高阁，其旧殿西北移七步，为□□，并移筑于阁之北面。凡寺中之敝者修之，缺者补之。至五十三年而厥功告成，殿阁□耳目，较前此之规模，益焕然改观矣。乡人聚观，莫不色喜，佥曰：“非勒诸石，不惟无以垂□耶？”因立碑于寺，用述其事之始末，并志其襄事之姓氏。其总管帐（账）簿出纳为谨者，杨苏者、杨□袍与高持志、杨上招也；买办颜料以供使用者，袭有恒也；督监工作底于有成功者，袭式古与杨乔、孙荣也；至量力捐财、共成圣事者，则本庄以及附近之善信也。谨□。

嘉庆贰拾壹年岁次丙子仲夏重镌

杨官庄重修龙泉寺碑

该碑今在章丘区普集街道杨官庄村龙泉寺旧址院内（今村办小工厂内）。碑高113厘米，宽62厘米，厚17厘米。该碑最下端有残缺，然碑文尚完整，碑文楷书阴刻14行，满行33字。文中“嘉靖九年”为1530年，“皇清康熙六年”为1667年，“嘉庆贰拾壹年”为1816年。

杨官庄村中旧有古寺一座，名曰“龙泉寺”。今寺院已不存，仅留此碑。由碑文可知，寺内原有关帝殿、龙王殿、白衣殿、钟楼、五圣堂等建筑。碑文中的“龙泉”，今称“杨官泉”，2005年被列入《济南市名泉名录》。

成化重修雪山寺碑

章丘县重修雪山寺记

章丘县儒学廪膳生李通撰文，杨环篆额，张镗书丹

黉堂岭有寺，旧以“雪山”榜其上，在县治之东二十里，四壁崔嵬，人迹罕至。东接会仙山，临七老峪，面、背则南、北了真，而上、下方井实在其中，诚禅林之佳所、炼五门之胜地，虽金山、虎丘不能尚也。宋元以来，新而圮，圮而复新，不知其几，于今复颓。僧文熏受教灵岩寺，既长，鄙俗僧繁华，移居是寺。盖以山深地僻，不染俗尘故耳。文熏顾兹荒落卑陋弗称，尤虑山高风急，殿宇易堕，而非常久之道。乃揣高低，相便宜，辟荆棘，平高下，经之营之，乃正方位募粟□财，构材鸠工，东建大殿，西向，依山势也。位佛像于中间，列罗汉于两壁，诸龛圣像，罔弗备焉。翼小殿于左右，妥伽蓝而安祖师；构绝壁于乾隅，奉佛老而尊孔圣。朱碧交映，巍焉焕焉。造端于成化十六年菊月，落成于再岁春月。功既成，持币请予记。予惟自白马驮经而来，寺之名始立。其后招提祇园之类渐多，浮屠未始不盛也，然其教以清净为归，以救济为本，循轨者几何人？文熏移居是寺，自募后不复下山，清净有焉；为人诵经，不事乎财，救济有焉，不惟无愧于淄流之教，亦无负于立寺之遗意也。若夫乡人野叟，皆一时施主，故书于碑阴云。

时大明成化十七年岁在辛丑夏四月八日立

雪山寺住持梁邹文薰

徒众（题名略）

本县僧会司僧会性广

醴泉寺住持本怀、恒秀、真通、真悦

圣泉寺住持法真、慈氏寺住持法从

石工作头刁悦、刁昶刊

成化重修雪山寺碑

此碑立于章丘区相公庄街道梭庄村东1.5公里的长白山山腰雪山寺正殿前石堰旁。碑高145厘米，宽69厘米，厚23.5厘米。碑刻圭首，额横题“重修雪山寺记”。碑刻正文楷书阴刻12行，满行34字。文中“成化十六年”为1480年，“大明成化十七年”为1481年。

嘉靖重修雪山寺碑

重修雪山寺碑记

东陵宋朝卿撰，慈氏寺杜□书篆

盖三教之说，不在斯焉。周昭王时，释教之兴；周楚王时，道教之兴；周灵王时，儒教之兴。教之兴也，代代流传，迄今不灭。本邑迤东二十里许雪山之巅，有泉名曰“上方井”，右有梵院之踪。□天顺年间，有老衲文熏来此，开垦除荆，构椽葺室，新修殿宇，廊庑圣像其□。然年□时来，风尘□露，椽□□脱，圣像颓败□□□□曰□日□不忍□师之废。二□乃化十方重修□□□□□□，整旧如新，焕然已备，请余为记。万古芳铭，荡荡乎常明不灭，赫赫乎亘古流转，道之无名，□然而示见。理之无形，莫□□闻之无声。略书数字，以为后记云尔。

时大明嘉靖拾壹年孟冬中旬五日立

本寺住持：真连、真惠……

慈氏寺道住

本邑石匠：刁昺、刁□

备注

该碑今立于章丘区相公庄街道梭庄村东1.5公里的长白山山腰雪山寺正殿前石堰旁。碑高104厘米，宽55厘米，厚16.5厘米。碑刻圭首，额篆书横题“重修雪山寺记”六字。碑文风化严重，楷书阴刻9行，满行23字。文中“大明嘉靖拾壹年”为1532年。

嘉靖重修雪山寺碑

雪山寺题上方井诗碑

……上方颢望远，宛若泰山形。路曲羊肠险，溪流燕尾分。鸟啼云外树，它映寺前屏……

……万历二十四年……

雪山寺题上方井诗碑

该碑倒卧于章丘区相公庄街道梭庄村东雪山寺内上方井旁。碑长55厘米，宽38厘米，厚12厘米。此碑已残，碑刻漫漶严重，部分字迹被凿去，故无法通碑识读，幸纪年尚能辨认。文中“万历二十四年”为1596年。

上方井位于雪山寺遗址处，雪山寺在长白山西麓黉塘岭歪歪顶子山峰下。清道光《济南府志》称其“水从石罅流出，冬夏不竭”。其水是雪山寺内僧人饮用水源。2005年，上方井被列入《济南市名泉名录》。

姜家套村重修圣泉寺碑

吾邑东南皆山，而林壑嘉美，源水澄□，绵亘于章邹之间者，长白称最焉，醴泉著矣。蜿蜒而西十里许，有寺有泉，泉水由峪中仰出，刻露清秀，淊然有声。爰叠石而甃之为井，盖以护泉，虑为游人牧竖所浊龌也。泉北数武为四天王殿，后大殿五楹，中处如来，左右相向、森然环列者，则伽蓝、达摩二殿也。泉南山门二级，高峙于前，塑观世音大士于其上，巍峨壮丽，斯为巨观。故寺曰“圣泉”，峪名“圣水”，然则因泉而有寺耶？抑有寺而泉益彰也？殆洞天福地不多让焉。寺之创建，不知肇自何代，而重修于元至正元年，碑记仅存，亦可知其历世之久远也。忆余弱冠时，偕徐旸谷、袁岱岩、袁荆阳诸先生，问业于山之僧舍。维时近寺诸胜友，如李善迁、李黄中及韩起也昆仲，源源过从，讲艺寻芳者，指不胜屈。嗣是而诸公各以先后显达，列名仕版，曾几何年，皆次第捐馆登仙箓耶。昔贤所云：“沧桑变幻今如许，泡末（沫）风灯寂自怜。”人情不殊，盖古今有同感矣。余以候补在籍数年，前偕同人往过其地，见夫殿阁倾圮，率为上雨旁风所侵蚀，不禁低徊叹惜者久之，悄然曰：“山水如昨，讵圣迹荒凉竟至此乎？”寺僧昌万毅然以重修为己任，乃沿门持钵，鸠工庀材。一时学士仁人争先分橐以襄盛事，而韩公韫斯实

姜家套村重修圣泉寺碑

首倡之。始于顺治辛丑，终于康熙丁卯，阅廿七年乃克告竣。今议勒石以垂永久，而请记于余。余曰："记之诚不可以已也。古人于山水佳胜处，偶经玩游，必笔而志之，况此寺、此泉俨然群圣集于圣地，且共慕山高而水长哉！"爰嘉韫公之乐善敬神终始不怠，并万僧募化之劳，不敢以不文辞，谨次其梗概如左。

赐进士第、文林郎、乙未科进士、广东广州府龙门县知县候补刘渡沐手敬撰

助缘缙绅

赐进士出身、中宪大夫、原任广东琼州府知府牛天宿

内阁诰敕撰文中书舍人王有径

候补太常寺典簿焦舜同

广西庆远府河池州同知牛琬

（其他善人题名略）

时皇清康熙二十六年岁次丁卯孟冬吉旦

备注

该碑今立于章丘区相公庄街道姜家套村圣泉寺内东北角。碑高216厘米，宽87.5厘米，厚31.5厘米。碑刻下有石座，上覆碑帽，碑帽高115厘米，碑帽高为浮雕刻二龙戏珠。碑身中上部断裂，碑文楷书阴刻6行，满行95字。文中"元至正元年"为1341年，"顺治辛丑"为1661年，"康熙丁卯"即"康熙二十六年"，1687年。

刘渡，生卒年不详，字前度，福建漳州人。善宋元山水，尤精写景，著有《图绘宝鉴续纂》。牛天宿，生卒年不详，字觐薇，号次月，山东章丘县相公庄镇牛推官庄人。清顺治五年（1648）中举，顺治六年进士，顺治八年（1651）前后任江西安远县知县、工部员外郎，历郎中衔御史。顺治十七年（1660）前后任延安知府。康熙七年（1668）起，任琼州知府，一生为官清廉，造福一方。曾剿寇捍城，治理龙江，消除虎患，办学开路，教化民众，成绩卓著，民众皆颂。

后刘村创修普济桥碑

创修普济桥碑记

盖闻道衢通达，《周礼》语可险之宫；梓匠经营，《考工》补《冬官》之缺。故舟楫宜于江河，桥梁便于沟渎，自古为□矣。然物之废兴也，虽若隐关乎时数，亦工之成立也，实显赖夫人功。今普济桥之创立，其理诚足敬焉。阳丘东□旧有濑水一流，俗谓漯河，源于东南诸山，历石门村，汇黄雩、滴翠、芙蓉、玉液诸泉而成渠，邑乘□□□□□□□□□。章邑之水有二：源于南山者曰绣江，亦曰淯河，经邑东南，至李家亭巽隅，与濑流未相合并者，仅□□□□□□□而下。冬春之际，城北流域诸村犹相安晏，惟至暑夏山水暴发，浩涵（瀚）澎湃，兼有两河通流数处，其□□□□□□者矣，而漯之为害则尤甚。故界于刘各务、崔家庄北偏，旧有石桥曰“广济”，东连周、潍、淮莱，西通济南□□□□□冲也。清光绪初元，废于山水冲决，行旅往来，马陷

后刘村创修普济桥碑

足，车没毂，即灭顶蹈凶，亦所时有。附近乡村，病涉困□□□□磬。虽心焉伤之，环顾左右诸庄，户少财绌，亦惟村之浩叹耳。民国辛酉冬，与余友子元议及之，顾凡事因循易、□始难，桥之旧基不可复，非移上决口数武，难免冲溢；况水上之石工可计，河底之泥沙难测，工巨不赀，夫岂易□？子元曰："余经商二十年，颇获嬴（赢）余。苟有裨于人，倘捐募无几，即倾囊不悔。"于是，越三年，诹吉于甲子冬尾，告竣于乙丑夏初，颜之曰"普济"。虽非应齿红腰，而梁铺砥平，墩列林立，亦实有足壮观瞻者。兹者渡不必飞，驭无庸回，车辚马萧，络绎如织。回忆曩日陷足没顶之苦，况抑差堪自幸也已。虽然，斯役也，设非子元担负巨资，躬亲监督，秉不回之毅力，抱永贞之坚心，此桥宁有望乎？语曰："有志者，事竟成。"此物此志也。是为记。

领袖：刘廷勋、崔光烈

发起人（题名略）

备注

该碑今在章丘区刁镇街道后刘村绣江河西岸古桥遗址旁。碑高141厘米，宽60厘米，厚20厘米。后刘村中有绣江河穿过，河上原有普济桥一座，现已无存，仅余原桥上的四个镇水石兽和一方碑刻。碑刻原为三连碑，上覆碑帽，两端有立柱，今仅余一碑竖立。碑文隶书阴刻13行，满行43字。文中"民国辛酉"为1921年。

胡山圣水灵泉石匾

康熙辛丑初秋吉旦

圣水灵泉

海州黄炳敬题

（洞侧对联）

祈数滴渊潜，散长空而成时雨。

保万家烟火，借斯泉以度丰年。

胡山圣水灵泉石匾

备注

该匾额今在章丘区官庄街道胡山圣水灵泉石洞拱门之上。匾长114厘米，高45厘米。康熙五十五年（1716），黄炳从浙江盐驿道任上升任山东按察使。康熙六十一年（1722），又被破格提拔为山东巡抚。此题刻是黄炳任按察使时所题。“康熙辛丑”即康熙六十年（1721）。拱门两侧原有石刻对联一副，今已不存，特录其文。

胡山重修圣水（灵）泉观音画像碑

胡山重修圣水（灵）泉观音画像碑

窃闻佛力无边，必有以理测其端；妙应无穷，亦可以心感其意。故菩萨之显化，未有不合夫人心者也。诵大士经云：“十方诸国土，无刹不现身。”则天下之名山大川、洞天福地，在在皆有。菩萨之灵应，即乡井闾里，亦藉菩萨之生成，往往有求必应，非诚则拂者也。是岁春夏，雨水愆期，旱魃为虐，余奉臬宪之诚，顶礼胡山，祈祷圣水古泉，恍然斯洞中见大士之法身，瞬息□□，毫无形影。询及乡民父老，皆云从无此像，或以为奇。今悟大士经云：“澍甘露法雨。”或缘此而显。□取水必有□数里，而风□变色，随身沛泽，遍野甘霖，则佛力无边，岂非以理测其端；妙应无穷，而心有以感其意也哉？兹因臬宪捐资重修斯泉，余亦感菩萨之慈悲，凿斯以示□人，雨旸偶□时。凡临此洞，祈祷□□□此洞有大士之灵云尔。是为叙。

时康熙六十年岁次辛丑初秋穀旦

处士朱士豸薰手敬题

此碑原在章丘区官庄街道胡山圣水泉洞内。碑高123厘米，宽52厘米。碑刻上三分之一镌刻碑文，楷书阴刻14行，满行20字。文中“康熙六十年”为1721年。碑刻下三分之二部分线刻观音像一幅，栩栩如生。2021年，该碑被盗，不知去向。

胡山圣水泉庙宇添置器具碑

夫胡山东麓之圣水泉者，我章邑之名胜地也。文人学士时游于此，观夫庙宇屋舍，虽甚壮观，器具设备尚属缺如，莫不以为憾焉。敝人等有鉴于此，遂劝募同仁倾囊助资，添置器具，以供诸客之休憩，而增游览之美感。是为序。

发起人：栗玉堂、于连财、王心亭、李奉□

五庄庄长：张万户、李□□、朱廷鸿、栗中濬、刘德鸿

李子珍撰

栗会东书

（捐资善人题名及捐资额略）

民国十五年岁次丙寅荷月上浣立石

该碑今倒伏于章丘区官庄街道胡山圣水泉之上的古庙遗址内。碑高95厘米，宽53厘米，厚13厘米。碑刻方首，碑文楷书阴刻4行，满行27字。文中“民国十五年”为1926年。

胡山圣水泉庙宇添置器具碑

张家庄大泉碑

大清道光五年岁在乙丑孟夏大泉碑记

盖闻人非水火不生活，而水尤为最要。洪范陈五行，而水居其首；禹谟修大府，而水居其先，良有以也。张家庄计户百余家，计人千余口。庄内井只六孔，风雨顺调，则或有余；阴阳愆期，恒患不足。庄西北旧有包公祠一所，相传祠前掘地汲井必得大泉，众皆有志已数年矣，而未之逮。及道光癸未，是年大旱，秋无雨，冬无雪，六井皆竭，苦于缺水。予侄士忠毅然起掘井之志，勃勃难遏。予谓之曰："盛事共成，庶克有济，慎勿易视之也。"于是与庄共议而谋始成，张中桂相井基，文俊叔画井口廷柱，殷海等倡众举义，鸠工相掘，共意不数日而泉可涌出。既而未及河底，困于石，术无可施。斯时人心稍懈，众口难调，几几半途而废矣。首事者曰："果可听其为弃井乎？"因又包工于匠，开凿者既已殚心而竭力；夫摊于庄，趋事者孰不恐后而争先，极力怂恿底于有成。其或神道设教，先难而后获，默招之进而不阻之退乎？忆自癸未冬至乙酉春，三年而功告竣。泉之始达，或曰小补，及逢大原（源），则

张家庄大泉碑（碑阴）

老幼咸喜出望外，如获珍宝。即邻里闻之，亦莫不嘉称而乐道焉。噫！数年亢旱，皆苦于水不足用，而兹独原（源）泉混混，不舍昼夜，取之无尽，用之不竭，惟是有志者事竟成欤！而人力不至于此，即谓天降之福、地呈其瑞欤！而冥冥又不可测，遂相与欣欣然告曰："殆非人之所能为也，亦非造物之无尽藏也，是乃孝肃公久居于此，而特显其灵也，岂不美哉！"因装塑神像以祈庇庥于无穷。事毕，嘱予叙其颠末以垂不朽。予故仿佛而为之记。

壬子科贡生张廷栋撰文

邑庠生邵鹏远书

领袖善人（题名略）

装塑：刘存英

石匠：崔文、李可久

咸丰十一年岁在辛酉孟夏穀旦重勒

该碑今在章丘区官庄街道张家庄村中河道北岸山崖下。碑高152厘米，宽73厘米，厚23.5厘米。碑刻方首，碑文楷书阴刻12行，满行43字。文中"大清道光五年"为1825年，"道光癸未"为1823年，"咸丰十一年"为1851年。碑阴为捐款善人题名（略）。

响水泉村买地亩碑

章邑东八里，离城六十里，有村名曰“响水泉”，四面青山环绕，雉堞重重，绿树森密，枝叶茂盛，层峦耸翠，直接云霄，乃山中名胜之区。望之蔚然而深秀者，响水泉也。庄南旧有甘泉清流，创自前朝，甃砌为井，自明迄今，由来五百年矣。兹者恐历年久远，恐将此地湮没于荒延蔓草间乎。首事倡义立石，将所买文契□□贞珉，永示不朽。自嘉庆元年买到宫宗增荒坡一处，东至石嘴为界，南至石崖为界，西至石嘴为界，北至东截至石岩，西截至道，又西至界石，六至明白，以内并无除留，言定价钱十九千。光绪四年春，又买乔长月荒坡一处，东至界石，北至大石头，南至分水岭，西至分水岭，又北至石崖为界，五至明白，以内并无除留。四至以内，栽养树株，以培村中风脉。公议封山，自此以后，合庄人等加意看守，不许损坏树株，不许放牧牛羊。若抗违不遵者，该乡约扭禀送官，决不宽恕。戊寅夏，诸君子嘱余为文。余素无才学，不敢为文，而仅叙其事，至于表扬胜迹□俟后之君子矣。又买乔立昌荒坡一处，东至买主，西至分水岭，南至石崖，又西南至南岩头，东西取直，北至沟底托角，以内并无除留，价钱八千。勒石不朽。

铁笔：乔自励

淄邑张志启并书丹

乔玓谱存留文契三章

首事（题名略）

大清光绪四年岁次戊寅六月二十日立

响水泉村买地亩碑

该碑今嵌于章丘区官庄街道响水泉村响水泉之上的影壁墙中。碑高127厘米，宽54厘米，厚12厘米。碑刻方首，碑额打磨出4个小框，其内分别阳刻“万古流芳”四字。碑文楷书阴刻10行，满行41字。文中“嘉庆元年”为1796年，“光绪四年”为1878年。

重修响水泉村二桥碑

响水泉二桥由来已久。桥西南有泉，水声潺潺，此响水泉庄之所由名也。至光绪年间，天做阴雨，浊浪排空，桥皆倾圮。崇山峻岭，水隔盈盈；黄发垂髫，泥呼滑滑。往来种作，交困旅行，桃源处士，心焉伤之。于是居人众善，锐意补修，而独力难成，不免求助。凡助工施财，不敢隐漏名姓、庄村，开列于后。

淄邑附贡生毕辉远撰并书

领袖善人（题名略）

修桥刻碑工人：王传柏、逯敬业

大清光绪二十八年岁次壬寅杏月中浣穀旦立

重修响水泉村二桥碑

该碑今在章丘区官庄街道响水泉村响水泉泉池旁。碑高164厘米，宽62厘米，厚17厘米。碑刻方首，碑额横刻“万古流芳”四字。碑文楷书阴刻4行，满行36字。文中“大清光绪二十八年”为1902年。碑阴顶端横刻“重修卧龙桥记”六字，之下均为施财善人题名。卧龙桥今已不存，仅剩此碑。

重修响水泉池碑

重修响水泉池碑

盖闻有其举之，莫敢废也；有其兴之，弗敢堕也。响水泉庄地虽扁（偏）小，民康物阜，峻岭巍峨，树木森森，实有太行盘谷之胜景，晋代桃园之遗风焉。庄西南旧有一泉，水流澄清，响声振耳，此庄之所命名焉。自前清光绪四年，乔公志诚与合庄处士共议凿斯池也，以济众生，立石碑焉，以为文凭。至二十三年，石碑倾坏，文凭遗失。今合庄共议，捐资财输粟，重立石碑，永垂不朽矣。

孙覃恭施地基一方，东至界石，西至道，南至界石，北至河中心。

毕承业撰并书

铁笔：李在厚、李慎忠

首事（题名略）

中华民国岁次己未荞月上浣榖旦立

备注

该碑今在章丘区官庄街道响水泉村响水泉上方的影壁墙中。碑高148厘米，宽70厘米，厚15.5厘米。碑刻方首，碑额横题“万古流芳”四字。碑文楷书阴刻5行，满行35字。文中“清光绪四年”为1878年，“中华民国岁次己未”为1919年。

双水泉村重修清泉碑

重修清泉记

盖闻井养不穷，《易》有明训。以是知水也者，大有济于人也。然稽古验今，掘井九仞而不及泉者，不乏矣。余庄古有清泉，名曰“双水”，珍珠滚滚，不亚寒泉之泓澄；□浪滔滔，何减绣江之泛滟！清风涟漪，真胜境也。但多历年所，形势倾圮，不思修砌，几堕楷模。是以合庄公议，以就良图，兼修沼池，新筑映壁，底铺白沙，隅甃青石，于焉瑞气层绕，瞻之多壮哉！仪功成之后，命予作记。聊为数语，永垂不朽云。

章邑孟玉恂撰

屏岩孙询立书

姜汉湾一半施于合庄

领袖善人（题名略）同立

石匠：宫圣□

大清道光……

双水泉为章丘区官庄街道双水泉村之主要饮用水源，位于该村中部山腰间。此碑嵌于双水泉泉池之下的石堰内。碑刻为横碑，长112厘米，高46厘米。碑文楷书阴刻13行，满行12字。

双水泉村重修清泉碑

石匣庄创修升仙桥碑

创修升仙桥序

章邑城南九十里，庄名石匣。庄之西里余，有泉焉，汶水所自出也，考《地理志》，汶水出莱芜县，其源非一，合流于泰安之安静镇，谓之大汶。而石匣之南五里即为莱芜界，恰值齐南鲁北，则此泉为汶源之一，无疑也。泉自西来，绕庄南东去。每当夏月水盛之时，洋洋活活，南北往来，济渡维艰。于是，有首事善人景珞等发愿创立一桥，以利行人，但以为费不赀，故尔迟迟有待。去年秋，有堪舆先生自莱邑来者，指庄西尽处，谓父老曰："此地宜建一桥，以助风脉。"于是众议遂决。适际岁晚水涸，鸠工运石，昼夜兼营，不数月而桥成，命曰"升仙"。桥三空（孔），南北一丈，东西七尺，势有金汤之固，人无病涉之疑，诚盛举也。爰勒贞珉，用志不朽。

壬子科举人、前任武城县教谕、现任武定府教授般阳毕岱熏撰

邑庠景凤喈书丹

石工：窦连□、纪松□、李□□

道光七年七月初九立

此碑立于章丘区官庄街道石匣村升仙桥旧址东侧。碑高262厘米，宽80.5厘米，厚24厘米。碑额刻如意云纹，碑文楷书阴刻7行，满行36字。文中"道光七年"为1827年。石匣村中有古桥一座，名曰"升仙桥"，今河上之桥乃当代重建，不是原桥。

石匣庄创修升仙桥碑

石匣村创修安平桥碑

创修安平桥碑序

夫路崎岖，行者艰苦；水阻行，进退皆难。然则水之阻行，其尤甚于崎岖也，况巷口出入之要径乎！此巷之东口临壑横路，每逢夏季山泉开而壑水盈。宽虽步余，来往者恒抵此而盘桓。巷内六户睹此不忍，俱相语修桥。于是议决兴工，不月桥成。经其上者，谁不曰善哉斯举？但路为合巷，非公共之通衢，许来往得便，勿行灵过棺，因勒诸石，以垂不朽。

师范讲习所毕业生韩式赈撰文、书丹

护桥人：景祥宝等（共6人，其余人名略，各捐钱二十千）

督工人：于恒兴等（共4人，其余人名略）

合庄捐钱廿五千

东牌捐钱十千

石工：张继功

铁笔：张传申

民国十三年岁次甲子荷月立

此碑原位于章丘区官庄街道石匣村安平桥旁，今移至石匣村中国章丘梆子戏剧博物馆院内。碑为横碑，品相基本完好，碑文阴刻楷书11行，满行13字。文中“民国十三年”为1924年。

石匣村创修安平桥碑

栗家峪重修东头井碑

井养而不穷者也。余栗家峪东头井，不知建自何代，并无碑碣可考，年久损坏不堪，合庄共议修甃，化（花）京钱陆拾伍千伍百文，按地亩敛之。今而后，庶可免旧井无禽之讥乎！

（题名略）

栗廷勋撰

栗福亨书

大清咸丰五年仲春吉立

栗家峪重修东头井碑

该碑今嵌在章丘区官庄街道栗家峪村东头井屋内的墙壁上。碑长61厘米，高38厘米。文中“大清咸丰五年”为1855年。

锦屏山碑

锦屏山碑记

盖尝观于天地消长之数、万物盛衰之机，不禁于锦屏山而旷然有感也。是山发脉泰岱，蜿蜒绵亘，历新、蒙、泰、莱而枕阳邱之南首，峭壁插天，古洞窈然。其间红霞灿树，好鸟赠音，万卉竞秀，百葩呈芳，其亦钟奇毓秀之区欤。从前埋没荒草，仅为樵夫牧竖击狐伐兔之场，不得共玉皇、会仙、长白、摩呵诸名山吐奇发秀者，几百千年。乙卯岁，有羽士韩阳成，系吕祖洞全真也，游方入山，相阴阳，观向背，察龙虎回绕环抱之势，审峰峦委折起伏之形，有武夷九曲，曲曲入胜；衡相九面，面面皆圆之妙，愿借一榻以养真。环山善士，开荆棘，辟蒙茸，争先恐后，协力修理，经营十有余年，洞内之掩于淤泥蔓草者，今则洁净轩亮矣；洞前之逼侧崎岖者，今则藻井坦易矣。西构讲堂，东凿清泉，南营雪阴，北砌朝阳。以人工承天巧，足以供辞客骚人之吟咏焉。至于绝顶，大殿之巍峨，廊庑之辉煌，围墙山门之雄峙，则又临夫各巘各涧，奇木异卉，怪石古松，鸟道羊肠，有络绎奔会、万派朝宗之势焉。夫自皇古以迄于今，历千万劫，一旦辟兹，胜迹堪与玉皇、会仙、长白、摩呵诸山并峙竞秀，何莫非众善士焦心劳虑、拮据经制之所成哉！想亦此山之灵乘时鼓舞于冥漠之中，以人工而承天巧也耶。余重阳胜游，众善士立索成文。迫于命，爰荒撰芜词，以志不朽。

邑庠生张元桂熏沐叩撰

郡廪生靳司峪熏沐叩书

章丘县正堂毛邑、汛司厅雷世臣、捕厅张达

领袖善人（题名略）

住持道人：韩阳成、韩福长等

乾隆八年岁次癸亥季春吉旦

锦屏山碑

此碑立于章丘区文祖街道锦屏山泰山行宫二层平台前东侧。碑高194厘米，宽80厘米，厚30厘米。碑刻下有龟趺，上覆高浮雕二龙戏珠图案的碑帽。碑文楷书阴刻9行，满行52字。文中“乾隆八年”为1743年。

重修泰山行宫碑

重修泰山行宫碑记

齐鲁太岱有碧霞元君灵应宫，则以位五岳之首，少昊无怀之所税鞅，黄帝有虞之所驻跸，三代以降，秦汉唐宋，历明迄今，胪禅纷如，册祀辉铄，故不刊也。兹山脉发太岳，巍镇章南，领群山而翡翠插天，源漏河而□流匝地。神通往来，奠依何从？人抒诚敬，伏谒无所。事在人为，时诚有待。黄冠白帢，多方结万姓之缘；绮履青衿，百计购双镮之入。我也于于，人皆喁喁。赴之如流水，输之若转圜。捐费有差，视资为准。胼胝审面，次第永肩。庙貌崇闳，雄峙于峰巅；洞环深邃，拗折乎岩下。北开小院，布种青莲；东得甘泉，蔚成文甃。疏壅去秽，居然半亩之方塘；除荆剪棘，恰受一天之月晕。庑门更造，讲堂加新。平直圆方，起输娄于再世；参差错落，缀梁郢于同时。计费千金，庀众数百。山分太岱一支，神仍碧霞三座。朗然表胜，岿焉伟观。乃修筑告间，集会

重修泰山行宫碑

约期。或遇莫（暮）春，或逢重阳。厥有冠带之侪、布衣之俦、估贩之魁、帏门之侣，靡不指椒岭以首路，望危罔而膝地。殷辚万状，仿佛岱宗；杂还亿兆，依稀泰岩。或遥览乎敷木之采，或下瞷乎村落之宇。或嘱眺乎町畦之横纵，或隐见乎渚澳之蜿蜒。步沿亟道，势迤迤以犹龙；影翠崇峦，俨辉辉而集凤。群情翕赴，不约而同；灵应□穆，□中向答。窃见降瑞锡祉，调风布霖。成人事而感神庥，逭□歉而被丰茂。倘沧海之未田，庶神明之永奠。然大纲稍举，细目未张。前以启后，真称大造之炉锤；后以续前，浑似不言之桃李。添工复施继起，萌见义之功；经始要终再来，任独贤之力。睹杰构之少渝，乃鸠僝而不懈。藻井连茄，尽遘脊茅之地；飞云丽日，大开宝鸡之天。勿徒托诸空言，亟有须于盛举。方诣此艺，千古同符，则此山可并泰岱不朽也已。

邑庠生靳嗣韩熏沐叩撰

邑庠生韩学礼熏沐叩书

各庄施财善人（题名略）

乾隆八年岁次癸亥季春吉旦

该碑立于章丘区文祖街道锦屏山泰山行宫二层平台前西侧。碑高180厘米，宽83厘米，厚27厘米。碑刻下有龟趺，上覆高浮雕二龙戏珠图案的碑帽，碑额篆题“大清”二字。碑文楷书阴刻12行，满行50字。文中“乾隆八年”为1743年。

重修锦屏山碑

重修锦屏山碑记

自来人以地杰，地亦以人灵。何言乎地以人灵也？从古奇迹仙踪、异域胜境，非经人拂拭而表扬之，其掩没于榛茫鬼磷、荒风冷雨者何限？是山遥泰岱之灵脉，踞阳邱之南鄙，俗呼“平顶”，雅号“锦屏”，扶舆家称为“一字文星”焉。虽非峭壁插天，实则屏峰耸峙，历览万壑千山，望如银屏列前者，殊不一觌；而且古洞天设，泉源浚涌，岂非章南一大名胜乎？前亦久湮于荒棘野燹，莫克标揭。自乾隆乙卯岁，羽士韩阳城云游栖止于斯，嗣有陈丈靖初、靳生纯嘏者，与之募建庙坛，因集万家香火焉。嘻，於烁哉！异境天开，蔚然挺一方之秀；胜踪地辟，杰焉亘万古之光。骚士登临，眷物外烟霞，青峰并襟怀竞爽；樵子环集，鉴空中楼阁，丹芝濯肾腹长清。要钟毓乎柏

重修锦屏山碑

陵人士，岂竞崇夫奥区神皋？此所谓地以人灵也，而人终以地杰矣。第数载倾坏，修葺莫道。踵前修之故迹，扬开创之宏功。昔胡文定公所云“宗庙之事即远，有废而无立，不得以有为”之言，概置昔人盛举也。兹于工竣劖石镌名，因摅质言以识。

岁进士靳廷谞熏沐叩撰

邑庠生靳方山浴手叩书

领袖善人（题名略）

住持道人（题名略）

石匠：冯守道，泥水匠：于嵩，塑画匠：范绅，石匠：孙绳祖、孙术

大清乾隆肆拾壹年荷月吉旦

此碑立于章丘区文祖街道锦屏山泰山行宫正殿前东侧。碑高183厘米，宽81厘米，厚22厘米。碑刻方首，碑文楷书阴刻7行，满行50字。立此碑时，开山道长韩阳成已羽化19年，此次乃第一次重修泰山行宫。文中“大清乾隆肆拾壹年”为1776年。碑文中提及的“乾隆乙卯岁”晚于立碑时间，当有误，疑为“雍正乙卯岁”。

锦屏山修砌水池碑

修砌水池碑记

今夫水以山秀，山以水明。兹锦屏山坐镇章南，缘接泰岳，严正危峻，层峦叠嶂，林木葱郁。夫其顶堞，开敞明朗，宫殿爽垲。山之半腰，岩悬陡峻，洞古深邃。洞外境地，高下二段，立有祠堂，供诸神圣。檐前花覆，窗外树满，里中称胜区焉。乙丑岁秋七月，适有张家庄治清张公者，游此，适泉水四流，或曰：“行潦挹彼山顶，流泉取诸漏河。”张公曰：“何不于檐外砌池贮水，以备时需？愿捐助焉。”诸道称善，缘簿叩化，张公怡然先施，而大寨之善士信女及环山众社首各捐资财。由是鸠工庀材，经始有终，谨勒石以志不朽。

增广生员陈汝明撰文

韩体睿书丹

督领　社首（题名略）

住持道人王本明

嘉庆十二年岁次丁卯孟冬榖旦

此碑今立于章丘区文祖街道锦屏山老君堂院落的垂花门后山崖下。碑高100厘米，宽64厘米，厚18厘米。碑刻圭首，碑额横题“大清”二字，下横题“修砌水池碑记”六字。碑文楷书阴刻6行，满行36字。文中“嘉庆十二年”为1807年。原碑漫漶，部分碑文据朱振华《扮玩鲁中三德范村的年节生活》补足。

锦屏山修砌水池碑

黄露泉村龙泉庵碑

重修□□□□□院记

尝谓：天地储精，万物化醇而人生焉。人之生也，有富贵，□贫穷，有三教之分：曰儒、曰释、曰道。万法归一，天之所赋，岂偶然哉？□其林下□□乃历城人也，区区一小人家□颇过牛羊无所牧养。先于正德元年，赖托继亲高鹏作中，买得章丘县明秀乡李全、李政等空地山场一所，曾曰□员外桑行。俗称“员外”者，田多地广，金玉宝贝之类无足，富也莫加，欲酬天地，无由报答，设以香火院耳，奈何无造思起。日前章丘县道僧牛公讳龙，自幼好道出家，在仙人堂挑水供禅，凤亦随请，弗允，必待三顾而至，来到山场。凤将前□□愿施与龙管业，龙闲步观赏，真圣境福地。南至张庄，通行大路；北至黄鹿泉，流水沧浪；东有古井，以解樵人之渴；西至山顶，作

黄露泉村龙泉庵碑

为牧放之□。想昔员外虽没，而名尚在；殿宇虽颓，古迹尤（犹）存。奈碑石断坏，难以考□□□在此山场，四顾无人，兼无升粟粒米，又无烟火邻居，日食黄菁，体肤申申自如，苦弗顾也。夜宿草庐，念佛诵经；□则开种，自劳其□骨，何恤□也！仿佛乎商鞅之辈，不辞夫胼胝之劳。□□徒弟数人，圆成、会通、会达、会泰、明□等众，同心竭力，共成圣事。赖被十方长者、善男信女喜舍资财，遂建正殿一座，佛□俱全；草□数间，钟亭咸在。种桃数百余株，后人食草以充樵牧之所。牛公又在酒头重修三官庙宇，妆塑圣像，于不日而苟美，往来僧道容留宿食，心无忌怀。牛公不足，□天发愿，坐禅三年，方下山门。待愿满日，缺少铜佛，下山□□。于嘉靖三年十一月二十八日，前去青城等处，来至中途，投宿□人张姓家内，有疾，牛公□时而毙其终也。门徒于是□□等不舍二十余载恩爱，将尸亲烧化，搬取回山葬埋。公在生前，玉洁无瑕也。于是乡人赞之，朋友祝之，思之不忘，錾勒片石数字，以表牛公之德。语曰："岁寒，知松柏之后凋也。"是为叙。

历城县赵良臣书丹

大明嘉靖四年岁次乙酉仲冬朔后

石匠：张佩、崔臻

备注

此碑今在章丘区文祖街道黄露泉村桑黄龙泉庵旁的农户家屋墙下。碑高132厘米，宽69厘米，厚18厘米。碑身四周饰缠枝纹，碑文楷书阴刻18行，满行35字。文中"正德元年"为1506年，"嘉靖三年"为1524年。桑黄为隶属黄露泉村的一个自然村，位于黄露泉村南山坳，村内有古龙泉庵。

朱公泉村施树碑

夫朱公泉者，必朱公所制之泉也。其人弗考，因以名乡。名乡者何？山下出泉而朱公制之，故名。溯乡之南岳，实泉之所由发也。映带□抱，峰曲路转，见有蔚然而深秀者，翠柏林也。予尝傲（遨）游其际，低徊而不能去。及询其种植之人，则善人于公名君佐者之□泽也。余吁嘻久之，复登其巅而遥望之，见夫左带鸡魁，右持笔峰，丰草绿缛而争茂，佳木葱茏而可爱者，又知为君公所植之封林也。至于夹道而结云壁，菁葱而蔼瑞宇，朝晖夕皎，气象秀拔，参差于烟火之中者，又蘧、张二氏所植之碧槐也。优哉！美哉！山环水包（抱），固由于地灵所结，佳境美趣，□资乎人杰所植，讵不信哉？

绣左后学徐中潞撰文

业儒于克勤书丹

太学生举乡饮大宾于君佐暨男监生继圣施南封坡二处，俱以柏树为界，坡基许庄中栽树，不许庄中为业，树株许在不许坏。

张家庄太学生张文全施槐树一株，在王德奎地基内，许在不许坏。

街中有槐树一株，树主原系蘧士明、蘧继进、（继）宝。继进、（继）宝将树一半施于观音堂中，因子孙痴愚，同合庄公议，情愿将树一株施于观音堂中，有施字可凭。树许在不许坏。庙内柏树二株，王德奎栽植。

该碑今立于章丘区文祖街道朱公泉村中部健身广场旁。碑高129厘米，宽60厘米，厚20厘米。碑刻方首，碑额横题“万古流芳”四字。碑文楷书阴刻7行，满行35字。

朱公泉村施树碑

西田广村重修北神井碑

盖此神井创自大元顺帝之时，实田广仙长之所赐也。厥后大小食德乐为□□之常，而不以为意于国朝乾隆之贰年，时值大旱，神井枯干。孰意青野、大寨戮□同心，□以三庄共攻之井，田广庄忽行独占，具控公堂，云有汉碑为证。幸毛公□鉴□察如神，我合庄即将碑文□印呈上。批云：“细阅碑文，并无青野、大寨名色，□控可知。”又恐世远年湮，犹起争祸，以致三庄不和，具此文，永除三庄争执。自此以后，三庄其永以为好也。是为志。

西田广村重修北神井碑

本邑郭惠承撰书

时乾隆贰年岁次丁巳□春榖旦，合庄公议立石

备注

该碑立于章丘区文祖街道西田广村龙神庙旁古井边。碑高125厘米，宽56.5厘米，厚27.5厘米。碑文楷书阴刻6行，满行31字。文中“乾隆贰年”为1737年。龙神庙西侧有古井一口，井沿有十余道绳索勒出的深痕。该碑为乾隆年间田广村因古井归属而与青野、大寨二村发生争端，村人报官得到调解后三村和好的记事碑。由碑文可知，此井乃元代古井。

重修东田广井泉庵观音堂碑

□□□□迤南七十余里，地名田广庄。东近里余，有山名□□□□□□□东征，驾至称焉，名传于世，更奇多也，山檐□邃，泉物芬芳，涧林深□也。此则春不盈，夏不溢，□而贵焉，称名“井泉庵”也。自始以来，有一常者，观音也。创建□□至今，重建数番。弘治以来，堂室殿宇倾颓。今者嘉靖乙巳，本邑信士靳大昇议庵主尹霖，各善重施资财，舍木载入殿宇，仍复三贤七圣。装塑完成，金碧辉煌。供焉若四至者，东及书潘，南近薪（新）莱，西兼都省，北至新齐，皆明也。前檐居半龛有一古洞朝阳，石生怪异，古者存焉。兼并修住之处，甚为美哉矣！

重修东田广井泉庵观音堂碑

本邑白衣叟道孙宗朝拜书

嘉靖二十七年十月十二日立募

备注

此碑今在章丘区文祖街道东田广村井峪内。碑高94厘米，宽57厘米。石刻圆首，碑额横题“□音堂记”四字，□当为“观”字。文中“嘉靖二十七年”为1548年。

马家峪村重修官井碑

雍正五年二月二十三日立，地主王孝勋施。

石匠：郭□正

合庄官井□

领修人：王□之、马□年

西井字石

施地马瑾

备注

该碑今嵌于章丘区文祖街道马家峪村中部井屋墙壁上。碑长91厘米，高42厘米。碑文刻于一块近乎自然形状的长条石之上，刻面未经打磨，字口较浅。文中“雍正五年”为1727年。

马家峪村重修官井碑

马家峪修井碑

马家峪修井碑记

尝谓：耕田而食，凿井而饮矣，为生人之本，然惟水养人无穷耳。今有李氏水井一眼，自己不能修甃，故本庄马永君等愿协力领袖，以为永年吃水之计也。井字石无处安，移在此处。

（修井善人题名略）

大清乾隆三十一年七月十五日立

马家峪修井碑

备注

该碑今嵌于章丘区文祖街道马家峪村中部井屋墙壁上。碑刻近乎方碑，碑长48厘米，高46厘米。碑文楷书阴刻5行，满行12字。文中“大清乾隆三十一年”为1766年。

重修马家峪官井碑

尝思人蒙天地覆载，赖水火生活，而水较火为尤甚。吾乡□□□，古有井数眼，赖以生活。但秋涌春竭，不足以便民生，合庄深以□□□□马进等相山度地，另为凿井，果不数尺而得涌泉，此真获一□之利□，开永世之福泽，非天下奇事而何？见者、闻者咸惊喜焉，故志之者也。□官处系马开自出善心，以济合庄之急，大小老幼感念无极矣。

大清乾隆伍拾年贰月拾玖日立碑记

重修马家峪官井碑

该碑今嵌于章丘区文祖街道马家峪村中部井屋墙壁上。碑高116厘米，宽60厘米。碑刻方首，碑额横题“永世不朽”四字。碑文楷书阴刻5行，满行24字。文中“大清乾隆伍拾年”为1785年。

马家峪村福泉碑

福泉碑记

盖闻司水详于《周礼》，调水掌于庖人。水也者，人人所必用、日日所急需者也。吾乡马家峪，名山环抱，地出蒙泉，本非短于水者。偶于同治八年，自春沮（徂）夏，弥月不雨，里井多涸，水乃稍稍不足焉。幸有本庄马连三，其西北海涛峪地内有古井一眼，泉水独盛，用之不竭，一村老幼赖以生活。虽遇一时之旱，却无得水之艰者，此井之力也。因之，里人马润等统众向马君曰："此喜事也，亦君德也。请勒诸石，以志不朽。"维时马君竟对众而言曰："此不费之惠，何劳挂诸齿颊乎？但恐予子孙蕃衍，岂能皆肖，或以活人之灵源据为要人之利薮耳。请同众镌碑，以示孙子。此井尽许合庄吃水，不许业主阻挡。此地即或转卖，不许与井同卖。如违吾言，即属不孝。一言既出，万古如斯。恐后无凭，立石为证。"

撰文：仇佩璋

书丹：李嘉树

石匠：李志秀、崔英

同事（题名略）敬立

同治八年荷月上浣榖旦马家峪合庄公立

该碑今嵌于章丘区文祖街道马家峪村中部井屋墙壁上。碑高122厘米，宽60.5厘米。碑刻圭首，碑额横题"大清"二字。碑文楷书阴刻9行，满行30字。文中"同治八年"为1869年。

马家峪村福泉碑

马家峪村德泉碑

德泉碑记

盖闻井养不穷，事成有日，固赖前人有作，尤资后人之善继也。吾马家峪庄旧有官井数眼，乃雨水稍缓，取用常竭；生殖益蕃，育养维艰，村人辄浩叹焉。时有马公凤书者，因佥谓东南有泉，遂施地大行，共襄善举。正期掘而及泉，乃庄力绵薄，半途竟废。其后地归他人，不允复攻。遂构地北峪，复穿新井。然山既穷枯，水难多得，吾乡受困者几百年矣。多赖天不遗民，善良有后，至马君朝宦，尽复其祖业，慨然谓众曰："南峪之井台下为界，汲道一条，贴东而南，先人既施，吾弗有也。"于是，首事人乃邀众复治，竟得醴泉涌出，顷刻数尺。阖庄老幼争颂功德，故名"德泉"，以明感佩。惟是马君复与大众约

马家峪村德泉碑

曰："此井与道，既经两次之施，则是一乡之物。汲道虽赊，水夫不宜横行；千载虽远，地主不得掩有。不如约乡人共击之。"噫！竭心力，费资财，一劳永逸，诸人之功诚多；轻田产，庇乡里，前作后述，马君之恩何厚！村多善人，均克善继，特勒贞珉，永垂不朽云。

马本正撰文

王修众书丹

领袖人：马秀栋、李允栋、马秀华、马道位、马道清

同事人（题名略）

石匠：李起英

中华民国十年季冬嘉月上浣穀旦敬立

该碑今嵌于章丘区文祖街道马家峪村中部井屋墙壁上。碑高122厘米，宽66厘米。碑刻方首，碑文楷书阴刻11行，满行30字。文中"中华民国十年"为1921年。

马家峪村重凿十字路官井碑

重凿十字路官井略记

仁者爱人，同情涸鲋。倡凿古井丈余，竟得源泉滚滚。其利既溥，厥德难忘。爰书姓名，以为急公好义者劝。

发起人：马秀湘、马秀芝

办事人（题名及捐款略）

赞成人（题名略）

马本正撰文

马本麟书丹

工匠：马自敦、赵廷玉

中华民国叁拾壹年荷月上浣穀旦立石

马家峪村重凿十字路官井碑

该碑今嵌于章丘区文祖街道马家峪村中部井屋墙壁上。碑长72厘米，高52厘米。碑文楷书阴刻3行，满行18字。文中“中华民国叁拾壹年”为1942年。

北横河村封山碑

封山碑记

山东济南府章丘县城南六十里明秀乡古有洪河庄，河南有山，名曰“五虎山”。尝闻封山者也，古来有之哉。文王封于崎（岐）山，孔夫子封于尼山。昔有茶太爷，见此山有浮云罩顶，下有清泉，古有三王峪、豹古泉，脉水来朝。上有凤凰栖阻之处，百鸟来朝。常常来之，果然奇景也，岂不美哉！茶太爷因此将山封固，不许牧牛羊作践。若作践者，加罪主人。倘有无耻之徒损坏树株者，罚银十两，入官公用。合庄众人皆以为感，因此封山，是实永垂不朽之尔！

北横河村封山碑

刘汘立撰文

庐九龄书丹

石匠：赵希方

领袖（题名略）

嘉庆拾年仲春穀旦

备注

此碑刻立于章丘区曹范街道北横河村村南河道南岸的一个崖洞内。碑高94厘米，宽54厘米，厚21厘米。碑文楷书阴刻6行，满行31字。碑刻记录的内容是封禁山林、保护环境的事，体现了古时北横河村民保护环境的意识。文中“嘉庆拾年”为1805年。

黄石梁村修井碑

黄石梁村修井碑

尝闻耕田而食者，必凿井而饮。井也者，固民生之所不可缺也。本庄旧无汲水之处，父老子弟共以为忧。乃自掘井及泉，取之不尽，用之不竭，渴者易为饮，忧者易为乐矣。岂非一庄之深幸哉？爰勒诸石，以垂不朽。

施地基善人丁长禄。井上如有是非，不与施主相干。

邑庠生李学良撰文并书丹

李景印代笔

领袖（题名略）

铁笔：萧殿福、孙国清

凿井之先，合庄砌池一个，许在不许坏。

同治二年仲冬穀旦三官村合庄公立

备注

该碑今嵌在章丘区曹范街道黄石梁村下官峪老井屋旁的石堰内。碑刻方首，上覆碑帽，碑身顶端阳刻横题“大清”二字。碑身四周饰万字回纹。碑文楷书阴刻4行，满行23字。文中“同治二年”为1863年。

南邓村天赐泉碑

天赐泉

大清康熙十八年己未仲夏开□

南邓村天赐泉碑

备注

该碑今嵌在章丘区曹范街道南邓村村南天赐泉旁的堰头下。文中“大清康熙十八年”为1679年。天赐泉今日尚存，2005年列入《济南市名泉名录》。

庙岭村开凿泉井碑

尝思：耕田而食，食固民之所重也；凿井而饮，饮亦民之所急。禹谟六府，水居先；洪范五行，水为首。地中有水曰“师”，师所以畜众也；木土有水井，井所以养民也。是水也者，诚日用所必需，斯人赖以生活者也。环村皆山，自古无井，惟水为难。居是土者，悉以为患，而无可如何。庄之北头中间，相阴阳者咸以为其下有泉，凿而浚之，可成井焉。里人于是出资出力，朝夕怂恿，春□夏，椎幽凿险，未及九仞，而□□泉混混，涌出不穷。虽曰人工，实有神助焉。由是取之不尽，用之不竭，庆渊泉□□时出，井之甃亦得无心矣。是为序。

谢会清撰文

领袖（题名略）

施地（题名略）

李善人施地基

段善人施地基

石匠：谢□□

皇清同治元年岁次壬戌孟春之月立石

该碑今嵌在章丘区曹范街道庙岭村庙岭泉旁的石堰下。碑高103厘米，宽48.5厘米，厚17厘米。碑刻圆首，碑身用当地的柳叶石镌刻，因石质问题，花斑较多，碑文尚清晰可辨。碑文楷书阴刻7行，满行31字。文中“皇清同治元年”为1862年。

庙岭村开凿泉井碑

西车厢村井水保洁碑

《易》曰："改邑不改井。"《孟子》云："乡田同井。"井之时义大矣哉。"西车厢七圣堂前，旧有方甃石井，泉甘味洌，浅汲可得，短绠无忧，合庄利赖久矣。第恐童子无知，或投瓦石；牧人作践，辄饮牛羊。清本沧浪，浊混泾渭，不几至井泥不食乎？乡人李公名德者，平日既洁己以明志，尤欲大众吸清水以涤肠。于是纠合乡党，公同约禁：凡庄中及外处牛羊，不许朝暮向饮，亦不许径行往来，致粪污井水。即妇女洗衣必需乎水，尤祈各家长时时开说，勿以匪浣或泡井中，使人共恶不净。如有不遵者，公议罚钱壹千文，入社修庙无怨。

甲辰科举人李星实撰

湖峰居士郭云瀛书

领袖（题名略）同立

住持：弥志明

同治二年三月中浣榖旦

此碑今在章丘区垛庄镇西车厢村中。碑长76厘米，高46厘米，厚10厘米。碑刻为横碑，碑文楷书阴刻13行，满行16字。十八盘村亦有同治二年（1863）李星实撰文的碑刻。

西车厢村井水保洁碑

十八盘村建修义泉碑

建修义泉及砌西堰志序

十八盘庄古有盛水泉官地一方，历代久矣，盈科清澈，甘美并佳，庶人赖之以生，乃天地间最急要之物也。《孟子》□：“人非水火不生活。”岂不信诚然乎哉？而又贵乎洁也。泉水本洁，安有不洁之谓？予即斯泉而论之，源生河底卑下之地也。前层屡备洼沟注水蒙没，清浊交集，故有不洁之情在焉。思夫注水遍野而来，无物不有，集于饮食之泉水，何得为之洁哉？是水也，洗濯浇泼则可也，以之用于饮食则不可也。再者，村无二用，以之用于上下神祇，更有不可之道焉。由是合庄属议，以为洁净之计，起筑井

十八盘村建修义泉碑

台，灰石高垒，兼修石堰一宫，使注水旁行，不得侵入。地涌清浊分明，以便神人乐用焉。此端一举，长幼趋事，勇往争先，不数日而功成，□□非天佑人愿之力哉，乐莫大焉。此后立为义泉，公用公修。善哉！□特志以冀后世不朽。

山后野人题

会首（题名略）

斯领袖（题名略）

石匠：王寿先、田世双

大清嘉庆拾贰年仲冬吉日阖庄同立

备注

此碑今立于章丘区垛庄镇十八盘村古井台上方。碑高128厘米，宽102.5厘米，厚17厘米。碑文楷书阴刻7行，满行38字。文中“大清嘉庆拾贰年”为1807年。文中所载盛水泉今日尚存，2021年列入《济南市新增305处名泉名录》。

十八盘村重修井池碑

重修井池碑记

《易》云：“改邑不改井。”又曰：“井养而不穷也。”皆民共赖矣。十八盘庄古有涌泉，□□年矣，自道光年间协力□修，越今损坏，不便往来汲取。于是，合庄公议，复筑□池，竭力经营，不日成功，老幼无不欣喜，而泉甘未（味）洌。合庄共立条规，开列于后：如老幼男女不许井苔（台）池边浣衣作贱；上有官地一方，不许粪土堆列。如有不遵等，罚钱乙千。永垂不朽。

十八盘村重修井池碑

黄元吉题

（善人题名略）

铁笔：高庆怀

大清同治八年仲夏上浣阖庄公立

该碑今立于章丘区埠庄镇十八盘村古井台上。碑高102厘米，宽52厘米，厚13厘米。碑刻圭首，碑额题“流芳”二字。碑文楷书阴刻3行，满行30字，正文后有村规一则，共两行。文中“大清同治八年”为1869年。

莱芜、钢城篇

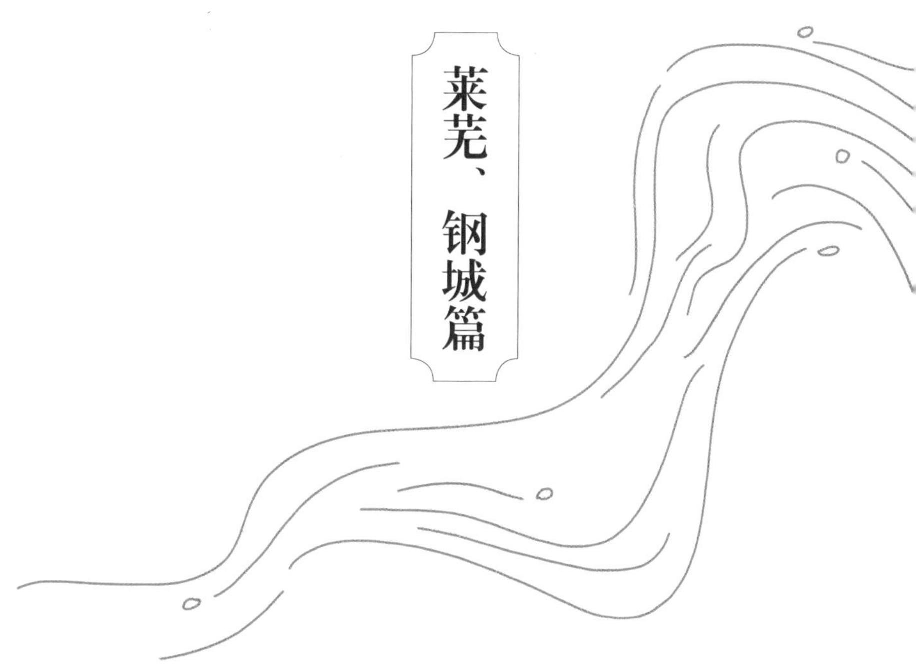

重修灵泉寺碑

重修灵泉寺记

莱之泉七十，以郭娘泉为最。泉出平地，北流入于汶。天将雨，云气滃然自泉而上腾，即大澍。土人旱干祈祷之所，故呼之为“灵泉”。泉之南有寺，曰“灵泉寺”。中立释迦牟尼像，里人岁时以奉香火。岁庚子，里父老醵金重修之，将立石以刻捐输姓名，因嘱余阐释氏之所以为教者，而为之序。余维圣人之道，仁义而已。自祸福之说中于人心，而释氏兴起于汉，盛于六季，而衰于今日。所谓释教三千年而灭者，至今日而其言将信。故老氏之后有杨、墨，杨、墨之后有释氏，独吾圣人之道昭昭然如日月江河，万古不可废。而彼教之互盛互衰，故依附圣人之一偏，亦无以自立。盖义之过，则杨；仁之过，则墨。佛氏以慈悲为本，近乎墨者也。穷其流，将□不胜言；而原其始，则固犹是圣人一偏之仁也。彼为释氏者，苟能致一偏之仁而原其所自始，将进而与圣人之道合，而其教亦可以永存而不坠矣。余持此论已久，未敢示于人。因灵泉寺之成，而敬书之如右。

赐同进士出身礼部主事张梅亭撰

邑庠生亓玉相书

领袖善人（题名略）

住持：亓明良

皇清光绪二十七年岁次辛丑四月上浣立

重修灵泉寺碑拓片　据《莱芜印象·石文墨韵》

此碑今在莱芜区牛泉镇西泉河村北。碑高163厘米，宽69厘米。灵泉，即郭娘泉，位于牛泉镇东泉河村村东（东泉河村、西泉河村旧时为一村），当代迷失。明嘉靖《莱芜县志》共载莱芜境内9泉，郭娘泉位列第一。1935年《续修莱芜县志》共载莱芜境内49泉，郭娘泉依然位列第一。明万历年间，翰林院提督四夷馆、太常寺少卿亓诗教作《戊午孟夏同游郭娘泉纪胜》诗中有“结伴临流兴转雄，郭娘泉水弄晴空。蚌珠涌地喷沧海，柳絮迎人拂汉宫”之句。文中“皇清光绪二十七年”为1901年。

圣井村嘉庆重修井碑

盖闻人生以饮食为急，饮食以耕凿为先。顾稼穑遍地可施，而水利山村多艮者。要之，地势使然也。如我圣井之井，不知建自何年，但村以井命名，固知其由来旧矣。有明万历年间重修一次，现有碑铭可考。施地基者，高公号佩愿；督理者，□公号守贵。但规模尚小，村中百有余家，取资者众，不无狭隘之嫌，村人意欲更张而未果。至□年春□亢旱，井水渐涸，甃石崩坏，遂决意更新焉。幸井东官柳一株，系亓公号作哲手植，历有年所，已成巨材。鬻钱十二□□作功费，复添补石料，按户排工。虽仍其旧迹，下则浚之使深，上则阔之使□，越十余日告成。夫思原□居民□私一井，以尽灌溉之利。兹村井无二眼，一井有伤，阖村受病。故□□□同谋，趋事者踊跃，不数日间成此伟功。爰勒贞珉，以志不朽云。

督理：高华庭、亓永盛、毕贞、亓升运、亓开运、亓生贵

石匠：毕英、张希琚

皇清嘉庆拾伍年叁月清明合庄同立

该碑今在莱芜区牛泉镇圣井村古井旁。碑高94厘米，宽59厘米，厚13厘米。碑刻方首，碑文楷书阴刻9行，满行30字。文中“皇清嘉庆拾伍年”为1810年。

圣井村嘉庆重修井碑

圣井村道光重修井碑

圣井村旧有一井，前碑可考，由来久矣。但春间亢旱，则细流涓涓，不能供一庄之取求，父老急忧数百年于兹矣。有亓公生贵者，约会乡人合同商议，择于旧井西偏，别建一眼。□之亓公永成，而永成公慨然施地基一区。于是，首事者□作，趋事者赴功，不数年而浚凿已成，庶几而井之汪□，较胜一井之易涸也。不意井口未修、井台未筑，而亓氏两公相继捐馆。里中父老目击心伤，相与踵而成之。然后二公之美意、一庄之善事有始有终云。

圣井村道光重修井碑

皇清道光二十五年四月上浣合庄同立

备注

该碑今在莱芜区牛泉镇圣井村。碑高115厘米，宽61厘米，厚20厘米。碑刻方首，碑文楷书阴刻8行，满行22字。文中“皇清道光二十五年”为1845年。

张家台村穿凿薛家井碑

闻之《易》曰："井，井养而不穷。"井之为用，大矣哉！莱邑东北乡有张家台庄，实陕西提学道道一张公桑梓之地，名胜区也。独无井可汲，载渴难堪。山有金峰之号，而水同玉液之艰。当其始，或近取诸杨家泉，或远取诸响水湾。过陵越山，往反（返）二十余里，炙肤皲足，困若百十余家。以至足之物而为无穷之累，此固邑人所日夜图维，而莫可如何者也。因忆父老所传，村北有泉，旧名薛家井，寻踪穿凿，或可用汲。孰意历年久远，旧迹已泯，而井又苦无觅处也。父老公议，同赴村北沟壑内处，祷龙神默示井眼，以纸灰之落处，即为活水之源泉。既祷之后，听神默使，神果有灵，若亲指焉。于是，郭公印等即率村众鸠工瀹浚，竟得旧迹，攻凿之时，恨不一刀出泉，即饮先和而食旧德也。乃天不爱道，而地若爱宝，凿数尺许，值大雨时行，工遂停止。延至道光□年间，又有化亭郭公等约众劝输，鸠工重凿，务期及泉而后止。维时乐输倾囊者有之，倒箧者有之，甚至囊已倾、箧已倒，而质田典衣者亦有之。望梅情切，而出资不吝，趋事积□年之久，程功得数仞之深，而一旦源泉涌出，沛然莫御。本庄固用之不尽，取之不竭矣。即啬泉、北峪、南峪邻庄之困于涸辙者，亦皆□活以东海之波。虽曰人力，岂非众首善至诚感神无量之福哉！邻庄首善每欲建祠以报神庥，立碑以表盛举，不意连年歉收，财力维艰，□落成之衤遂寝。不数年，而首事凋谢，仅存什一于千百；后人继述，□徒有志而未逮。兹有张公朴者，素性恢豁，人善必扬，况张家台系伊七世祖道一公所居之地，井占大成，福造无疆，讵忍坐视泯没而不彰耶？爰纠郭公化亭、张公秀等，劝谕各庄共施资财，庙为之建而神惠以答，石为之刻而前功已彰。众皆乐从，不数月而告竣矣。四庄父老命余作文，以志不朽。余不揣固陋，是为序。

邑增生□其朋撰文

徐志泰书丹

张旭施汲水路二条，王恕施汲水路一条，井台地基一处，东至堰根。

张秀海施井口一处，西至堰根，王杰卖汲水路一条。

（领袖题名略）

合庄按地捐钱一千二百吊。

（首事题名略）

穿井石工：孙玉玺，刻石匠工：秦□纲，泥水匠工：李升

大清咸丰八年岁次戊午十一月穀旦立

张家台村穿凿薛家井碑

备注

该碑今在莱芜区和庄镇张家台村西北农田中。碑高198厘米，宽89厘米，厚17厘米。碑刻方首，上覆碑帽，两侧有护碑石。碑身顶端楷书阴刻横题“永垂不朽”四字。碑文楷书阴刻12行，满行52字。文中“大清咸丰八年”为1858年。

杨家横南北麻峪施树碑

杨家横南北麻峪施树碑

莱邑东北乡杨家横庄西，有大夫庙一座。左右圣水二泉，有病者饮之即愈，求福者祝赞得安，四方供□纷纷，不断往来，行客时时焚香，此胜地也。节彼南山乔木，□石岩岩，云峰滔滔，汶水流去□□行人□□，负者歌于途，行者休于树。前者呼，后者应，伛偻提携往来而不绝者，滁人游也。杨家横南北麻峪，栽柏树百余株，有损坏一株，罚树十株。重修月台、影壁、后墙，施财人等开列于后。

领袖人、施财人（题名略）

嘉庆拾年秋月同立

该碑今在莱芜区和庄镇横顶村村委会院内。碑高141厘米，宽65.5厘米，厚16厘米。碑刻圭首，碑额横题“万古流芳”四字。碑文楷书阴刻4行，满行36字。文中“嘉庆拾年”为1805年。

东车辐村重修万家泉碑

万家泉

大清嘉庆十五年岁次庚午五月十伍日重修

该摩崖石刻今在莱芜区东车辐村南万家泉旁的崖壁上。刻面高113厘米，宽51厘米。该石刻在崖壁上雕刻出圭首碑刻的样式，碑额篆书横题“万家泉”三字。碑文楷书阴刻3行，满行6字。文中“大清嘉庆十五年”为1810年。

东车辐村重修万家泉碑

南峪村药王庙碑

昔闻山不在高，有仙则名；水不在深，有龙则灵。兹南峪之南山名望鲁，古有甘露庙、圣水泉。后移庙于西山，而泉依然如故。孰意流传及今，而泉施有治见其灵者。问何以灵，则以水之能治诸疾也。问何以神妙如此，则以有药王上临也。于是传闻四方，凡有疾不痊者，登山祷祝，取此水而饮之，厥疾无不康焉。故男女载道，老幼塞途，有求斯应，捷于影响。此泉之灵为何如？人故无不被其德泽也。然而被其德泽，使不建祠树碑，将何以传后世，知泉灵之由来？所以吾士李时输财效力，经之营之，不日成之。复撰文以记之，庶使后人共知此山之名、此泉药王之灵，究共知此仙之名与灵也。爰勒诸贞铭，于此永垂不朽云。

邑庠生王建中撰

庠生王炳寅书

石匠：唐凤臣

领袖善人：李时（其他题名略）

皇清同治元年岁次壬戌荷月榖旦立

此碑立于莱芜区苗山镇南峪村药王庙内。正面镌正文及领袖善人题名，碑额横题“流芳百世”四字；背面镌药王山功德善人题名和年款，碑额横题“施财善人”四字。文中“同治元年”为1862年。

南峪村药王庙碑　李庆林摄

圣水泉泉名碑

民国二十四年重修（右题）

圣水泉（大字楷书横题）

清和月中浣穀旦立（左署）

圣水泉泉名碑

备注

莱芜区苗山镇南峪村东南有望鲁山一座，山上建有药王庙。庙内有圣水泉一眼，一年四季出水。此碑位于圣水泉旁。传说，古时候当地爆发瘟疫，南峪村土郎中李长庚以圣水泉水煎草药，百姓喝后痊愈如初。李长庚自此被奉为“药王”，当地人建庙祭祀之，报答他行医救命之恩。文中“民国二十四年”为1935年。

重修药王庙圣水泉碑

重修药王庙圣水泉记

盖闻山有仙则名，水有龙则灵。此山曰“望鲁”，此泉曰“圣水”。山有名，水有灵，故众仙乐聚会焉。古有甘露庙，创自明嘉靖十年，有残碑断碣可考。迨至清万历十一年，前人将甘露王迁移西山大殿，此处荒废三百有余年。泉旱不涸，诚胜地也。至同治元年，药王上临泉水，凡灵有祷疾者，饮此水而如服丹；问卜者，请降坛而若显言。神之格思，众生普济；庙之建立，百世流芳。又至民国十六年，庙貌残缺，泉壁参差。神像重新，整理未备；世界不靖，迟延数年。今公议将泉添石筑垒，不日告竣。助工者踊跃争先，施财者欢迎恐后。此两补葺，莫谓巨二，殆以承先启后，俾示人善修欤。爰勒诸石，志之不朽云尔。

重修药王庙圣水泉碑　雍坚摄

（施财题名略）

中华民国二十四年岁次乙亥荷月上浣榖旦立

此碑立于莱芜区苗山镇南峪村东南望鲁山药王庙中。由碑文可知，此庙前身为甘露庙，始建于明嘉靖十年（1531）。文中“清万历十一年”，盖为笔误，当为“明万历十一年”。文中“中华民国二十四年”为1935年。

雪野泉、灵源泉泉名碑

嘉庆十九年二月吉□（右题）

雪野泉

灵源泉

……黄元轩立（左署）

雪野泉、灵源泉泉名碑拓片　据《雪野村志》

备注

此碑位于莱芜区雪野街道雪野老庄饭铺子街西北王家大店北边的雪野泉畔。雪野泉泉池呈长方形，东西长2米，南北宽1米。立碑人黄元轩为清嘉庆年间莱芜县知县，江西抚州人，嘉庆七年（1802）进士。文中“嘉庆十九年”为1814年。

重修绿矿洞泊新建义塾碑

重修绿矿洞泊新建义塾记

兹为大舟东之峭壁，绿矿，其洞名也。而洞之外群山环列，古柏苍翠，又有清流激湍，映带左右。凡览胜至此者，莫不诗酒歌咏，流连竟日不能去，以为地灵若此，而人杰可待矣。独惜课塾未设，徒添羡慕耳。丁未春，四乡诸善首卖枯柏为资，重饰庙宇神像。复于洞前填砌石堰一堵，周设花墙。至秋成，又各捐资新建义塾三间、厂棚五间，以育人材。诚盛德事也，而地之灵、人之杰不于是有厚望也哉！是为记。

邑庠膳生魏慎修撰并书

首事人（题名略）

铁笔：刘玉臣

木工：魏茂忠

泥水：毕兆起、朱□诺

塑工：李秉智

住持道人：裴元亮等

大清道光二十八年岁在戊申嘉平上浣之吉立

此碑今在莱芜区口镇街道江水村北。文中“大清道光二十八年”为1848年。绿矿洞，据考为商代铜矿遗址，后改为义塾。洞内供奉吕洞宾，又称为吕祖洞。2015年，吕祖洞铜矿遗址被公布为市级文物保护单位。

重修绿矿洞泊新建义塾碑

重修圣水寺碑

……是与君子，其必有以致之，而非出于偶□□。人之善，自我为之，自我止之，不可谓之□……所为。后有所述家世，擅善行之声，岂一□□□□乎哉！斯足以为积善，□且以王门之下有曰……□□应之，曰厥门之善，诚□□讲者，谅非诬□□□有人焉，讳曰清，乃璋之祖也，于弘治龙飞九……矧地兹地也，间于黄羊、凤凰二山之下也。此山之下又出□□焉，名曰“圣水”也。厥山巍巍，厥水源源……□君子曰：斯地也，山名水秀，非尔我庸众之敢以自乐之也，冲要之岖（区），又非□□敢当之也。于龙飞……宇修厥□像，以镇主之。吾知鬼神之为德也，其盛矣乎，幽冥不测，福善祸淫，至公无私，然而□□之……灾害之临，实有祯祥之降。邦焉欲其昌也，家焉欲其康也，子焉孙焉欲其逢乎吉也，噫！设是心也……□未必不为之倾颓，涂神体像未必不为之不整。又有人焉，讳曰聪，乃璋之父也，则曰：“此寺也，乃………我父之所为乎，尽心竭力，以重修之，务使我之所为，无异于我父之所为乎。天道屡变，至今又不知……矣。”璋亦曰：

重修圣水寺碑

“是□□祖开其基，父承所为。我父年已迈矣，我与其干可乎？”随沐浴斋戒，夙夜匪懈，重……秩然可观，盖见□□□□矣！功效岂可以小云？当兴□之际，有同乡之人高成、谭升、王俊、高琦……□可与同日语矣！王门之善，父作子述，可谓积功、累仁、垂善□□不朽也。宜哉！世人以积善之……积善之家，必有余庆。吾于是乎益庆，由善而得，则知欲有庆之，□可不为乎？□善由积而成，则……又曰功固成矣！又虑夫久之无征也。于是征生以为纪，生虽匪□，敢请一言而有赠，亦古人之所……序其所由为也，岂成以为文。

寺主王聪，男王璋、小福，爱孙男王豹、王珮，小双生□□童

（嘉靖十三年）……月立

莱邑庠生□蓝忠撰，术士阴阳张龙书

（李）梃（廷）桂

迪功郎、县丞：□仁

将仕郎、主簿：刘择

典史：赵宗

石匠：尚豹、张龙、张虎镌

备注

该碑今存于莱芜区高庄街道圣水庵村圣水庵院内。原碑断为三截，上截佚失，现存中、下截。残碑高116厘米，宽67厘米，厚20厘米。额题残缺，首题和纪年缺失。该碑每行开头文字虽缺，但大体能知其梗概。碑文记述乡中善士王清于明弘治九年（1496）创建圣水寺，后由其子王聪接管，其后王聪之子王璋负责重修并管理。碑文中落有知县李廷桂、县丞□仁、主簿刘泽、典史赵宗之名。据民国《莱芜县志》，李廷桂、刘泽均为嘉靖十三年（1534）任，从而可推知，此次重修当在嘉靖十三年后其任期中。据2021年版《莲花山石刻志》，碑文句读略有调整，注文有节略。

重修圣水寺三教堂碑

重修圣水寺三教堂碑记

寺名圣水，志灵也。其上层峦耸翠，罩云烟而叆叇也；其前江梁渔浦，溯洄澜而上下也；其左右杏林桃园人家，春树倒夕阳而隐见也；其南通新甫，瑞气霭霭，接连八卦楼也；北枕朝阳，云雾蒙蒙，彻绕九顶山也；西近仙人堂，足迹尚有也；东临灰泉寺，地僻静幽也。此则庙四围之大观，古迹之所遗留者。远也乃见其麓有泉，名之曰“圣水泉”。临于泉上者，三教堂也。作庙者谁？不知创立何朝、建修何氏也。观其大明碑记，庙院已尽损坏，幸有宫山尼僧名广缘、广明者，倡率重修，使庙无恙，亦可谓善继人之志、善述人之事者也。迨至我国朝定鼎，而后屡次修葺，不能革故而取新也。忆自同治践阼以来，大兵之后又有凶年，欲谋重修，有志而未逮也。乃岁在甲申，有善士毕明诚等见其庙宇倾圮、神像黯淡，不忍袖手旁观，坐视颓废也。遂奋然立志重修，会同酌议，谓系栋梁之巨室，非独力之所能成也；救将倾之大厦，非一木之所得支也。于是约会众人，募化四方，□□□输者，数百户也；运筹大□，按银出资者，千余家也。乃众民咸集，功即□□，不□月而庙貌巍然，神像焕然。即往来君子、文人、学士见之者，无不欣然乐、快然喜也。余遂不禁喟然叹曰：“圣水寺之重修，不第培本乡之气运，并□启四方之灵钟也。行见文运渐开，良材奋兴，系人和之所□□，实诸神之效灵也。”聊作数语，勒诸于贞珉也。

西溪主人李祥麟熏沐撰文并书

首事人：吴育骥，乡耆丁克荣、李从伦，监生毕明诚等（其他题名略）

主持人：亓永泰

工匠（题名略）

皇清光绪拾年岁次甲申嘉平上浣穀旦

圣水庵重修圣水寺三教堂碑

该碑今在莱芜区高庄街道圣水庵村圣水庵院内。碑刻今断裂为四截，虽个别字有缺损，但碑文尚大致完整。碑刻正文楷书阴刻20行，满行25字。文中“皇清光绪拾年”为1884年。

黄沟村创修李仙井碑

创修李仙井记

世之探奇好异者，时假仙术以愚人，然其讲黄白、谈飞升，俾人从而信之，此不足为仙也。独至专其心以济世，而先几坐照回，非人所能知，其即人而仙者乎？吾邑南乡黄沟庄，苦无水井，遇旱而汲饮更艰，思掘井几无术以得之。适淄有李生者，号半仙，善相井，亦不详其何术。邑□峪庄首聘之，果灵应不爽。由是而半仙之名益噪，里人□□□□□□等亦公议，延请至村西北相一地，曰："此可以佩刀出飞泉也。"里人士共输资财，约费千余缗，越三岁而工告竣，掘九仞泉涌出，悉副半仙所云。呜乎！李生其殆人而仙者乎？因名是井曰"李仙井"。自是井甃无咎，用汲偕占；井养不穷，洌寒可免。此固仙术之通灵，抑亦乡人士至诚之所感乎！余始闻其事而异之，工竣嘱文于余，爰谨志之，以为后之好善者劝，而符谶之说不与焉。

恩贡生、候选知县吕维枋撰

首事人（题名及捐资数额略）

皇清光绪十一年荷月

该碑今在莱芜区高庄街道黄沟村西北。碑高146厘米，宽66.5厘米，厚18厘米。碑刻方首，碑额横题"永垂不朽"四字。碑身断为两截，磨损严重，然内容尚可辨识，碑文楷书阴刻8行，满行36字。碑文中"皇清光绪十一年"为1885年。

黄沟村创修李仙井碑

北毛家庄新建水井碑

从来改邑不改井，诚以井养而不穷也。余北毛家村村西北有井焉，无知年湮世□，□愁不坚，水落石出，井□不食，致使吾村之□抱瓮□□，不遂灌园之利；叩门□□，□□来水之艰矣。今乡老议于村之东北隅掘井一窟，以□汲水。于是，按地□钱，□□□立，协力而乐成，不及一仞而源泉涌出，功告成焉。工虽甚微，此亦一村之□□也，□□诸石。

北毛家庄新建水井碑

张继长撰书

领袖：张义朋、张清润（其他题名略）

张□□、张连捷施地

石匠：李重芳

大清同治拾年岁次辛未孟夏立

该碑今在莱芜区高庄街道北毛家庄村东北古井旁。碑高94.5厘米，宽53厘米，厚16厘米。碑刻方首，碑文楷书阴刻5行，满行33字。文中“大清同治拾年”为1871年。

五龙庄万古流芳碑

《书》曰："一，五行：一曰水。"伊古以来，忘帝力于何有？耕田而食，必先凿井而饮。是水之既济与乃粒不可偏废者，以水能泽被万物、滋润生民也。嬴南五龙庄，莽蓁之辟，不知昉自何人。是村也，山色四围，林壑尤美；草木丛茂，土地肥饶。夏秋之交，阴雨连绵；四野之间，清泉尽涌。波流潆洄，环村皆然。但勾芒、元冥，司令之辰，无本之泉涸，而村人疲矣。西汲于绿樊崖，东汲于狼虎峪，往返五里，□路崎岖。无丁壮者，固属不易；有丁壮者，亦云艰辛。会光绪七年，闻博邑李先生善风鉴。村有郭维世者，少年好善，一乡望人也。谋及父老，不惮跋涉，赴博聘请，为井计也。李至，登高望远，降观地利，于村东南隅画地一区。伊云：几尺见水，几尺得源。郭与合庄公议，按亩出资。殷实之家共乐斯举，于正额而外，另行捐输。七年春，鸠工开凿，李

五龙庄万古流芳碑

言果验。迄今清流涓涓，润一村而有余。数传而后，辘轳用汲，并受王明之福者，徘徊井幹之间。不惟神李之术，且颂与事者之功于勿替也。于是乎书。

亓丕典施此井地基

邑廪生亓毓川撰文

监生亓慎修业、儒亓霖溥敬书

石匠：刘祯春

清光绪捌年□㞷元黓敦牂寎月之吉立

此碑今在莱芜区高庄街道五龙庄村古井旁。碑高145厘米，宽66厘米。碑刻方首，顶端横刻“万古流芳”四字。碑文楷书阴刻9行，满行37字。文中“清光绪捌年”为1882年。

五龙庄打井碑

打井碑记

夫改邑不改（井），《易》之画卦不遗井；井水回润，大禹之叙畴不离水，水固民生所攸赖也。吾里自建立以来，井凿于西南隅，其源未源，其流未长，越小阳而即枯，待大雨而始达。汲水于东，山溪之险阻，固属难越；汲水于西，道路之崎岖，亦不易行。寒燠莫止，晨昏莫息，一村之憔劳谁诉？逮光绪七年，郭维世身赴博邑，聘继清李先生来观此区，伊云四丈四尺必得其源。遂鸠立开凿，深至三丈八尺，源既得而水既足，公议遂□□止。孰意越三年交春令而忽涸，数年来断续不一，去岁二月上旬水涸，今春二月初又涸，若不追及其泉，岂非掘井九仞而故弃哉？幸乘此时，郭会首事某某而言曰："此井之连年见涸，是其尺度未及。复深数尺，源可得乎？"众曰"唯唯"，欣然乐从。工起于三月十二日，又下六七尺，果得四五源，告竣于四月初十日。至此，方信先生之术如神目透□，维非虚言也。自今诸源溶溶，取之不尽；一井混混，用之不竭。此故前功之不弃，亦即后世之多福也。是为记。

业儒齐霖溥叙

监元齐慎修书

铁笔：刘凤城

掘井：张恒德、杨殿新

清光绪十九年荷月上浣吉立

此碑今在莱芜区高庄街道五龙庄村古井旁。碑高147厘米，宽67厘米。碑额题"永垂不朽"四字。文中"清光绪十九年"为1893年。

五龙庄打井碑拓片　据《莱芜石刻集萃》

黄元忠圣水庵诗刻

开尊正对晚烟霏，石罇流泉绕翠微。黄叶满山秋色净，万松深处一僧归。

四明黄元忠题

门生王一中

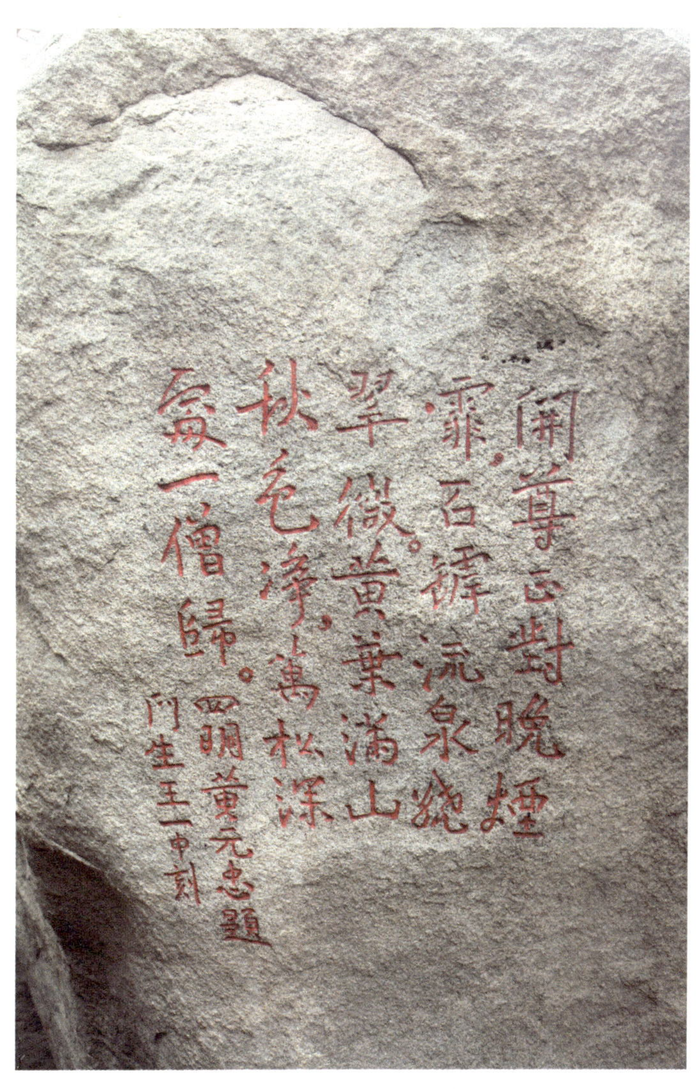

黄元忠圣水庵诗刻（1）

石生树杪栖红叶，人在云端俯翠岩。四明整庵。自有云山供胜概，不因鸡犬佩茱萸。泉鸣涧底开三彩，月射松梢碎万金。

圣水登高得句，未及成章，题此

门生王一和刻

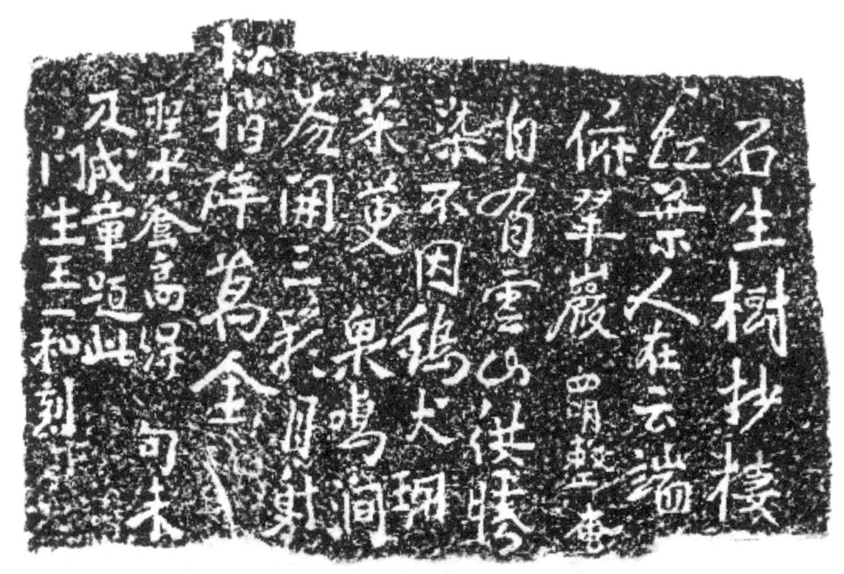

黄元忠圣水庵诗刻（2）拓片　据《莱芜印象·石文墨韵》

备注

石刻位于莱芜区鹏泉街道万福山山阴圣水庵上院东南侧巨石上，刻面向北。石刻高138厘米，宽98厘米。诗文行书5行，满行6字。碑拓片石刻位于圣水庵西岭路旁大石上，刻面向西。石刻高97厘米，宽151厘米。行书11行，行字不等。

牛道碑

□甫山之东南隅，有二村而比邻者，即《县志》所谓“桃花峪”“高峪庄”□。两庄之间，有泉时出，系高峪饮牛之所。近年来开垦日炽，牛路□窄。咸丰癸丑，曾经堂讯，蒙邑侯邓仁宪断明，令交界以内，除高峪买倒十五杆长、三杆宽外，以下均有牛路。立契批判，苔碑犹存。今年春间，有周君桂远者，蝇头之希图忽萌，雀角之争端又起。蒙县尊宋大老爷断，令十五杆以下，迤西至泉，不论地属何人，横科以两杆为度。倘故意窄留，或挡埝堵截，碍牛行走，准高峪庄指名控究，即照堵塞牛路治罪。噫！判语既尔，以朱铁案。于焉如山，抗违不敢。衅隙开矣，而两庄之和气有不渐乖者乎？于是，曹□□、曹振南、高□□、高春田等约同大众，力劝高峪刘继达等：边界不妨指明，路途暂照□迹，非违断也，非姑息也。嗣后，牛有扑跌，莫怨蚕丛之陋隘；禾有□踏，勿责牧童之怠惰。礼让成风，亲睦为俗，非至卒不得已之际，□两杆之断不可，认真办理则甚矣。后之君子如能株守此碑，不以老生常谈而弃之，洵厚幸也夫。

此路横科议定，自路北堰边插杆，向南量贰弓。

邑庠生魏麟星撰书

处事人：李应图、曹振南、高春田、魏萸石

石工沈德祯镌

光绪十七年岁次辛卯梅月下浣穀旦

此碑今位于钢城区艾山街道高峪村和双阳桥村之间，为区级文物保护单位。文中所记的“咸丰癸丑”为1853年，“光绪十七年”为1891年。碑中所载高峪村饮牛之泉，今被高峪村村民称为“西流泉”；此泉西为桃花峪村，桃花峪村村民称之为“东岭泉”。

牛道碑

清泉泉名碑

中华民国贰年荷月

清泉

清泉泉名碑

此碑今嵌在钢城区里辛街道小官庄村清泉旁边的河道石壁上。该村在明初建村伊始就有清泉，俗称“四方井”“四方泉”，且村以泉名，初名“清泉官庄”。除此泉名碑外，清泉旁还立有民国时期所刻的修泉纪事碑，因多年风化，字迹已漫漶不清，难以辨识。碑上右题“中华民国贰年”为1913年。

北泉村颜奶奶殿重修碑

重修□记

村东封山下有灵泉一区，固吾村风脉所系。有颜奶奶殿一坐（座），盖先辈创作。宫室虽微，实因村小庄贫，而知创作之不易也。兹因日久年远，风雨浸伤，砖瓦毁坏，神像倾颓。村中父老不忍坐视，公议重修，佥曰“唯唯”。村中之仁人君子，好善乐施，得钱数千文。不数日，工成告竣，向之庙宇毁坏、神像倾颓者，今则俱焕然一新矣。不惟助吾村之壮丽，且又助灵泉之飞瀑欤。是为志。

北泉村颜奶奶殿重修碑

古嬴后学张汉儒撰文

领袖（题名及捐资略）

皇清宣统三年岁次辛亥闰六月上浣立

此碑今在钢城区棋山国家森林公园北泉村睡虎山下文姜泉泉池一侧。碑高134厘米，宽68厘米。楷书阴刻，边有花纹。碑文中所载颜奶奶庙位于碑石上方的山崖上，如今已倾圮，仅存断瓦残垣。文中“皇清宣统三年”为1911年。

湖眼泉泉名碑

流入汶河，接济南旺闸

湖眼泉

弘治十四年秋九月，上虞张文渊立

湖眼泉泉名碑　据《钢城碑刻》

此碑今立于钢城区颜庄街道东泉村西北湖眼泉遗址。碑高150厘米，宽86厘米。圆额，边镌花纹。文中“弘治十四年”为1501年。湖眼泉为莱芜历史名泉，历史上流量颇大，明嘉靖《莱芜县志》卷二《地理志》中记载：“湖眼泉，在县东南三十里，其水涌出如湖。”

创修关帝庙并封山碑

创修关帝庙并封山碑记

北官庄之西南有山峰蔚然，旧名黑峪顶，悬崖石洞，飞瀑流泉，颇称形胜。独惜无树林亭榭点缀其间，未免风景稍杀。民国纪元，北官庄、韩家洼两村父老倡议封禁山之顶腰面积约九千四百余尺，禀县立案，数种松柏杂树，禁止樵牧作践。山木葱茏，不惟可壮观瞻；十年成材，并可补助公款。议定后，适韩元真道人从西村破庙中觅得关帝塑像，商诸父老供奉山洞。众皆赞同，咸愿捐资赴工，购求树秧，开拓石洞。继又创建石亭，于洞口北偏门外，砌石为槛，引洞中流泉，曲折绕庭阶，潺湲有声。游人来此，开轩四

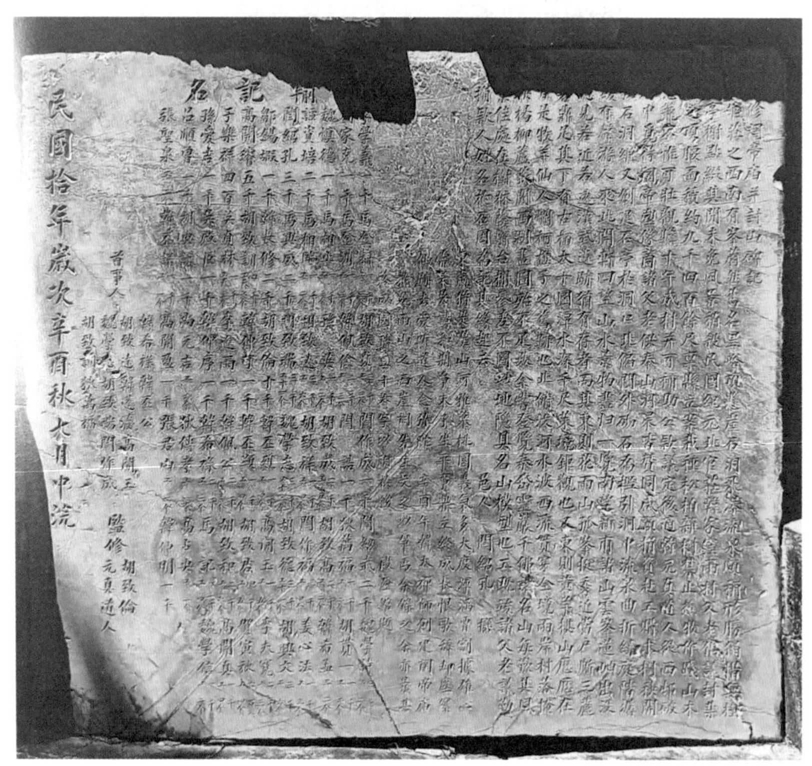

民國拾年歲次辛酉秋七月中浣

创修关帝庙并封山碑　据《钢城碑刻》

望，山水景物，尽归一览。南望新甫诸山，云峰连岫，出没隐见，若近若远，汉武遗迹犹有存者。而其东则花雨山，孤峰挺秀，近当户牖，三麓若鼎足，其下有古柏大十围，潭水深千尺，莱境巨观也。又东则黄羊、棋山历历在目，是牧羊仙人、烂柯樵子之旧迹也。北俯汶河，水波西流，贯穿全境，两岸村落，掩映杨柳芦荻间，西湖画图，殆不足数。

余尝登览泰岱、灵岩、千佛诸名山，每叹其风景佳处在树林荫翳、台榭参差，不图此地隐县名山模型也。工既竣，诸父老议勒捐款人姓名于石，因为记其缘起云。

邑人闫绍孔撰

东嬴犹是汉山河，雅慕桃园义气多。大度浑涵曹割据，雄心常笑吴讲和。荆争未了生平事，鼎立终成长恨歌。辞却尘寰仙迹去，爱听道人念弥陀。

辛酉年，韩大禅师创建关帝庙于花雨山之西崖，闫先生文之以笔，丐余录之。余亦景其落成，因疏五十六字，以附于后。

段登绾题

（捐输记名略）

首事人（题名略）

兼修：胡致伦、元真道人

民国十年岁次辛酉秋七月中浣吉旦

此碑嵌于钢城区颜庄街道北官庄村西南黑峪顶东崖关帝庙迎门墙壁上。碑高93厘米，长104厘米。楷书阴刻。文中“民国十年”为1921年。

南港村重修古井碑

尝谓：暑月乘凉，无非借于树株；渴者甘饮，□□□需井泉。此□累世相传，乃□朝所生，世已远年矣。至今枯□而死，复又重生，众人见之无不欣喜。于是伙庄共议修整，众人又运石修月台一座，以为乘凉之所，即往来行人亦得便易，幸□。□日成之，功虽至微，此亦一庄之盛事也。是以镌石以记之云尔。

吴居上撰

施财（题名等略）

泥水匠：陈永□

石匠：孟□□

大清道光玖年岁次已丑柒月合庄同立

南港村重修古井碑

备 注

该碑今立于钢城区颜庄街道南港村中古井台旁。碑高105厘米，宽59厘米，厚16厘米。碑刻方首，碑额横刻“万古流芳”四字。碑文楷书阴刻7行，满行19字。文中“大清道光玖年”为1829年。碑阴阳刻“泰山石敢当大吉”七字。

新建王母阁碑

新建王母阁记

西王母者，九灵太妙龟山金母也，乃西华至妙之气所化，生于神洲伊川，厥姓缑氏。生而飞翔，主阴灵之气，亦号王母。体柔顺之本，为洞阴之极尊，位配西方，母养群品，天上天下，三界十方，女子之登仙道者，咸所隶焉。实与东王木公共理二气而陶钧万物矣。昔黄帝讨蚩尤之暴，而蚩尤幻化多方，吹烟喷雾，师众大迷。帝归息太山之阿，昏然忧寐。王母遣九天玄女授帝以太乙、遁甲、六壬、步斗之术，五符、五胜之文，遂克蚩尤于涿鹿，而天下定。洎周穆王命八骏与七萃之士，驾飞辫之轮，以济弱水而升昆仑，宾于西王母。王母为歌白云之谣，刻石纪迹于弇山之上而还。逮至汉武帝，好长生之道，登嵩岳，筑寻真台，斋戒精思。四月戊辰，王母使墉城玉

新建王母阁碑

女王子登来语帝曰："闻子轻万乘之贵，以求长生，真乎勤哉。七月七日吾当暂来也。"至期果降，帝跪求益易之术。王母曰："汝性淫欲过甚，杀伐非法，奢侈恣性。淫者，破身之斧；侈者，裂身之车。杀伐干上帝之和，欲以解脱三尸全身，永久不可得也。"帝恳求不已，王母乃授以真形宝文，命上元夫人授以六甲飞符，致神之方十二事，各乘云而去。由此观之，仙人升天时，必曰："拜王公，谒金母。"王母者，诚仙家之鼻祖也。□圣列真可传者多矣，而独八仙为最著者何？诚以八仙中文武贵贱，老幼男女，以至废疾，几尽世之类矣。然无人不可以仙，此勉人修仙意也。胡道朴历志玄门，茹粗食淡，于金丹大药颇得其传。乃于花峪泉创建王母阁，旁列八仙，盖以仙人好楼居也。其庀材督工，募化十方，大率皆段君彰辉之力为多。起于辛酉年之正月，落于是岁之五月，可谓工约而速成矣。其为阁也，仅二楹，乃岩岩竣整，有壁立万仞之概。工毕，道朴踵门征记于予。予以昔年雅意玄修时，曾授诀于云衢张炼师，同时谈玄者，有陶尧化表兄。道朴乃尧化弟子也，仙源道派，一脉相承。是以不辞愚昧，漫为之记。

邑庠生谭其质熏沐谨撰

住持道人：胡道朴

邑庠生吴姬裔熏沐谨书

助缘善人：段彰辉

刻字匠：苑等友

时大清康熙二十一年岁次玄默阁茂林钟月中浣吉旦

此碑今嵌于钢城区颜庄街道王花玉山王母阁南墙上。碑高60厘米，长76厘米。文中"大清康熙二十一年"为1682年。

苗家庄、王家庄修井碑

盖闻凿井而饮，肇自唐尧。井养不□□□□易，井之为用大矣哉。苗家庄，吾莱一山村耳，离城二十五里，旧无井，村父老苦饮水之艰难忉怛者久。幸有苗公讳谦，梦神人指点于村之东南，掘井及泉，寒清而洌。村东家庄亦享其利，有年所矣。但世远年湮，后人恐有眢井之失，而为甃□□之谋。庄亦乐输资财，共襄厥事。征余为文，一以志苗公建井之谟，一以志两村修井之力云尔。

苗家庄、王家庄修井碑

郡庠生侯锡璋撰，毛文等书

石工：周志显

大清咸丰三年十月十三日，苗家庄、王家庄同立

备注

该碑今在钢城区辛庄街道苗家庄水井配电室外。碑身顶端横题“永垂不朽”四字。碑文楷书阴刻6行，满行25字。文中“大清咸丰三年”为1853年。

后记

本书碑文辑录工作主要由黄鹏完成，碑文点校工作由齐鲁晚报文史研究院雍坚、郭学军、金中丽、杨旻、左庆等完成。辑校过程中，陈明超先生补充了近20块历城、长清泉水碑刻信息，尹承乾先生、吕建中先生、李秋峰先生、亓贯德先生等提供了10余块莱芜泉水碑刻信息，万肇平先生、于瑞东先生提供了部分平阴泉水碑刻信息，刘书龙先生通校了全书碑文，苏健先生通校了趵突泉景区所有碑文，周雪亮先生、谭景玉先生通校了迎祥宫碑。谨此一并致谢！书中照片，除署名拍摄者或供图的，其余均为黄鹏拍摄。

本书辑校过程中，参考数篇当代公开发表过的已点校碑文，并根据原石拓片、照片，订正了个中存在的数处“讹误”“疏漏”之处。如舜井街迎祥宫碑、芙蓉街关帝庙碑、九顶塔重修观音寺碑、翠屏山杨枝泉碑等。

部分新录碑文的文字识读和点校过程颇耗精力。如2023年春因恢复华笔泉而新发现的《新浚华笔池记》，碑文虽然不足二百字，但字迹漫漶不清，给识读和句读平添很大困难。同年10月9日，我将此碑的拓片照片和初步识读文字发到“历下八友”群（由王军、姜波、陈强、刘书龙、陈明超、黄鹏、耿仝和雍坚等8位文史同仁组建的微信群），大家逐字逐句甄别，从早上探讨到晚上，最终才形成定稿。

限于编校者个人水平，碑文识读、点校错误在所难免，敬请方家不吝赐正。

雍坚

2024年4月1日